때를 따라 아름답게: 교회력의 성서일과에 따른 설교

교회력의 성서일과에 따른 설교

때를 따라 아름답게

In Season and Out

데이비드 드실바

김태형 옮김

좋은씨앗

In Season and Out: Sermons for the Christian Year
by David A. deSilva

Originally published in English under the title *In Season and Out*
Copyright ⓒ 2019 by David A. deSilva
published by the permission of Lexham Press,
1313 Commercial St., Bellingham, WA 98225, U.S.A.
All rights reserved.

This Korean translation copyright ⓒ 2022 by GoodSeed Publishing, Seoul, Korea.

때를 따라 아름답게
교회력의 성서일과에 따른 설교

초판 1쇄	2022년 3월 10일
지은이	데이비드 A. 드실바
옮긴이	김태형
펴낸이	신은철
펴낸곳	좋은씨앗
출판등록	제4-385호(1999. 12. 21)
주소	서울시 서초구 바우뫼로 156(MJ 빌딩) 402호
주문전화	(02)2057-3041 주문 팩스 / (02)2057-3042
페이스북	facebook.com/goodseedbook

ISBN 978-89-5874-366-8 03230

이 한국어판의 저작권은 Lexham Press와 독점 계약한 좋은씨앗에 있습니다. 신저작권법에 의하여 한국 내에서 보호를 받는 저작물이므로 무단전재 및 복제를 금합니다.

탁월한 설교가, 존경하는 목회자,
제프리 할렌자 목사님에게

차 례

머리말 11

1부 교회력의 절기 예배를 위한 설교

1 우리를 잠에서 깨우는 자명종 _ 대림절 **16**

2 아무도 기대하지 않았던 메시아 _ 대림절 **28**

3 하나님의 아들의 육신의 어머니 _ 대림절 **40**

4 주께서 거하실 곳을 예비하라 _ 성탄절 **54**

5 세례의 새로운 삶 속으로 _ 주님수세주일 **64**

6 우리에게 필요한 스포일러 _ 산상변모주일 **76**

7 하나님의 신성한 소스 코드 _ 사순절 **90**

8 그 빛을 비추게 하라 _ 사순절 **104**

* 대림절	* 성탄절	* 주현절	* 주님수세주일
성탄절 전 4주간		세례를 받고 사역을 시작하심	
11.28~12.24	12.25	1.6	1.9

9 이보다 충분할 수 있는가 _ 종려주일 116

10 새 계명 _ 세족목요일 129

11 영원히 사는 것처럼 살라 _ 부활절 140

12 우리의 영원한 대제사장, 예수 그리스도 _ 주님승천일 151

13 그분을 받아들이겠습니까? _ 오순절 성령강림주일 162

14 새 영, 새 마음 _ 오순절 성령강림주일 172

15 무한한 자산 _ 오순절 성령강림주일 185

16 새로운 오순절 _ 오순절 성령강림주일 197

17 삼위일체 하나님 _ 삼위일체주일 209

18 뜻밖의 진수성찬 _ 세계성찬주일 224

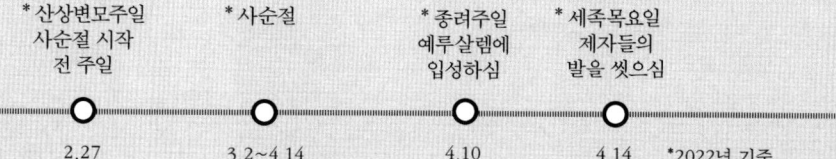

19 누가 우리의 시합을 응원하는가? _ 만성절 235

20 누가 주인인지를 기억하라 _ 왕이신 그리스도 주일 247

2부 교회력의 연중시기 기간 예배를 위한 설교

21 하나님이 보시는 최종 평가와 결산의 메트릭스 263

22 예수 그리스도, 최고의 투자 설계사 274

23 소비자에서 생산자로 286

24 믿음은 단지 시작에 불과합니다 299

25 가장 낮은 자에게 가장 큰 영광을 313

26 예수님의 가르침과 제자들의 서약, 주기도문 326

27 그리스도를 아는 지식 340

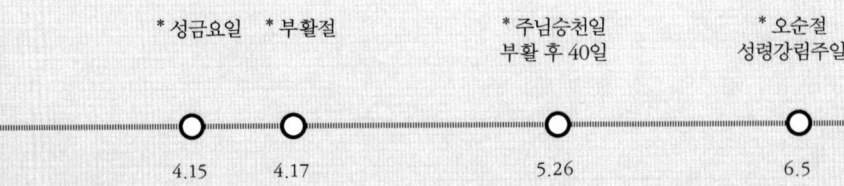

28 그리스도를 본받아 353

29 그리스도를 섬기는 삶으로 365

미주 377

부록: 개정 공동성서정과 관련 본문 379

성경색인 382

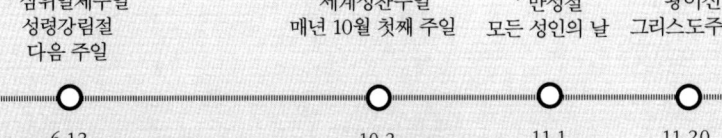

* 삼위일체주일　　　　* 세계성찬주일　　　* 만성절　　　　* 왕이신
성령강림절　　　　매년 10월 첫째 주일　모든 성인의 날　그리스도주일
다음 주일

6.12　　　　　　　　10.2　　　　　　11.1　　　　11.20

머리말

설교는 특정한 맥락에서 발생하고, 그 맥락 안에서 사람들에게 이야기하기 위해 작성됩니다. 우리의 성경은 특정한 맥락 안에서 시간의 거대한 간극 저편에 있는 특정한 사람들을 위해 기록되었음에도 불구하고, 시간의 거대한 간극 이편에서 살아가는 특정한 맥락 안의 또다른 사람들에게도 계속해서 유효한 메시지를 전합니다. 마찬가지로 그 성경에 기반을 둔 우리의 설교 역시, 처음 작성될 시점의 정황을 넘어 다른 시간과 장소의 독자들에게 변함없이 유효한 메시지를 전할 수 있습니다. 그럼에도, 성경의 맥락을 아는 것이 중요하듯이, 설교가 처음 작성될 시점의 맥락을 다른 시간과 장소 속 현재의 독자들이 아는 것 역시 설교 이해에 중요할 수 있습니다.

저는 플로리다주 포트 샬럿 소재, 포트 샬럿 연합감리교회에서, 지난 2017년 10월부터 2018년 6월까지, 임시목사로 시무할 수 있는 특별한 기회를 가졌습니다. 이 책에 수록된 설교는 대부분 그 시기에 작성된 설교문입니다. 그 교회는 주로 미국연합감리교회 찬송가와 미국연합감리교회 예배서에서 볼 수 있는, 그리고 성공회를 비롯한 교회 전통과 명백히 연관된, 교회력 절기(대림절, 성탄절, 주현절 등)와 예전적 예배에 익숙한 교회였습니다. 필자는 '개정 공동성서정과'(Revised Common Lectionary)의 내용에 제법 익숙한 편이라고 할 수 있지만, 특정 규정과 전통을 확인하기보다는 주로 설교에 유용한 제안이나 아이디어를 얻기 위해 펼쳐보는 편입니다. 그 하나의 결과로, 여기 이 책에 수록된 대부분의 설교문은 해당 주일 성서일과에 그대로 기초하고 있습니다. 어떤 경우에는 특정 주제의 전개를 더 수월히 하기 위해(저의 견해로는) 두 주일의 성서일과를 합치기도 했습니다. 그리고 성서일과와의 연결고리가 상대적으로 느슨해 보이기도 하지만 성서일과를 중시하는 설교자들에게는 여전히 가치 있게 여길 수 있는 설교들도 있습니다. 성서일과를 따르는 설교자들의 편의를 위해 그 연관성을 보여주는 성서일과 대조표를 부록으로 수록했습니다.

　몇 년 전에 그 교회는, "그리스도를 알고, 그리스도를 본받고, 그리스도를 섬기라"는 사명선언문을 채택했습니다. 수록된 설교문에는 교회의 이 같은 사명선언문이 자주 환기될 수 있으며, 특히 마지막 세 편은 해당 사명선언문의 각 표어들을 차례로 다루고 있습니다. 이 책을 편집함에 있어서, 회중 안의 특정 개인에 대한 언급들(물론 언제나 칭찬을 위한 언급들이었고 호통치는 내용은 없었습니다!)과 독자들에게 다소 거리감이 느껴질 수 있는 여타 문맥들은 의도적으로 삭제했지만, 여기에 수록된 글들이 실제로 당시 예배의 현장에 모인 특정 회중에게 제가 구두로 전하기 위해 작성된 설교였다는 사실을 드러내는 표현들은 굳이 감추려 하지 않았습니다. 여기서 사용된 성경 인용들은 필자가 개인적으로 번역한 것이고 그렇지 않을 때는 해당 역본을 표기했습니다 (이 번역서의 성경인용은 '개역개정'을 사용했습니다-편집자).

필자는 탁월한 설교자와 예배인도자였던 몇몇 은사님들의 지도 아래 여러 방면에서 교회를 섬기는 특권을 누렸습니다. 그 중에서 모방하고 싶을 정도로 특별했던 한 목회자의 따뜻한 음성이 지금 제 안에 뚜렷하게 자리잡고 있습니다. '그리스도 우리의 소망 루터교회'(Christ Our Hope Lutheran Church)의 1976년 설립 때부터 담임으로 시무 중인 제프리 할렌자 목사님입니다. 저는 1990-1995년에 할렌자 목사님과 함께 사역했습니다. 귀감이 되는 목회자의 성품과 은사와 목양 사역의 본을 실천하신 제프리 할렌자 목사님에게 깊은 감사와 존경을 표하며 이 책을 바칩니다.

교회력의
절기 예배를　*Part 1*
위한
설교

1 우리를 잠에서 깨우는 자명종

대림절
이사야 64:1-9; 마가복음 13:24-37

오늘 우리는 또 한 번의 대림절(대강절) 주간을 맞이하고 있습니다. 대림절은 영적으로 깨어있는 시기, 새로운 마음으로 주님을 고대하는 시기, 교회 절기의 시작을 알리는 시기입니다. 그렇지만 오늘 봉독한 성경 말씀은 이 대림절이 단지 성탄절 준비에 한정된 것이거나, 또는 성탄 맞이에 치중하는 기간이 아니란 사실을 상기해 주고 있습니다. 저 역시 동감합니다. 대림절을 맞을 때마다 오래전부터 드는 생각이 있습니다. 베들레헴 말구유의 아기로, 겸손히 이 땅에 오신 예수 그리스도의 첫 강림을 우리가 정말로 '고대하는' 듯 자세를 취하는 것이 부자연스럽거나 인위적인 것 같다는 어색함입니다. 2천 년 전, 메시아를 고대하던 당시 사람들의 입장에서 보면, 오늘의 우리가 아직 태어나지 않은 한 아기를 간절하게 염원하는 듯한 모습을 보이는 것이 저에게는 일종의 연기처럼, 신성한 역할극처럼 느껴졌습니다.

또 한 번의 대림절 주간을 시작하는 이번 주일에 우리에게 주어진 이 성경 본문은, 우리가 실제로 지금 기다리고 있는 것, 우리가 정말로 잘 준비되어야 하는 그것에 대해 말씀하고 있습니다. 바로 예수 그리스도께서 영광 가운데 우리에게 다시 오시는 그날입니다.

원하건대 주는 하늘을 가르고 강림하시고 주 앞에서 산들이 진동하기를 (사 64:1).

그때에 인자가 구름을 타고 큰 권능과 영광으로 오는 것을 사람들이 보리라(막 13:26).

깨어 있으라 내가 너희에게 하는 이 말은 모든 사람에게 하는 말이니라 하시니라(막 13:37).

성도 여러분, 우리가 정신없이 바쁜 일상을 보내다가 마음의 준비가 전혀 되지 않은 상황에서 바로 내일이 크리스마스라는 걸 알게 되었다고 해봅시다. 당황스러움을 포함한 여러 복잡한 감정이 들 것입니다. 그렇다고 해서, '큰일 났다. 이제 완전히 망했다'라고 하진 않을 겁니다. 그런데 만일 그날에 그리스도의 재림이 있다면 어떻겠습니까? 예수님이 다시 오시는데 우리는 그분을 맞을 준비가 전혀 안 된 상태라면 어떻겠습니까? 삶이 곤고하여 주님의 오심을 전혀 바라지 않은 사람처럼 살고 있었다면, 그런 우리의 모습을 주님이 발견하신다면 과연 어떻겠습니까? 방금 전과는 전혀 다른 이야기지요. 그렇지 않습니까? 그러므로 대림절은 우리를 잠에서 깨우는 자명종 소리입니다. 대림절은 그날을 알리는, 누군가의 임박한 도래를 알리는 경계의 소리입니다. 우리를 잠에서 흔들어 깨우는 소리이고 우리의 심령을 일깨우는 소리입니다. 늦잠의 여유를 부리겠다는 식으로 알람 버튼을 끄고 도로 이불 속으로 파고들 순 없는 노릇입니다.

우리의 크리스마스를 떠올려보십시다. 그 장면은 대림절의 취지와는 전혀 무관할지도 모르겠습니다. 생각만 해도 뿌듯한 쇼핑 목록, 낭만적인 여행 계획, 즐거운 칸타타 연습, 근사한 정찬 요리, 왁자지껄한 집안 꾸미기 등 우리의 분주함 속에서 정작 대림절이 우리에게 주려는 진짜 선물을 찾을 수 있을까요? 그 선물이 무엇일지 궁금해 하긴 했을까요? 대림절은 성도로서 그리고 교회 공동체로서 우리 자신과 삶을 되돌아보고 재정비하는 기회를 선물로 제공합니다. 그 기회를 통해 우리는 산 자와 죽은 자를 심판하러 오시는 영광의 주님을 맞을 가장 중요한 채비에 박차를 가할 수 있습니다. 그러면 이제 오늘의 두 본문을 살펴보겠습니다. 이 본문이 성탄 준비로 (또는 성탄마저 잊을 만큼 삶에) 분주한 우리에게 대림절의 진정한 선물에 눈뜨게 하고 최대한 선용하도록 우리를 일깨울 수 있기를 기대해 봅니다.

* * *

이사야 64장 본문의 내용은 실제로는 그 앞 장에서 시작합니다. 선지자 이사야가 우리에게 익숙한 이스라엘에 관한 이야기를 들려주고 있습니다. 하나님은 이스라엘 백성에게 큰 은혜를 베푸셨습니다. 그들을 이집트에서 구해 내셨고 약속의 땅으로 이끄셨습니다. 하지만 백성들은 언약의 말씀을 따르고 순종함으로 하나님을 신뢰하기보다는 하나님에게 불순종했고 하나님의 법을 어겼습니다. 끝내 하나님은 언약의 약속을 따라 그들을 징계하셨고 이스라엘은 패망하여 포로가 되었습니다. 이제 이스라엘은 애초에 기대했던 것과는 전혀 다른 형편이 되었습니다. 하나님의 택하심을 입은 백성들이 하나님의 길에서 벗어나 있고 하나님의 임재를 누리지도 못하고 있습니다. 이스라엘에게 약속된 복 따위는 애초부터 존재하지 않았던 것 같습니다. 모든 것이 잘못되어 있습니다. "하나님, 어찌하여 아직도 가만히 계십니까?" 이사야가 질문하고 있습니다. 왜 하나님은 지금 "하늘을 가르고 우리에게 내려오지" 않으십니까? 왜 하나님은 모든 것을 당장 바로잡아주지 않으십니까?

지금 우리도 이와 다르지 않은 질문을 품어야 합니다. 비록 나의 질문은 아니어도, 우리에게 속한 사람들을 위한 질문일 수 있습니다. 또는 우리 눈에 비치는 세상의 악함과 냉대 때문에 고통 중에 있는 가까운 사람들을 대신하는 질문이기도 합니다. 우리 주변에는 우리가 미처 알지 못하는 비밀한 상황 가운데 눈물을 흘리며 밤낮으로 부르짖는 이가 있지 않습니까? "오, 하나님, 원하옵나니 속히 하늘을 가르고 강림하소서!" 주위를 둘러보십시오. 시야를 넓혀 하나님의 이름으로 불리는, 고난 가운데 있는 믿음의 형제들을 찾아보십시오. 세상 이곳저곳에 만연한 패악과 잔인함의 횡포를 목격한 적이 있습니까? 강도들에게 살해당한 신혼부부의 피가, 아프리카에서 군인들에게 또는 전쟁 지역에서 포탄에 죽거나 불구가 된 수많은 어린이들의 피가, 강간당하고 죽임당한 소녀들의 피가, 평생을 노예처럼 살다 죽은 세대들의 피가, 전체주의 정권이 권력을 탐닉하느라 희생시킨 수많은 사람들의 피가 부르짖고 있지 않습니까? 하나님이 모든 사람과 나누고 싶어 하시는 그 선물을 거부하는 사람들로 인해 얼마나 많은 무고한 목숨이 피를 흘리고 있는지 들은 적이 있습니까? 고개를 조금만 돌리면, 손이 닿을 곳에서, 이라크의 그리스도인들, 이슬람 국가의 그리스도인 난민들이 손을 내밀고 있습니다. 아버지와 남편이 길에서 살해당한 나이지리아의 어떤 그리스도인 여성과 그 자녀들도 오늘 이 호소에 동참하고 있습니다. "어째서 우리는 여전히 고통 가운데 붙들려 있는 겁니까?" 그들은 이렇게 묻습니다. "예수님의 재림은 아직 요원한 겁니까? 우리의 하나님은 왜 이 모든 것에 대해 공의를 행하지 않으시는 겁니까?"

"그때에 인자가 구름을 타고 큰 권능과 영광으로 오는 것을 사람들이 보리라… 깨어 있으라 내가 너희에게 하는 이 말은 모든 사람에게 하는 말이니라 하시니라"(막 13:37). 오늘 우리가 읽은 마가복음의 본문을 예수님이 말씀하신 지도 벌써 2천 년이 흘렀습니다. 그분의 재림이 몹시도 절실한 이들의 목소리가 요란합니다. 이러한 현실은 대답이 쉽지는 않지만 그럼에도 정당한 질문들을 제기합니다. 첫째, 정말로 하나님이 하늘을 가르고 강림하시고, 예수님이 천군천사들과 함께 구름을 타고 오신다면, 왜 아직은 그때가 아니란 말입니까? 둘째, 지난 2천 년 동안에도 주님의 재림은 일어나지 않았습니다. 지금 우리는 어떻습니까? 그분이 언제 오실지가 궁금하지 않습니까? 우리 삶에서 감당해야 할 중요한 일들 중 주님의 재림 시기를 헤아리는 것이 중요할까요? 과연 그것이 우리가 준비할 여러 일들 가운데서 최우선순위에 놓일 만한 것이 맞습니까?

두 번째 질문에 대해 개인적으로 대답해 보았습니다만, 그것은 신학적인 고민에서보다는 단순한 산수 차원에서 궁리해낸 것입니다. 제 나이를 대략 계산하면, 무병장수할 경우, 제 인생은 앞으로 최대 사십 년 정도 남은 것 같습니다(아마도 제가 부풀린 수치일 수도 있습니다). 제가 이렇게 설정해 놓은 시간 안에 예수님이 다시 오시지 않는다 하더라도, 아무리 늦어도, 어쨌든 저 개인은 그 시간 안에는 개인적으로 주님을 만나러 갈 것이 분명합니다. 죽음을 맞아 눈을 감고 나면, 마가복음 13장에 묘사된 이 장면이 제 앞에 펼쳐질 것입니다.

> 그때에 그 환난 후 해가 어두워지며 달이 빛을 내지 아니하며 별들이 하늘에서 떨어지며 하늘에 있는 권능들이 흔들리리라 그때에 인자가 구름을 타고 큰 권능과 영광으로 오는 것을 사람들이 보리라 또 그때에 그가 천사들을 보내어 자기가 택하신 자들을 땅 끝으로부터 하늘 끝까지 사방에서 모으리라 (막 13:24-27).

제가 눈 감게 될 그 죽음의 순간, 그리고 마지막 나팔 소리로 다시 눈 뜨게 될 그 순간 사이에 얼마나 많은 시간의 간극이 있는지는 중요하지 않을 것입니다. 그러므로 저 자신에게 예수님의 다시 오심은 아무리 늦어도 이땅에서 남은 생만 지나면 이루어진다고 할 수 있습니다. 주님이 다시 오시기까지 얼마의 시간이 남았는지는 굳이 헤아릴 의미가 없어 보입니다.

첫 번째 질문에 답변을 드리자면, 저의 생각에는, 하나님께서 하늘을 가르고 이 땅에 강림하시려면 몇 가지 예측 가능한 조건들 가운데 하나는 맞아떨어져야 하는 것으로 보입니다. 그 한 가지 조건은, 이 땅에서 그리고 인류 역사에서 하나님이 보시길 원했던 어떤 완성된 모습을 마침내 긍정적으로 보시게 되어, 더 이상 오심을 지연할 만한 아무런 선한 이유도 남지 않는 경우일 것입니다. 또 다른 조건은 하나님이 인류에 대한 희망을 전적으로 포기하시고, 주님의 교회가 이 세상 사람들에게 하나님의 구원을 전할 능력과 의지를 소진했다고 보시는 경우입니다. 이 또한 주님의 오심을 더 이상 지연할 만한 아무런 선한 이유도 남지 않는 경우일 것입니다. 하나님이 "하늘을 가르고 강림하시기로" 정하신 그날, 인자가 "구름 타고" 오실 그날은 마침내 모든 영혼들에게 공의가 실현되는 날이 될 것이 분명합니다. 각 사람에겐 그 개인의 구원의 합당함이 입증되거나 또는 받아 마땅한 정죄가 내려질 것입니다. 그러나 하나님이 아직 하늘을 가르고 강림하시지 않는 이 모든 날들은 모든 영혼에게 여전히 기회의 날입니다.

저는 여기서, 우리가 "구원 받는" 기회 또는 "예수님을 영접하는" 기회만을 이야기하는 것이 아닙니다. 저는 우리 주님이 우리에게 맡기신 그 선한 일을 행할 기회에 대해서도 말하고 있습니다. 제자인 각 사람에게, 그리스도의 지체로서 전 세계의 모든 교회에게 의탁하신 그 선한 일 말입니다.

그러나 그날과 그때는 아무도 모르나니 하늘에 있는 천사들도, 아들도 모르고 아버지만 아시느니라 주의하라 깨어 있으라 그때가 언제인지 알지 못함이라 가령 사람이 집을 떠나 타국으로 갈 때에 그 종들에게 권한을 주어 각각 사무를 맡기며 문지기에게 깨어 있으라 명함과 같으니 그러므로 깨어 있으라 집 주인이 언제 올는지 혹 저물 때일는지, 밤중일는지, 닭 울 때일는지, 새벽일는지 너희가 알지 못함이라 그가 홀연히 와서 너희가 자는 것을 보지 않도록 하라 깨어 있으라 내가 너희에게 하는 이 말은 모든 사람에게 하는 말이니라 하시니라(막 13:32-37).

"깨어 있으라"는 말씀은 마가복음에서 강조하는 주제 중 하나이기도 합니다. 여기서 우리는 예수님이 감람산에 모여 앉은 제자들에게 말씀하시면서도 그 시선은 장차 그들을 통해 예수님을 믿게 될 많은 사람을 향하고 계심을 알 수 있습니다. 그러므로 감람산에서 우리 주님은 오늘 이 자리에 모인 우리를 향해서도 동일한 말씀을 하고 계셨던 겁니다. 주님이 우리에게 말씀하십니다. "깨어 있으라!"

그 말씀에 따라 깨어 있어야 할 우리가 얼마나 오래일지 모를 (주님이 재림하시기까지의) 기다림의 시간 동안 던져야 하는 질문은 무엇입니까? "주님, 얼마나 더 오래 기다려야 하나요?" 이런 질문이 아닙니다. "그때가 정확히 언제일지 계산 좀 해볼 수 없을까요?" 이렇게 물어서도 안 됩니다. 또는 "왜 우리가 좀 더 확신을 품고 주님의 일에 뛰어들 수 있도록 뭔가 도움이 될 만한 일을 행하지 않으십니까?" 이런 질문은 모두 틀렸습니다. 우리가 스스로에게 물어야 할 질문은 이렇습니다. '맡겨진 일을 부지런히 행하다가 주인이 돌아와서는 자신의 종이 얼마나 충성스럽게 일하고 있는지 확인하게 된다면, 지금 우리는 신실한 종으로 비쳐질 것인가?' '아니면 지금 우리는 오로지 자신의 관심사에만 전념하고 있는가?' '우리 자신에게 필요한 업무 목록을 하나하나 채워가느라 정신없는 모습은 아닌가?' '하나님이 우리에게 행하도록 맡기신 일과는 거의 또는 전혀 상관이 없는데도, 우리는 여전히 다른 일에만 천착하고 있는가?' 신실한 종이라면 그런 방식으로 행동하지 않을 것입니다. 제대로인 청지기라면 주인이 자신에게 맡긴 일을 제일 먼저, 가장 중요하게 주목할 것입니다. 그런 후 여가 시간이 허락되면 자신의 관심사도 돌아볼 수 있을 테지요. 그 반대가 되면 절대로 안 됩니다.

그리스도가 다시 오실 때, 그분은 이 세상을 둘러싼 모든 불행과 관련하여, 우리 각 사람을 그 문제의 일부분으로 대하시거나, 또는 그 해결책의 일부분으로 대하실 것입니다. 중간 지대는 없습니다. 방관자들 편에 서서 이 세상의 부조리를 관망하며 다만 고개를 가로저을 뿐 하나님은 대체 왜 아무런 대책을 내놓지 않으시는지 불평하는 사람이라면 그 문제의 해결책이 아니라 그 문제 자체에 속하는 자입니다.

주인이 우리에게 맡기신 일, 이 기다림의 시간 동안 우리가 주목하길 바라시는 일은 무엇입니까? 무엇보다 하나님은 우리가 그분을 온전히 알기를 원하십니다. 하나님은 우리가 그분과의 관계 속에서 그분께 응답하는 충만한 삶을 원하십니다. 그래서 우리가 하나님을 아는 지식에 다다르며, 성령의 역사를 힘입어 새롭게 빚어지는 백성으로 변모하길 원하십니다. 모든 관심사가 나를 향하고 나를 지향하던 것에서 방향을 돌려 타인을 향하고 타인을 중심에 두는 성령에 이끌리는 사람이 되는 것, 그것으로 말미암아 하나님을 기쁘시게 하는 삶을 사는 것이 가장 큰 즐거움이 되는 사람으로 변화되길 원하십니다. 더 나아가 하나님은, 필요한 모든 곳에서, 우리가 하나님의 나라, 하나님의 소망, 하나님의 사랑, 하나님의 공급하심, 하나님의 공의를 증거하고 확산하길 원하십니다. 우리는 그 선한 일을 행하도록 운명지어진 존재들이니까요. 우리 각 사람이 그러한 목적을 수행하기 위해 각자에게 부여된 특정한 역할이 무엇인지 분별해야 합니다. 이 분별의 과정에서 성경은 우리에게 없어서는 안 될 무한한 자원이 됩니다. 성경은 그 모든 페이지마다 우리가 섬기는 하나님의 성품과 하나님의 마음과 하나님의 열정에 대한 모든 지식을 우리에게 드러냅니다. 또한 성경은 그 모든 페이지마다 그리스도가 위하여 목숨을 버리고 죽기까지 사랑하신 사람들이 마땅히 품어야 할 백성의 성품과 마음과 열정을 보여줍니다. 성경의 각 페이지는 우리가 이 세상에 살면서, 하나님이 우리를 통해 이루기 원하시는 그 일의 진보를 위해, 우리가 명운을 걸고 뛰어들어야 할 사명에 대해 지혜의 가르침을 전해 주고 있습니다.

* * *

이 대림절에 예수님이 우리에게 특심한 위로가 되시는 것 한 가지는, 영적 수면에 빠지지 않고 마땅히 행할 바를 깨달아 추구하는 자들에게 하나님의 은혜가 임할 것이란 사실입니다. 주님은 날마다 우리에게 나아갈 방향을 보이시며 우리가 배우고, 성장하고, 충만하도록 이끄십니다. 그뿐만 아니라 주님이 원하시는 그 일에 새롭게 주의를 기울이는, '깨어 있음'으로 우리를 초대하십니다. 주님은 오늘 나의 해야 할 업무 목록 위에 주님이 원하시는 임무 목록을 두도록 우리에게 요청하십니다. 무엇보다 이 대림절에 우리가 다시 오실 주님에게 우리의 시선을 고정할 때, 주님은 이러한 질문에 '긍정'으로 대답하도록 확신을 더 하실 것입니다. "나의 사랑하는 자여, 너는 나의 죽음이 그만한 가치가 있었음을 너의 삶으로 보여주었느냐? 너는 삶에서 개인적으로나 공동체의 일원으로서 나의 죽음으로 말미암아 위탁된 그 모든 일에 헌신하였느냐? 이제는 더 이상 네 자신을 위해 살지 않고, 너를 대신하여 죽었다가 다시 살아나신 이를 위해 살라는 말씀을 그대로 실천하였느냐?"(참고. 고후 5:15).

대림절은 크리스마스의 첫 선물입니다. 그것은 우리 스스로에게 이러한 질문들을 던질 기회, 우리 자신을 바로잡을 기회를 제공해 줍니다. 그래서 과거로 사라져가는 올해보다 다가오는 새해에는 더 확신 있는 모습으로 "예"라고 대답할 수 있을 것입니다. 우리가 그렇게 "예"라고 대답할 수 있게 될 때, 우리는 이 세상에서 정말로 중요한 일에 더 이상 잠들어 있지 않고, 완전히 깨어 있는 모습으로 남은 생을 살아갈 것입니다.

대림절 기간에 우리는 익숙한 찬송가, "곧 오소서 임마누엘"(원제, 'O Come, O Come, Emmanuel')을 즐겨 부르곤 합니다. 저는 우리가 이 찬송을 마치, 고대의 유대 사람들이 자신들을 구원하러 오실 메시아를 바라며 기도하듯 부르는, 그런 상상을 하지 않길 바랍니다. 또는 마치 이 찬송의 소원이 2천 년 전 아기 예수의 탄생으로 모두 이루어진 것처럼 부르지 않길 바랍니다. 오히려 저는 우리가 이제는 이 찬송을 하나님 우편에 앉으신 주 그리스도를 앙망하며 부르길 바랍니다. 우리는 영광 가운데 다시 오실 주님을 우리의 믿음으로 바라봅니다. 우리가 고대하는 그분의 장차 나타나심은 우리 모든 소망의 완성입니다. 저는 우리가 새로운 피조물이자 자신의 삶을 새롭게 헌신하기로 결단한 사람들로서 이 찬송을 부를 수 있게 되길 바랍니다. 그래서 우리 주님이 약속의 말씀을 따라 우리에게 다시 오실 때, 우리 모두가 그분 앞에서 한 점 부끄러울 것이 없는, 조금도 당황할 것이 없는 신실한 청지기의 모습으로 맞이하게 되길 간절히 소망합니다. 아멘.

2 아무도 기대하지 않았던 메시아

대림절
누가복음 1:68-79; 이사야 11:1-5, 10-12

오늘 우리가 읽은 신약의 본문은 "사가랴의 노래"로 알려져 있습니다. 누가는 이 본문을 사가랴를 통해 선포된 예언의 말씀으로 소개하고 있습니다. 지금 사가랴는 성령의 충만케 하심을 받았습니다. 하나님이 사가랴의 가문에 행하신 일로 말미암아 이스라엘 안에서 일어나고 있는 일에 대한 소망을 시적으로 표현합니다. 우리가 아마도 잘 알다시피, 사가랴는 유대의 제사장이었습니다. 그의 아내 엘리사벳 또한 제사장 가문의 혈통입니다. 부부인 두 사람 사이에는 오랫동안 자녀가 없었습니다. 불임은 당시 이스라엘 사회에서 수치로 여겨졌을 뿐만 아니라 하나님께 버림받은 결과로도 받아들여졌습니다. 오랜 세월 고통 가운데 있던 그들에게 하나님이 찾아오셨습니다. 성전에 들어가 분향하던 사가랴 앞에 천사 가브리엘이 나타난 것입니다. 가브리엘은 사가랴에게 그의 아내 엘리사벳이 아들을 낳게 될 것이라 말합니다. 열 달 후에, 엘리사벳이 아들을 낳게 될 테니 그 아이의 이름을 히브리어로 "하나님이 은혜를 베푸셨다"란 의미의 "요한"으로 지으라는 것입니다. 사가랴가 어떻게 반응했을까요? 요약하자면 이런 식이었습니다. "아, 그래요? 제가 왜 굳이 그 말을 믿어야 합니까?" 가브리엘이 대답합니다. "그러면 이렇게 하마. 내가 증표를 줄 텐데, 너는 이제부터 내가 예언한 일이 이루어질 때까지 말을 못하게 될 것이다." 이 일은 결국, 성경에는 기록되지 않은, 하나님께 드리는 큰 기쁨의 찬송, "엘리사벳의 노래"를 유발했습니다.

이제 사가랴는 자신의 아들이 특별한 사람이 될 것을 알았습니다. 천사가 어떤 아기의 탄생을 미리 예고하는 일은 이스라엘 전체 역사에서도 드문 사례였기 때문입니다. 여섯 달이 지나, 마리아가 임신 중이던 친족 엘리사벳에게 찾아가 그녀를 문안하고, 자신에게 일어난 놀라운 소식을 전하게 됩니다. 마리아 또한 아들을 낳을 것인데, 같은 천사, 가브리엘이 그 아기에 관한 심지어 더 놀라운 사실을 전해 주었던 것입니다.

> 그가 큰 자가 되고 지극히 높으신 이의 아들이라 일컬어질 것이요 주 하나님께서 그 조상 다윗의 왕위를 그에게 주시리니 영원히 야곱의 집을 왕으로 다스리실 것이며 그 나라가 무궁하리라(눅 1:32-33).

* * *

마리아는 석 달 쯤 엘리사벳과 함께 지내다가 돌아가고, 엘리사벳은 해산할 기한이 차서 아들을 낳게 됩니다. 그 모든 시간 동안 사가랴는 여전히 침묵 속에 있어야 했습니다. 그리고 마침내 엘리사벳이 아이를 낳았습니다. 아기에게 할례를 행하는 날, 온 친족이 모인 자리에서, 천사가 알려준 대로, 엘리사벳은 아이의 이름을 "요한"으로 짓겠다고 선언합니다. 가문에서 여지껏 그 이름으로 불린 사람이 없었기에, 친족들이 난감해 하고, 사가랴에게 아기 이름을 무엇으로 짓기 원하는지 따로 묻습니다. 그러자 사가랴는 자신의 서판을 달라 하고는 이렇게 씁니다. "아이의 이름은 요한이다." 결국 사가랴가 자신의 아들을 "요한"이라 이름짓는 것으로 천사의 예언이 이루어졌습니다. 그 순간, 사가랴의 입이 열리고 그는 다시 말을 할 수 있게 되었습니다. 한순간에 봇물이 터지듯 사가랴는 하나님을 찬송하며 큰 소리로 외칩니다.

찬송하리로다 주 이스라엘의 하나님이여 그 백성을 돌보사 속량하시며 우리를 위하여 구원의 뿔을 그 종 다윗의 집에 일으키셨으니 이것은 주께서 예로부터 거룩한 선지자의 입으로 말씀하신 바와 같이 우리 원수에게서와 우리를 미워하는 모든 자의 손에서 구원하시는 일이라 우리 조상을 긍휼히 여기시며 그 거룩한 언약을 기억하셨으니 곧 우리 조상 아브라함에게 하신 맹세라 우리가 원수의 손에서 건지심을 받고 종신토록 주의 앞에서 성결과 의로 두려움이 없이 섬기게 하리라 하셨도다 이 아이여 네가 지극히 높으신 이의 선지자라 일컬음을 받고 주 앞에 앞서 가서 그 길을 준비하여 주의 백성에게 그 죄 사함으로 말미암는 구원을 알게 하리니 이는 우리 하나님의 긍휼로 인함이라 이로써 돋는 해가 위로부터 우리에게 임하여 어둠과 죽음의 그늘에 앉은 자에게 비치고 우리

발을 평강의 길로 인도하시리로다(눅 1:68-79).

사가랴는 이 찬송을 통해, 하나님이 이스라엘을 위해 위대한 일을 행하셨다고 고백합니다. 하나님이 그 백성을 위해 "구원의 뿔"을 일으키셨다는 것입니다. 이것은 한동안 사용되지 않던 상징적 표현이었습니다. 고대 이스라엘 문헌에서 "뿔"은 힘과 권세의 상징이었습니다. 여러 본문에서 "뿔"은 특별히 다윗 계보의 왕, 그리고 하나님이 행하실 다윗 왕위의 회복과 관련이 있습니다.

여호와를 대적하는 자는 산산이 깨어질 것이라 하늘에서 우레로 그들을 치시리로다 여호와께서 땅 끝까지 심판을 내리시고 자기 왕에게 힘을 주시며 자기의 기름 부음을 받은 자의 뿔을 높이시리로다 하니라(삼상 2:10).

내가 거기서 다윗에게 뿔이 나게 할 것이라 내가 내 기름 부음 받은 자를 위하여 등을 준비하였도다(시 132:17).

자신의 찬송 속에서 뿔 이미지를 사용한 것으로 보아, 이는 사가랴의 기대이기도 했던 것으로 보입니다.

우리를 위하여 구원의 뿔을 그 종 다윗의 집에 일으키셨으니 이것은 주께서 예로부터 거룩한 선지자의 입으로 말씀하신 바와 같이(눅 1:69-70).

* * *

사가랴가 기대했던 것은 정확히 무엇입니까? 사가랴가 하나님의 기름 부음을 받은 자, 곧 메시아에게서 바라는 것은 무엇입니까? 제가 감히 말하자면, 사가랴는 마리아의 아들이 로마인들의 손에서 십자가에 못 박혀 죽는 것을 기대하지는 않았을 것 같습니다. 사가랴는 메시아의 길을 예비하는 선구자이자 전령인 자기 아들이 옥에 수감되었다가 참수 당하게 될 것을 기대하지도 않았을 것입니다. 그것도 다윗 계열의 왕이 아닌 헤롯 안디바에게 말입니다. 헤롯이 누구입니까? 로마의 권력을 등에 업은 유대의 꼭두각시 왕에 불과한 자 아닙니까? 이 모든 사실들을 사가랴는 전혀 예상하지 못했을 것입니다.

우리는 사가랴 때와는 비교할 수 없는 혜택을 누리고 있습니다. 사가랴가 이 찬송을 부른 날로부터 2천 년이 지난 시점에서 모든 것을 돌이켜볼 수 있는 기회를 얻고 있기 때문입니다. 우리는 성경을 읽고 또 읽습니다. 그리고 그 안에서 예수님에 관한 "예언"을 담고 있는 모든 본문, 메시아이신 예수님이 인류를 위해 성취하신 구원의 모든 것을 하나하나 확인할 수 있습니다. 이것의 개론 수업은, 누가복음에 따르면, 부활하신 예수님이 엠마오 도상에서 어리둥절해하는 두 제자들을 만나 (누구보다도 먼저) 직접 가르치신 내용입니다.

> 이르시되 미련하고 선지자들이 말한 모든 것을 마음에 더디 믿는 자들이여 그리스도가 이런 고난을 받고 자기의 영광에 들어가야 할 것이 아니냐 하시고 이에 모세와 모든 선지자의 글로 시작하여 모든 성경에 쓴 바 자기에 관한 것을 자세히 설명하시니라 (눅 24:25-27).

저는 사람들에게서 종종 이런 이야기를 듣습니다. "어째서 그 유대인들은 자신들의 메시아를 알아보지 못했을까요? 참 이상합니다. 그들의 성경에 기록된 예언들에 비추어보면 예수님이 그 장본인이라는 게 누가봐도 분명했을 것 같은데 말입니다. 그렇지 않습니다. 2천 년 세월이 지나고 나서 우리가 보니 그렇게 생각될 뿐입니다. 예수님을 알고 구주로 영접하고 믿음 안에서 하나님의 자녀가 된 우리의 입장에서 보니, 주님의 부활 사실을 알고 성령으로 깨닫게 된 우리의 입장에서 보니 분명해 보일 뿐입니다. 우리에게 분명한 것들이 당시 하나님의 구원을 바라던 사가랴의 시대에는 전혀 분명해 보이지 않았습니다. 그래서 예수님의 죽음과 부활 이전에는 어떤 유대인 저자도, 그리고 예수님의 죽음과 부활 이후 형성된 예수 운동의 내부자들을 제외한 그 어떤 유대인도, 그런 유형의 메시아를 전혀 예상하거나 언급할 수 없었습니다.

진실로 예수님은 아무도 기대하지 않았던 메시아였습니다. 적어도 그 시대에 많은 분량의 기록을 남긴 저자들 중에는 아무도 그것을 예상하지 못했습니다. 주후 2세기까지의 구약 외경 및 위경, 사해 사본, 필로와 요세푸스의 저술 및 랍비 문헌을 포함한다 하더라도 마찬가지 결과입니다. 다시 말씀드리지만, 사람들에게 가르침을 전하고 병자를 고치고 평화로운 저항운동을 이끌다가 정죄를 당하고 사형에 처해지고, 죽은 자 가운데서 다시 살아나 승천하신 후 심판주로 다시 오시기까지 하나님의 우편에 계시는 메시아에 대한 기록을 남긴 유대인 저자는 아무도 없습니다. .

유대 민족은 모두가 동일한 유형의 메시아를 기대한 것도 아니었습니다. 메시아가 어떤 인물이며 무슨 일을 행하실지에 대한 소망은 제각각 달랐습니다. 그 소망을 품는 특정 유대인 그룹이 보기에 세상에서 (자신들이 경험하는 바) 가장 잘못된 것이 무엇이라고 판단하느냐에 달려 있었습니다. 그럼에도 당시 몇 가지 사안에 대해서는 그것이 잘못된 일이라는 거의 합일된 의견은 있었습니다. 하나님의 택하심을 받지 못한 이방인들이 하나님이 택하신 백성과 그 땅을 지배하고 있다는 사실이었습니다. 수 세기에 걸친 이방인들의 무력 정복과 지배의 결과로, 이스라엘 백성 대다수가 하나님이 그들에게 약속하신 땅 밖의 지중해와 중동 전역으로 흩어진 채 살고 있었습니다. 로마의 무력 간섭을 전후해 권좌에 올랐던 유대 통치자들뿐만 아니라 로마와 협력하여 권세를 얻었던 통치자들은 하나님이 약속하신 다윗 가문의 사람들이 아니었습니다.

하나님이 역사 속에서 이스라엘 백성에게 주신 약속들을 감안할 때, 이처럼 세상이 잘못되어도 뭔가 한참 잘못되었다는 정서는 그들 사이에 폭넓게 공유되고 있었습니다. 그러므로 하나님이 자기 백성을 구원하기로 택하신 어느 날에, 하나님이 메시아를 보내 구원을 단행하실 것이라는 확신이 자연스레 뒤따랐습니다. 예수님이 탄생하시기 약 오십 년 전에, 한 유대인이 메시아에 대한 기대와 소망을 표현한 내용을 잠시 소개하겠습니다.

오 주여, 보소서, 저들을 위하여 그들의 왕, 다윗의 자손을 일으키소서⋯ 그가 당신의 종 이스라엘을 다스리게 하소서. 그에게 힘을 주시어 불의한 통치자들을 무너뜨리게 하시고, 예루살렘을 파괴한 저 이방 민족을 모두

척결하게 하소서. 의로운 지혜로 그가 죄인들을 그 기업에서 몰아낼 것이며…그가 자기 입의 말씀으로 불경건한 나라들을 멸할 것이라… 그리고 그가 거룩한 한 백성을 함께 모을 것이며, 그들을 의의 길로 인도할 것이라…그리고 그가 그들의 지파에 따라서 그 땅을 나눌 것이라. 그리고 체류자나 외국인이 더 이상 그들 가운데 살지 않을 것이라… 그리고 그가 이방 백성들을 그의 멍에 아래 섬기게 하리니… 그날을 맞을 자들에게 복이 있나니, 지파들이 함께 모일 그때에, 하나님이 이루실 이스라엘의 행복을 그들이 보게 될 것이라(솔로몬의 시편 17, 발췌문).

지금까지 제시된 윤곽에 따르면, 우리의 찬송가, "오랫동안 기다리던"(원제, 'Come, Thou Long-Expected Jesus')의 가사는 그들에게는 적절하지 않아 보입니다. 물론 하나님의 백성들이 메시아를 "오랫동안 기다려온" 것은 맞다고 할 것입니다. 그러나 예수님은 그들이 오랫동안 기다려온 메시아의 모습은 아니었습니다. 유대인들은 메시아에 대한 자신들의 기대를 어디서 얻었던 것일까요? 솔직히 말해, 우리는 그들의 기대가 사실은 성경에서 비롯되었음을 인정해야 합니다. 우리는 대림절에 관련된 구약의 예언들을 읽을 때 몹시 선택적일 수밖에 없습니다. 이사야서의 교훈을 예로 생각해 보겠습니다. "이새(다윗의 아버지)의 줄기에서 한 싹이 나며 그 뿌리에서 한 가지가 나서 결실할 것이요." 하나님의 영이 그 위에 임하는, 공의로 다스리게 될, 그 땅에 평화를 가져올, 한 약속된 통치자를 말하고 있습니다. 그런데 우리 성서일과가 이사야 11장에서 다루지 않는 부분이 있지요? "그들이 서쪽으로 블레셋 사람들의 어깨에 날아 앉고 함께 동방 백성을 노략하며 에돔과 모압에 손을 대며 암몬 자손을 자기에게 복종시키리라"(사 11:14). 이는 이스라엘 왕국의 회복을 기대하게 하는 내용입니다. 그 중에서도 이스라엘 영토 주변의 모든 이방 민족을 무력으로 굴복시키는 듯한 그림입니다.

사가랴는 "세례자" 요한으로 알려질 자신의 아들 요한이 이 같은 민족주의적 메시아의 길을 예비하는 선구자가 될 것으로 기대한 것 같습니다. 그가 기대한 메시아는 다윗 가문의 왕조를 회복할 메시아였습니다. 하나님이 아브라함과 아브라함의 적통 후손인 이스라엘 백성에게 맹세하셨던 그 (백성들이 약속의 땅에서 자주독립하는) 약속을 마침내 실현할 메시아였습니다. 세계 도처에 흩어진 유대인들을 그 조상들의 땅으로 다시 불러모을 메시아였습니다. 그리고 (예수님과 같은 이름인) 여호수아 때처럼, 다시금 그 땅을 열두 지파에게 분배할 메시아였습니다.

예수님의 제자들 역시 이 같은 기대를 포기할 생각이 없었습니다. 한번 떠올려 보십시오. 예수님이 예루살렘에서 자신에게 일어날 일을 제자들에게 미리 예고하시자 반응이 어땠나요? 베드로가 예수님을 붙들고 항변했습니다. 예수님을 구석진 곳에 데려가서 진정한 메시아의 모습은 어떠해야 하는지 훈수를 뒀다는 것입니다(막 8:31-33). "오, 주님, 그건 아니지요. 그런 일은 여기서 일어나는 게 아닙니다!" 예수님께서 자신이 이방인의 손에 넘겨져 죽임 당할 것이라고 제자들에게 세 번째 예고하셨을 때 그들의 반응은 어땠습니까? 야고보와 요한이 주님에게 다가왔죠. 그들은 예수님이 이스라엘의 정권을 장악하고 나면 각자 주님의 오른팔과 왼팔로 권좌에 오르길 바랐습니다(막 10:35-

40). 예수님이 십자가에서 죽으신 후, 엠마오로 가던 두 제자들은 어떠했습니까? 그들은 예수님에 대한 자신들의 실망감을 이렇게 표했습니다. "우리는 이 사람이 이스라엘을 속량할 자라고 바랐노라"(눅 24:21). 하나 더 있습니다. 예수님이 부활하신 후에도, 제자들은 여전히 이렇게 질문했습니다. "주께서 이스라엘 나라를 회복하심이 이 때니이까?"(행 1:6) 예수님이 제자들에게서 다시 떠나 하늘로 오르신 후에야, 그들은 하나님이 보내신 메시아는 그들이 기대했던 모습과는 전혀 다르다는 사실을 비로소 깨달았습니다.

예수님이 메시아로서 행하신 사역이 소위 "예수쟁이"들을 어디로 이끌어갔는지 헤아려본다면, 예수님을 따르던 유대인 제자들이 주님께 "예스"라고 말하기 위해 어떤 소망과 기대들을 포기해야 했는지 감지할 수 있을 것입니다. 예수님은 자신을 따르던 유대인 제자들이 품고 있던 유대 왕조 재건에 대한 소망을 무너뜨리셨습니다. 예수님은 자신들을 괴롭히던 이방 민족들을 징벌하고 복수할 것에 대한 소망을 무너뜨리셨습니다. 더불어 이스라엘이 가나안 정착 후 누렸던 "좋은 시절"로의 복귀에 대한 소망도 여지없이 무너뜨리셨습니다. 예수님이 세우시는 왕국은 그와는 전혀 다른 것이었습니다. 예수님의 나라는 어느 한 민족이 다른 민족들을 배제하며 전적으로 특혜를 누리는 곳이 아닙니다. 그 나라는 정치 권력과 군사력에 의지해 세워지는 곳이 아닙니다. 그 나라는 사람들 사이에 담을 쌓기보다, 오히려 그 막힌 담을 허무는 곳입니다(참고. 엡 2:11-22). 예수님이 메시아로서 행하시는 사역은, 이스라엘이라는 특정 지역 및 민족의 이해가 걸린 문제를 다루기보다 모든 인류가 극심하게 겪고 있는 보편적인 문제를 해결하는 것에 초점을 두고 있습니다.

* * *

이 모든 것으로부터 우리는 이렇게 질문할 수 있습니다. 우리는 예수님이 어떤 메시아로서 오셨는지 이해하고 있습니까? 혹시 우리는 예수님을 향해, 하나님의 기름 부음 받은 메시아로서의 사명과는 전혀 무관한, 엉뚱한 기대와 소망을 품고 있지는 않습니까? 우리는 예수님과 충분한 사귐의 시간을 가지며, 그분의 말씀을 충분히 깊이 있게 묵상하고 있습니까? 그래서 우리 또한 예수님에 대한 잘못된 기대들을 버리고, 메시아-왕이신 예수님의 본연 그대로의 모습에 기꺼이 수긍하고 있습니까? 그분의 구원을 경험하는 것 그리고 하나님의 기름부음 받은 메시아로서의 그분을 따르는 것이 함의하는 바를 우리는 영락없이 받아들이고 있습니까?

혹시 우리는 우리나라의 국가적 이익에 힘을 실어줄 메시아를 기대하고 있지는 않습니까? 이 세상에서 우리 정부가 추구하는 아젠다를 신성한 것인양 받아줄 메시아는 어떻습니까? 정작 예수님은 이 세상에서 자신을 위한 나라를 추구하지 않으셨는데 말입니다!

혹시 우리는 삶의 문제들과 온갖 짐들로부터 우리를 해방시켜줄 메시아를 바라고 있지는 않습니까? 우리가 뜻하는 모든 것이 형통하도록 도와주시는 분, 재정적으로 든든하게 받쳐주시는 분, 안락함을 보장해 주시는 분으로 말입니다. 예수님은 (2천 년 전 자신을 따르던 제자들에게와 마찬가지로) 주님을 따르고자 하는 모든 사람에게 자기를 부인할 것을 요구하십니다. 주님을 따르는 일이란, 주님이 지셨던 그 십자가를 지고, 주님이 섬기셨듯이 섬기고, 주님의 이름을 빌미로 날아드는 온갖 고난과 시련을 견디는 것을 의미한다고 말씀하십니다.

우리는 그 메시아가 나에게 측량할 수 없는 신령한 복을 주시길 바라면서도, 정작 그분에게는 내가 다 쓰고 남은 여분의 것들, 나의 시간과 에너지와 자원의 꼬투리를 형식적으로 드리고 있지는 않습니까? 예수님은 2천 년 전 제자들에게 그들의 삶을 급진적으로 투자할 것을 요구하셨습니다. 다른 모든 좋은 것을 뒤에 버리고, 바로 거기서부터, 그들의 모든 시간과 에너지와 자원을 하나님 나라를 위해 쏟아부으며, 마지막 순간까지 주님을 따르라 하셨습니다.

나의 영혼의 구원자이지만 나의 실제 주인은 아닌, 그런 메시아를 바라고 계십니까? 예수님은 제자들에게 이렇게 물으셨습니다. "너희는 나를 불러 주여 주여 하면서도 어찌하여 내가 말하는 것을 행하지 아니하느냐?"(눅 6:46)

아마도 사가랴는 자신의 아들 요한이 장차 사람들에게 선포하게 될 그 메시아, 그분이 행하실 일들을 온전히 이해하기 훨씬 전에 죽었을 것이 거의 분명합니다. 그래서 안타깝지만 그 메시아와의 만남으로, 그 메시아의 인도하심으로 삶이 온전히 변화되는 복을 제대로 경험하지 못했을 수도 있습니다. 저는 우리 가운데는 그러한 사람이 한 분도 없게 되길 기도합니다. 아멘.

3 하나님의 아들의 육신의 어머니

대림절
누가복음 1:26-38

유대인 어머니들은 일반적으로 자기의 아들을 하나님이 세상에 보내신 선물로 여긴다고 합니다. 예수의 모친 마리아가 그렇게 주장한다면 수긍하지 않기가 어렵겠지요. 제 경험에 따르면, 우리 개신교인들은 요셉과 마리아와 아기 예수를 최소한으로 담아낸 크리스마스 절기의 성탄 장면을 제외하면, 마리아를 크게 주목하지 않는 것 같습니다. 많은 개신교인들이 마리아를 외면하려는 주된 이유는 우리의 가톨릭 형제자매들이 마리아에게 관심을 기울이는 정도가 과하다 싶어 이를 탐탁지 않게 여기기 때문으로 생각합니다.

물론 성모 마리아는 가톨릭의 신학, 전례, 영성에서 중요한 위치를 차지하는 인물이 맞습니다. 가톨릭 예술에서는 마리아가 대개는 그리스도 곁에 함께 좌정한 모습으로 그려지곤 합니다. 통상적으로 마리아가 올라 있는 것으로 여겨지는 소위 "하늘의 여왕" 지위에 근거하여, 그리고 그리스도의 성모로서 그녀가 여전히 누리고 있는 영광 받으신 그리스도와의 관계에 근거하여, 예배자들은 마리아를 향해 성부 하나님과 성자 예수님께 대한 중보를 요청하곤 합니다. 예수님은 인간의 몸을 입으신 성자 하나님이라는 보편적으로 공유되는 신앙에 근거하여, 가톨릭과 동방정교회 형제자매들은 마리아를 "천주의 모친"(성모)이라고 부릅니다. 이에 우리 개신교인들은 한편으론 그것이 틀린 것은 아니라고 인정하면서도, 그럼에도 불구하고, 더 깊은 곳에선 불편한 심기를 느끼곤 합니다.

이 모든 것에 대해 아마도 정반대의 극단으로 치우쳤다고 할 정도로, 우리는 마리아를 무시하거나 폄하하는 경향이 있습니다. 언젠가 개신교의 다음과 같은 비평을 들은 적이 있습니다. "마리아는 우리처럼 예수님의 구원을 필요로 하는 죄인이다. 그녀도 여느 여인들과 마찬가지로 평범한 사람일 뿐이다." 여기서 저는 첫 번째 진술은 분명 옳다고 생각합니다. 하지만 두 번째 진술은 다르게 생각합니다. 마리아는 모든 사람처럼 근본적으로 구원이 필요한 죄인은 맞지만, 결코 평범하지는 않습니다. 하나님의 뜻에 자신을 순종으로 내어드리고, 성자인 자기 아들의 사명을 함께 받아들였다는 점에서 그녀는 비범하고 특별한 여인이 맞습니다. 그녀는 우리에게 진정한 제자도의 정수를 여러 면에서 보여주고 있습니다. 그녀는 매우 특별한 사명 속에서, 매우 특별한 아들을 사랑하고 양육하고 지지하는 매우 특별한 어머니가 되어야 했습니다. 그녀는 세상의 모든 어머니들이 자녀를 양육하며 자연스럽게 기대하는 많은 기쁨의 순간들을 대가로 희생해야만 했습니다.

* * *

오늘 본문은 우리에게 친숙한 수태고지 이야기를 들려줍니다. 천사 가브리엘이 마리아에게 나타나 하나님께서 그녀가 특별하게 잉태하고 낳게 될 그 아들을 통해 이루실 놀라운 일을 전해 주었습니다. 우리는 예수님의 기적적인 동정녀 탄생을 그분이 하나님의 아들이심을 나타내는 중요하고 놀라운 증거로 삼습니다. 하지만 여기서 우리가 놓치지 말아야 할 점이 있습니다. 마리아가 하나님 아들의 동정녀 탄생이라는 놀라운 사건을 겪으며 기꺼이 받아들인 자신의 역할과 희생입니다. 제사장 사가랴의 아내 엘리사벳이 잉태하게 되었을 때, 그녀는 자신이 사람들 앞에서 겪어야 했던 수치를 하나님께서 제거하셨다고 선포합니다(눅 1:25). 하지만 마리아의 경우는 달랐습니다. 그 반대였습니다. 마리아의 임신 자체가 그녀에게는 사람들 앞에서 큰 수치를 겪을 일로 받아들여질 수밖에 없었습니다.

우리는 마리아가 했던 말, "나는 남자를 알지 못하니 어찌 이 일이 있으리이까"(눅 1:34)의 의미를 잘 이해하지 못할 수 있습니다. 마리아가 살던 시대에, 성적 순결은 여성의 명예와 덕목에 있어 절대적인 요소였습니다. 공감이 될 만한 한 가지 예를 들겠습니다. 예수님의 탄생보다 한 세기 정도 앞서, 익명의 유대인 저자가 유디트라는 이름의 여성에 관한 역사 로맨스를 기록했습니다. 그녀는 자신의 성읍 그리고 궁극적으로는 유대 거민들의 구원자가 되었습니다. 유대 민족의 원수의 대장을 유혹해 잔뜩 술을 먹여 곯아떨어지게 하고는 그의 머리를 칼로 베어버렸던 것입니다. 원수의 잘린 머리를 넣은 자루를 가지고, 유디트가 자신의 성읍에 돌아와서 처음 했던 말이 무엇인지 아세요?

그녀는 이렇게 외칩니다. "내 얼굴이 그를 유혹하여 그를 죽게 했을망정 그는 나를 범하여 더럽히거나 욕을 보이지는 못했습니다"(유딧 13:16, 공동번역). 대적의 포위 공격에서 성읍을 구해낸 큰 공을 세웠음에도 불구하고, 유디트는 그 누구도 자신이 임무를 수행하는 과정에서 원수과 혼외정사를 한 것으로 생각하길 원하지 않았습니다.

그러나 마리아는 구원 계획의 성취라는 하나님의 뜻을 위해 지역사회가 내릴 자신에 대한 평판을 희생해야 하는 상황에 직면했습니다. 마태복음은 마리아에게 임한 천사의 수태고지가 초래한 달갑지 않은 파장에 더 주목하고 있습니다. 마리아와 정혼한 요셉은 그녀와의 약혼을 최대한 조용히 끊어서 마리아가 불필요하게 수치를 당하는 것을 막으려 했습니다만, 그럼에도 불구하고, 1세기 유대 또는 갈릴리에서 한평생을 싱글 맘으로 살아가는 것은 피할 수 없는 큰 수치를 불러오는 일이었습니다. 그 비정상적으로 보이는 출산으로 인해, 처음에는 마리아가, 그리고 이후에는 예수님이 견뎌야 했던 모욕과 조롱이 어느 정도였는지 궁금할 수 있습니다. 마가는 예수님의 설교 후에 나사렛 동네 사람들이 서로 수군대며, "이 사람이 마리아의 아들 목수가 아니냐?"고 반문한 것을 기록합니다(막 6:3). 마태는 이것을 다른 방식으로 표현하고 있습니다. "이는 그 목수의 아들이 아니냐 그 어머니는 마리아라고 불리지 않느냐?"(마 13:55) 하지만 마가가 실제 상황에 조금 더 근접한 기록을 보존하는 것으로 보입니다. "마리아의 아들"이라고 불리는 것은 모든 남자들이 서로를 식별하기 위해 자신들의 아버지의 이름을 취하는 공동체의 문화를 감안하면, 매우 특이하고 의미심장한 일이 아닐 수 없습니다("시몬 바-요나"는 요한의 아들 시몬이란 의미고, "예수 바-아바스"[바라바 예수]는 아바스의 아들 예수란 의미입니다). 요한복음에서도 이와 관련한 논란을 일부 반영하는 본문이 있습니다. 자신들이 아브라함의 자손이라는 주장의 타당성과 관련해 예수님과 논쟁이 붙은 사람들이 예수님에게 이렇게 대답하는 장면에서 그 사실을 엿볼 수 있습니다. "우리는 음란한 데서 나지 아니하였다"(요 8:41).

마리아는 사람들의 손가락질이 부당하게 자신을 향할 가능성이 농후한 상황에서도, 하나님의 약속 (이 아이가 어떤 인물로 성장할 것인지, 세상을 위한 하나님의 계획 안에서 이 아이가 무엇을 성취할 것인지에 대한 약속)을 자신보다 더 소중하게 여기며 모든 오해의 시선을 기꺼이 감수했습니다. 여기서 우리는 훗날 그 아들이 마찬가지로 십자가 앞에서 취하셨던 태도를 떠올리지 않을 수 없습니다. "그는 그 앞에 있는 기쁨을 위하여 십자가를 참으사 부끄러움을 개의치 아니하시더니"(히 12:2). 그것은 예수님을 따르는 초대 교회의 많은 그리스도인들이 본받고자 했던 삶의 자세였습니다. 그리고 그것은 여러 세기의, 특히 20세기와 21세기의 그리스도인들이 가장 많이 본받아야 할 모습이기도 합니다. 마리아는 우리 구주께서 탄생하시기도 전에, 그리스도를 위하여 개의치 않고 그 부끄러움을 끌어안았습니다(비교. 히 11:26; 13:13).

예수님의 탄생 후 모세의 법대로 할례를 행할 때가 되어 예루살렘에 올라갔을 때, 시므온이라는 한 노인이 아기를 받아 안고서 마리아에게 아기에 관해 예언했습니다. 마리아는 이 아이를 키움에 있어, 보통의 어머니들이 자녀양육을 통해 대부분 누리는 부모자식 간의 관계, 그 소중한 행복을 기대하기 어려울 수 있다는 암시를 받습니다. 시므온은 이 세상에 하나님의 구원을 가져올 그리스도, 곧 "이방을 비추는 빛과 주의 백성 이스라엘의 영광"이 될 그 아기(눅 2:32)를 결국 눈으로 보게 될 만큼 장수하게 하신 하나님께 감사한 후, 마리아를 보며 이렇게 덧붙입니다. "보라 이는 이스라엘 중 많은 사람을 패하거나 흥하게 하며 비방을 받는 표적이 되기 위하여 세움을 받았고 또 칼이 네 마음을 찌르듯 하리니 이는 여러 사람의 마음의 생각을 드러내려 함이니라"(눅 2:34-35). 부모로서는 충격적인 말이죠. 저 같으면 이렇게 중얼거렸을지도 모르겠습니다. "허참, 성전에서 빈둥거리시는 양반이, 쓸데없는 소리를 하시네, 괜히 겁주고 말이야, 이봐요 이제 우리 아기는 돌려주셔야죠?"

사실 시므온이 아기 예수에 관해 예고해준 말들은 마리아에게는 그리 놀라운 것이 아닐 수도 있습니다. 마리아가 아기를 잉태하기 전에 천사 가브리엘이 전한 메시지, 그리고 한 밤에 목자들이 전한 소식을 감안하면 그럴 수 있다는 것입니다. 하지만 시므온의 마지막으로 언급한 내용은 뜻밖이었습니다. "이 기쁨의 좋은 소식, 이토록 신성하고 역사적인 대사건이 마리아에게나 그 아들에게는 고통이 될 것이며, 그것은 마치 칼로 찌르는 듯할 것이다." 고통을 수반하는 아들의 운명을 어머니로서 받아들이기란 얼마나 단단히 각오를 해야 가능한 일일까요? 이것은 오늘날 예수님을 믿고 따르고 붙들고자 하는, 하지만 여전히 이 땅에서 살아가는 우리 모든 그리스도인들이 받아들여야 하는 숙명과 다르지 않습니다.

누가는 이제 '앞으로 빨리 감기' 버튼을 눌러서, 그 다음 에피소드, 12년 후 성전에 있는 예수님의 소년 시절로 넘어갑니다(이 대목에서 부모들을 위한 팁을 드리자면, 관광객들로 가장 붐비는 휴가철에 십대 자녀가 잘 따라오고 있을 것으로 예상하며 대도시를 여행하지 마시기 바랍니다.) 우리는 마리아와 요셉이 한동안 잃어버렸던 아이를 찾는 순간, 그 심정을 부모로서 공감할 수 있습니다. "아이야, 왜 우리에게 이렇게 했니, 그동안 엄마 아빠가 걱정하면서 너를 찾았단다!"(눅 2:48) 아들이 대답합니다. "왜 나를 찾으셨어요? 내가 내 아버지의 일을 돌봐야 한다는 것을 모르셨나요?"(눅 2:49) 예수님의 이 답변은 마리아의 아들에게는 하늘 아버지께서 주신 특별한 사명이 있다는 사실을 상기시키고 있습니다. 그것은 가족에게서 그를 떼어놓고 가족과의 유대마저 무색하게 하는 사명이었던 것입니다. 어린 시절에는 혼자 길을 잃어버리기도 했고, 부모가 되어서는 잃어버린 자녀를 찾아 헤매기도 했던 저에게 여기서 가장 놀라웠던 부분은, 그 복잡한 명절 기간 대도시에, 부모를 잃어버리고 홀로 남겨진 아이의 전혀 흐트러짐 없는 모습입니다. 사흘이나 떨어져 있었는데 말입니다! 아이의 그 기이한 차분함은 마리아의 마음을 오히려 동요시켰을 것 같습니다. 정신없이 아이를 찾아 헤맸는데 막상 찾고 보니, 엄마 없이 오랜 시간을 아무 탈 없이 잘 있는 태연한 모습이란! 순간 마리아는 이런 생각이 스쳤을 수 있습니다. '나의 아들은 정녕 나를 위한 아들이 아니었단 말인가.' '아들에게 쏟아 부은 나의 모든 애정과 돌봄, 지금도 계속해서 아이에게 쏟고 있는 이 모든 사랑이 전부 그 아버지의 일을 이루기 위한 것은 아닌가.' '이것은 예전에 내가 아이를 위해 받아들이기로 했던 바로 그 운명이지 않은가?'

자녀가 서른이 넘도록 출가하지 못하면, 서구 문화권에서 살아가는 부모라면 대개는 그것을 '실패'로 여길 것입니다. 그러나 1세기 갈릴리에서는 그렇지 않았습니다. 한 집안의 장남으로서, 그리고 이후 이야기에 전혀 등장하지 않기 때문에 그럴 가능성이 높지만 아마도 요셉이 죽은 후, 예수님은 가업을 잇는 장손이 되었을 것이고 실질적인 가장 역할을 해야 했을 것입니다. 모든 조건이 그대로라면, 예수님은 그 세대와 다음 세대를 위한 바요셉 가족의 무게 중심이 되었을 것입니다. 그리고 더 중요하게는, 모친인 마리아의 노년을 책임질 아들이었습니다. 그러나 마리아는 장남이 든든하게 집안을 책임져줄 것을 기대하는 어머니로서의 소박한 꿈조차 포기해야 했습니다. 이 모든 희생은 하나님의 잃은 양들을 찾아 구원하려는 예수님의 사명을 위한 것이었습니다.

요한복음에 따르면, 예수님의 첫 번째 기적의 시발점이 된 인물이 마리아였습니다. 예수님과 모친 마리아는 갈릴리 가나의 혼인 잔치에 초대를 받았고, 예수님의 첫 제자들도 동행했습니다. 혼인 잔치는 여러 날 이어졌고, 어느 순간 포도주가 바닥이 났습니다. 마리아가 예수님께 다가와 말합니다. "포도주가 다 떨어졌다는 구나." 예수님의 대답은 본질적으로 이렇습니다. "어머니, 그게 우리 문제는 아니지 않습니까?" 예수님은 어머니가 그 문제를 자신에게 가져온 것의 의미를 이해했습니다. 마리아는 그 아들이 바로 그 자리에서, 문제 해결을 위해 뭔가를 할 수 있을 것이라 확신했던 것입니다. 예수님은 이렇게 덧붙입니다. "아직 저의 때가 안 되었습니다." 예수님은 어머니가 한 말을 마치, "아들아, 네가 날 때부터 짊어진 그 일을 시작하기에 지금이 아주 좋은 때 같구나", 이런 식으로 이해한 것 같습니다. 그런데 유대인 어머니들은 자기 아들이 "아니요"라고 대답하면 대개는 듣지 않으려는 것 같습니다. 마리아는 근처에 있던 하인들에게 이렇게 당부합니다.

"그가 말씀하시면 그대로 행하라." 이 말은 오늘날에도 예수님에 관해 누군가와 이야기할 때 우리가 할 수 있는 최고의 조언이 아닐 수 없습니다.

여기서 마리아의 역할에 주목해 보길 바랍니다. 마리아는 그 아들이 무엇인가를 행할 것 같다는 기대감을 공개적으로 불러일으켜, 아들이 무엇인가를 행하도록 하는 처지에 놓이게 만듭니다. 그리고 주변 사람들이 무엇이든 그 아들의 지시대로 협조하도록 준비해 놓고 있습니다. 물론 우리는 그렇게까지 하지 않습니다만, 누구든 이 이야기를 제대로 읽고 나서, 성모 마리아에게 중재를 요청하는 가톨릭 신자들을 함부로 판단하긴 어려울 것 같습니다. 실제로 여기서 마리아는 아들에게 다가가 어떤 사건에 개입하도록 하는 방법을 잘 아는 것처럼 보입니다. 아들이 처음에는 다소 주저하는 듯한 반응을 보였음에도 말입니다. 에피소드 마지막에서 우리는 이렇게 읽게 됩니다. "예수께서 이 첫 표적을 갈릴리 가나에서 행하여 그의 영광을 나타내시매 제자들이 그를 믿으니라"(요 2:11). 요한복음의 이야기 안에서, 예수님으로 하여금 그 영광을 드러내는 계시의 역사를 행하도록 적극 부추겼던 사람은 다름 아닌 모친 마리아였습니다. 그렇게 처음 드러난 예수님의 영광은 십자가의 죽음을 통해 영화롭게 되시는 순간에 정점에 다다를 것입니다.

요셉과 마리아는 예수님 말고도 아들 넷과 딸 여럿을 두었습니다. 성경은 우리에게 그들의 성장 과정과 관련한 어떤 이야기도 남기고 있지 않습니다. 하지만 야고보를 비롯한 다른 형제들이 예수님과 더불어 가족으로 지낸 경험이 어땠을지 한번 상상해 볼 수 있겠나요? "너는 왜 너의 형처럼 그렇게 바르지 못하니?" "엄마, 좀 제발요, 저 엄친아 같은 형하고 맨날 비교되는 건 정말 지긋지긋하다고요!" 요한복음에 따르면, 예수님의 사역 초기에는 예수님과 그 이부 형제들 사이에 어떤 감정적인 어려움이 있었던 것으로 보입니다. 마태와 마가는 예수님이 그분의 진정한 가족이 누구인지를 극단적으로 재정의하는 이야기를 소개하고 있습니다. 그 말씀은 수많은 제자들에게는 마음의 위로와 격려가 되는 말씀이지만, 예수님의 혈육들에게는 정말로 듣고 있기 힘든 말이었을지 모릅니다.

> 예수께서 무리에게 말씀하실 때에 그의 어머니와 동생들이 예수께 말하려고 밖에 섰더니 한 사람이 예수께 여짜오되 보소서 당신의 어머니와 동생들이 당신께 말하려고 밖에 서 있나이다 하니 말하던 사람에게 대답하여 이르시되 누가 내 어머니이며 내 동생들이냐 하시고 손을 내밀어 제자들을 가리켜 이르시되 나의 어머니와 나의 동생들을 보라 누구든지 하늘에 계신 내 아버지의 뜻대로 하는 자가 내 형제요 자매요 어머니이니라 하시더라 (마 12:46-50).

저는 예수님이 사람들 앞에서 그렇게 대답하신 것으로 인해 마리아의 심정이 실제로 고통스러웠을 것이라 생각합니다. 그것은 누가 들어도 실망스러운 말입니다. 아들이 매일 밖에 있고 집에 들어오지 않고, 항상 다른 사람들을 가르치느라 바쁘면서 가족들하고는 대화할 틈도 없다면 어떻겠습니까? 이것은 마리아에겐 또 한 번 자신에 대해 더 죽는 경험이었을 것입니다. 그리고 어머니로서 바라던 자신의 삶에 대한 작은 기대를 또 한 번 더 죽이는 것 같은 경험이었을 것입니다. 그녀는 지금의 우리와 다르지 않게, 특히 가족의 친밀한 관계를 아는 사람이라면 당연히 느꼈을 감정적 서운함을 맛보았을 것입니다. 혈연관계로 이루어진 가족보다 하나님의 가족을 더 중요하게 여기는 예수님의 비전을 어머니인 마리아가 고스란히 받아들이고 함께하기란 그 어느 것보다 쉽지 않을 선택이었을 것입니다. 우리는 마리아가 받았을 그녀만의 도전을 인정해야 합니다. 마리아뿐만 아닙니다. 예수님과 형제자매로 살던 혈육들은, 새롭게 믿음으로 맺어질 참된 가족에 대한 예수님의 비전을 받아들여야 했습니다. 그래서 그들은 끝까지 예수님의 가족이자, 예수님이 부르신 또다른 더 큰 가족, 즉 하나님 나라 공동체의 소중한 일원이 되었습니다. 우리는 그 사실을 기억해야 합니다.

성경을 통해 우리는, 얼마 후 마리아가 자리하게 될 곳을 알고 있습니다. 예수님이 (가장으로서 가계를 책임지던) 목수라는 가업과 나사렛에서의 일상을 떠나 공생애 사역을 벌이던 그 끝자리에 마리아가 어디에 있게 될지 말입니다. 그 마지막 순간에도 마리아는 아들 곁에 서 있습니다

> 예수의 십자가 곁에는 그 어머니와 이모와 글로바의 아내 마리아와 막달라 마리아가 섰는지라 예수께서 자기의 어머니와 사랑하시는 제자가 곁에 서 있는 것을 보시고 자기 어머니께 말씀하시되 여자여 보소서 아들이니이다 하시고 또 그 제자에게 이르시되 보라 네 어머니라 하신대 그때부터 그 제자가 자기 집에 모시니라 (요 19:25-27).

이 장면은 가톨릭의 경건에 깊이 각인되어, 우리에게는 대개 낯설지만 가톨릭 신자들에게는 잘 알려진 '성모 애가'(스타바트 마테르)라는 시를 통해 영구히 기념되고 있습니다.

십자가 곁에 그녀가 서 있네
슬픔에 잠긴 성모가 눈물을 흘리네
마지막 순간까지 그 아들 곁에서
그녀의 영혼을 통하여 그의 슬픔이 함께하고
그의 모든 쓰라린 고통이 견뎌지니
마침내 그 칼이 관통했네.

마리아가 십자가 곁에 서 있던 순간을 묘사한 이 노래에서, 그보다 30여 년 앞서 시므온이 선포했던 예언이 공명되고 있습니다.

여러 가지 이유로 저는 멜 깁슨의 〈패션 오브 크라이스트〉를 별로 좋아하지 않지만, 한 가지 긍정적으로 여긴 부분은 그 끔찍한 시간 동안에도 마리아를 향한 시선을 거두지 않았다는 점입니다. 마리아는 마음이 찢어지는 고통 속에서도 여전히 자리를 지키고 있습니다. 고통받는 아들에게 자신의 동행이 힘이 되길 바라는 듯, 군중의 조롱 속에서도 어머니의 사랑이 느껴지도록, 아들이 결코 홀로되지 않았음을 알리고자 그렇게 서 있습니다. 이 장면을 멜 깁슨이 어떤 의도로 만들어낸 것인지 알 수 없지만, 십자가 곁에 선 자신의 어머니를 보았을 때, 예수님은 분명 그러한 메시지를 읽으실 수 있었을 것입니다. 십자가에 달리신 예수님은 자신의 그 "사랑하시는 제자"에게 어머니를 의

탁합니다. 앞으로 마리아는 남은 날 동안 맏아들과의 친밀함을 나누지 못하고 살아갈 것입니다. 이제 남은 것은 (우리 모두에게도 허락되는) 부활하여 승천하신 그리스도와의 영적 관계가 될 것입니다.

* * *

그리스도의 부활과 승천 후, 우리는 다락방에서 제자들과 함께 있는 마리아의 모습을 보게 됩니다. 그것은 성경에 기록된 그녀의 마지막 모습입니다. 예수님의 열한 제자들, 곧 선발될 새로운 열두 번째 제자, 예수님과 제자들의 사역 때 함께 동행하며 사역을 도왔던 여러 여인들, 예수님의 이부 형제들, 그리고 백여 명 가량 되는 다른 헌신된 제자들과 함께, 마리아는 다락방 모임에 참석했습니다(행 1:13-15). 마리아는 예수님이 늘 마음에 품으셨던 더 큰 가족, 하늘 아버지의 가족들에 둘러싸여 그들 가운데 한 명으로 있습니다.

다락방에 모인 120명의 제자들에게 일어난 성령 강림, 우리가 오순절에 기념하는 그 사건은 다름 아닌 교회의 탄생입니다. 예수님도 하나님에게서 나시고 또한 사람에게서 나신 것과 유사한 이치로, 만일 교회도 그렇다고 한다면, 마리아 또한 다른 가족들과 함께 그 다락방에서, 어떤 면으로는, 이번에는 교회의 탄생을 도왔다고 해도 무방할 것 같습니다. 하나님의 뜻에 대한 겸손한 복종으로, 하나님의 계획을 이루기 위해 부당한 수치도 기꺼이 감수하려는 의지로, 예수님의 비전을 함께 품고 그 사명을 지지하기 위해 자신의 모든 꿈과 기대를 포기함으로, 자신의 심장을 찌르는 듯한 고통 속에서도 변함없는 사랑으로 아들의 곁을 지킨 신실함으로 그녀는 이 탄생을 도왔습니다.

그녀는 하나님의 아들의 어머니로서 자신에게 주어진 모든 운명의 무게를 온전히 감당했음을 삶으로 증명했고, 그렇게 함으로써, 또한 하나님의 아들의 제자로 살아가는 것이 어떠한 모습인지에 대해서도 우리에게 모범을 보여주고 있습니다.

4 주께서 거하실 곳을 예비하라

성탄절
누가복음 2:1-7; 디도서 2:11-14

누가복음의 비교적 상세한 성탄 기록 속에는 가슴 저미는 이미지 하나가 담겨 있습니다. 마리아가 "그녀의 첫아들을 낳을" 당시 "여관에 있을 곳이 없어서 아기를 강보로 싸서 구유에 뉘었다"는 것입니다(눅 2:7). 이는 우리가 지금껏 보아왔던 성탄절 장면의 하나이기도 합니다. 한밤중에 천사들에게서 아기 예수의 특별한 탄생 소식을 전해 듣고 찾아온 목자들과 함께, 우리는 갓 태어난 아기 예수가 여러 사람들의 궁리 끝에 침대 대용으로 급조된 말구유에 뉘어 있는 장면을 기억합니다. 지나고 나서 보니, 출산 물품을 구비한 일반 가정집 또는 베들레헴의 소위 '비앤비'(조식이 포함된 숙박)에 예수님이 태어날 방 하나가 없었다는 것은 대단히 예언적인 사건임이 분명합니다. 예수님이 우리 안으로 들어오시도록, 우리 가운데 육신으로 거하시도록, 우리의 자리한켠을 내어드리는 것이, 우리 같은 인간에게는 얼마나 어려운 일인지를 단적으로 보여주는 장면이기 때문입니다.

그렇게 하나님의 아들은 어느 구석진 마구간에서 태어나셨습니다. 아마도 그곳에는 가축들이 함께 있었을 것입니다. 저는 우리가 베들레헴의 여관 주인을 원망해야 한다고 생각하지 않습니다. 누가의 기록에 따르면, 당시 그곳에는 이스라엘 전역에 걸쳐 대규모의 인구 이동이 있었습니다. 선조들의 마을을 떠났던 집안의 모든 가장들은 호적을 신고하기 위해 고향 땅을 찾아야 했습니다. 당연히 어느 곳이나 인파로 가득했을 것이고, 숙박시설마다 평소와 달리 넘치는 수요를 감당할 수 없었을 것입니다. 끔찍한 일정관리 오류로, 전국의 모든 고등학교와 대학교의 졸업식과 동창회를 모두 같은 주말에 개최한다고 상상해 보세요. 많은 사람들이 호텔이나 게스트하우스 같은 숙박업소에서 방을 구하기란 하늘의 별따기보다 어려울 것입니다.

그러니 오히려, 어떤 여관 주인 또는 어떤 집주인이 요셉과 그 임신한 아내를 위해 현실적으로 가능한 최대의 선행을 베풀었을 것으로 생각할 수도 있겠습니다. 적어도 그 사람은 자신의 마구간을 낯선 이들을 위해 내주어 새벽 이슬을 피할 수 있도록 배려했으니까요. 그는 마리아가 누군지도, 그녀가 누구를 임신하고 있었는지도 알지 못했습니다. 내어줄 빈 방이 하나도 없는 상황에서, 그가 베푼 선행은 어쩌면 당시로서는 필요한 것 그 이상이었을지도 모릅니다.

우리는 어떻습니까? 오늘 예수님을 위해 더 좋은 자리를 내어드리지 않고 있는 우리의 모습을 보이고 있지는 않습니까? 그런 우리 자신을 어떻게든 합리화하기 위해 가능한 모든 핑곗거리를 찾고 있진 않습니까? 우리는 예수님이 행하신 그 놀라운 기적들을 이미 성경을 통해 배운 바 있습니다. 병든 자를 고치시고, 귀신들린 자를 구하시고, 심지어 죽은 자를 다시 일으키심으로 하나님의 권능이 그분과 함께하심을 목도했습니다. 우리는 그분이 십자가에서 죽으셨다가 부활하시고 하늘로 오르시는 그 모든 사건들과 결정적인 의미를 속속들이 배웠습니다. 그것은 마치 그분이 천상의 하나님 나라에서 얼마나 대단한 권세를 소유하고 계신지를 나팔소리로 크게 선포하는 것 같은 확실한 증언이기도 합니다. 그 모든 사실을 2천 년이 지난 후대에 다 읽고 듣고 알게 된 우리가 마치 2천 년 전에 아무것도 모르던 그 여관 주인처럼, 요셉과 마리아를 마구간으로 안내했던 그 옛적의 집주인처럼, 그런 식으로 예수님을 맞이해서는 안 될 것입니다. (어쩌면 우리의 모습은 그 사람보다 못할지도 모르겠습니다.) 예수님을 위하여 내 삶의 한가운데 자리를 깨끗하게 비워두고 기꺼이 내어드리려는 모습이 우리에게서 보여야 합니다. 이러한 모습은, 다름아닌, 우리에게 임한 하나님의 은혜가 얼마나 소중한지를 드러내는 표식이기도 합니다.

* * *

사도 바울은 자신의 젊은 동역자인 디도에게 보내는 편지에서, 예수님의 탄생이 갖는 중요한 의미와 예수님을 위해 우리가 귀한 방을 마련하는 방법에 대한 분명한 지침을 제공하고 있습니다.

모든 사람에게 구원을 주시는 하나님의 은혜가 나타나 우리를 양육하시되 경건하지 않은 것과 이 세상 정욕을 다 버리고 신중함과 의로움과 경건함으로 이 세상에 살고 복스러운 소망과 우리의 크신 하나님 구주 예수 그리스도의 영광이 나타나심을 기다리게 하셨으니 그가 우리를 대신하여 자신을 주심은 모든 불법에서 우리를 속량하시고 우리를 깨끗하게 하사 선한 일을 열심히 하는 자기 백성이 되게 하려 하심이라(딛 2:11-14).

하나님의 은혜, 하나님의 선물이, 마침내 "나타났고," "모습을 드러냈고," "무대에 등장했습니다." 이것이, 말하자면, 크리스마스의 가장 큰 기적입니다. 예수님의 탄생, 곧 성자 하나님이 인간의 몸을 입고 이 땅의 무대에 등장하신 사건은, 하나님과 사람이 관계하는 방식을 영원히 바꾸게 될, "하나님의 은혜가 나타나는" 바로 그 순간이었습니다. 인간은 스스로 하나님에게서 멀어졌습니다. 이방인들은 그들의 창조주를 무시하고 오히려 다른 신들을 중심에 둠으로써, 그 결과, 자신들의 삶과 관계를 왜곡시키고 망가뜨리면서 하나님에게서 스스로 멀어져버렸습니다(참고. 롬 1:18-32). 유대인들은 하나님과 이웃에 대한 사랑을 다른 모든 것보다 우선하지 않음으로써, 율법의 순종에 실패하고 하나님께 영광이 되지도 못했습니다(참고. 롬 2:17-29). 하지만 하나님은 우리를 포기하지 않으셨습니다. 하나님은 우리가 받아 마땅한 그분의 진노를 우리에게 그대로 임하게 두지 않으시고, 오히려 전혀 예상 밖의, 도저히 믿을 수 없는, 큰 자비를 행하셨습니다. 우리를 창조하신 하나님, 우리에게 창조세계의 모든 방을 내어주어 우리로 하여금 마음껏 누리게 하신 그 하나님을 위하여 우리 인간은 방 하나도 마련하지 않고 창조주를 홀대했지만, 오히려 하나님은 완전히 새롭고 놀라운 방식으로 그런 인간에게 하나님 자신을 헌신하신 것입니다(참고, 롬 5:1-11).

"하나님의 은혜가 나타"난 것은 한 가지 목적 때문입니다. 곧 모든 사람을 구원하고 살리시는 것입니다. 이 목적은 천사가 예고한 아기의 이름에서도 포착됩니다. "아들을 낳으리니 이름을 예수라 하라 이는 그가 자기 백성을 그들의 죄에서 구원할 자이심이라 하니라"(마 1:21). 우선, 디도서 본문에서, 바울은 우리 '죄의 최종적인 결과', 즉 하나님의 진노로부터 구원 받는 것을 염두에 둔 것이 분명합니다. 죄의 최종 결과인 하나님의 진노는 피조물에 불과한 인간이 함부로 짓밟았던 그분의 존엄을 되찾고 배상하기 위한 조치이면서, 인간에게 죄에 대한 책임을 묻고, 인간의 파렴치함과 무례함이 불러온 마땅한 결과대로 인간에게 내려지는 형벌이었습니다. 그 진노에서 우리가 구원을 받았습니다. 그런데 여기서 바울은 우리 '죄의 직접적인 결과'로부터의 구원 또한 암시하고 있습니다. 이 구원은 우리 삶이 빠져들어간 혼돈과 무질서, 인격적이고 관계적인 파산, 그리고 심신의 기능 장애, 즉 우리 자신에게 스스로 올무가 된, 죄인인 우리가 직접 만들어내고 유지해 왔던 바로 그 지옥 같은 나 자신의 감옥으로부터의 구원을 말합니다.

하나님은 이 구원을 어떻게 이루십니까? 여기서 바울은 우리를 다소 놀라게 합니다. 그는 그리스도께서 "우리 죄를 위해 죽으심으로 그렇게 하셨다" 또는 그리스도께서 "우리를 위해 이런저런 일들을 행하셨다"라고 곧장 말하지 않습니다. 오히려 바울은 이것을 하나님이 우리를 훈련(또는 재교육)하심으로 우리를 변화시키는 가운데서 이루어지는 구원으로 이야기합니다. 하나님의 은혜는 무엇보다, 우리를 구속하신 창조주 하나님께 우리가 항상 내어드려야 했던 그 방을 마침내 우리가 깨끗히 치우고 마련할 수 있도록 저와 여러분의 삶 가운데 훈련하시는 것에서도 나타납니다. 위대한 교사이신 예수님은 친히 가르치신 교훈과 복음서에 우리를 위해 보전하신 그 말씀을 통해 이러한 훈련을 제공하셨고 지금도 계속 제공해 주십니다. 예수 그리스도의 사도들은 각 사람을 예수님의 생각과 마음을 닮은 제자로 빚어가는 제자들의 공동체를 소망하며, 사도행전, 서신서, 요한계시록 같은 기록들을 우리에게 남겼고 이를 통해 우리에게 필요한 추가적인 훈련을 제공해 줍니다. 의로운 삶과 하나님 중심의 삶에서 우리의 개인 트레이너가 되시는 성령은 그분의 권면에 귀를 기울이고 따르고자 하는 모든 사람에게 일대일로 이 훈련을 제공해 주십니다.

만일 우리가 그리스도를 위한 방을 마련하고자 한다면, 만일 우리가 그리스도께서 우리의 삶에서 받으셔야 마땅한 그 자리를 이제는 그분께 온전히 내어드리고자 한다면, 우리 삶에는 청소해야 할 곳들이 정말로 많을지도 모르겠습니다. 바울은 하나님의 은혜가 우리를 "경건하지 않은 것과 이 세상 정욕을 다 버리도록" 훈련한다고 말합니다. 우리는 "경건하지 않은 것"이란 표현에서 단지 방탕한 생활이나 자기 파괴적인 행위들만 떠올려서는 안 됩니다. 사실 그 표현은 우리의 삶에서 하나님에게 집중되어야 할 합당한 관심과 주목을 우리가 온전히 드리지 않고 있는 상태를 말합니다. 그것은 하나님을 경외하지 않는 삶이며, 결국 하나님 앞에 불순종하며 살아가는 것과 다르지 않습니다. 그런 면에서 우리는 필요한 대로 날마다 자신을 돌아보고 살필 수 있어야 합니다. 마찬가지로, "이 세상 정욕"이란 표현은 과도한 음주나 약물 복용 또는 부도덕한 성관계 같은 행위만 의미하지 않습니다.

바울은 여기서도 훨씬 더 넓은 우리 삶의 영역을 염두에 두고 있습니다. 우리 삶의 모든 영역에서 혹여라도 하나님을 밀어내는 것이 있다면 경계해야 합니다. 우리 안의 너무나 많은 공간을 차지한 채 정작 하나님을 위한 자리는 없게 만드는 모든 즐거움에 대해, 그것이 우리를 혼미하게 하지는 않는지, 시간을 낭비하게 하지는 않는지, 더 나아가 휩쓸리고 있진 않은지 살펴야 합니다. 그런 것들에 우리의 많은 것을 소진하다 보면 어느새 나 자신이 주님을 자투리 시간과 자투리 공간으로 우겨넣어 버렸음을 솔직히 인정해야 할 것입니다. 주일 오전에는 너무 분주하여, 주일 저녁에는 너무 피곤하다는 이유로, 지금 우리가 주님을 우리 삶의 가장 후미진 곳으로, 초라한 말구유로 안내하고 있지는 않습니까? 우리 삶의 인생살이 집에 우리 주님을 위한 방은 제대로 마련돼 있습니까?

하나님의 은혜는, 우리를 죄에서 구하실 뿐만 아니라, 무관심과 냉대와 나태함의 옷을 벗어버리도록 우리를 양육하고 훈련합니다. 하나님의 은혜는, 하나님의 자리를 찬탈하게 만드는 우리의 탐닉으로부터 멀어지도록 우리를 붙들어줍니다. 그런 훈련을 통해 우리는 날마다 한 걸음씩 새로워지고, 쓸데없고 무익한 것들에게 내어주던 시간과 에너지를 끊을 수 있습니다. 하나님께, "잠시만요, 지금은 바빠서 안 되겠는데요; 이미 다른 것이 가득차 있어서 더이상 자리가 없네요; 너무 많은 일을 하느라 오늘은 도저히 여유가 없습니다"라고 둘러대는 핑곗거리를 찾지 않게 해줍니다.

* * *

크리스마스의 기적을 우리 앞에 항상 둘 수 있기를 바랍니다. 하나님이 우리에게 보여주신 그 사랑을 어떤 이유로든 잊고 살거나 뒤로 제쳐두지 않기를 바랍니다. 우리의 혈과 육을 입으심으로, 그리하여 우리 인간의 본성을 함께 취하시고, 우리처럼 살다 죽으시고, 우리를 하나님과 화목하게 하신 그 사랑을 오늘 이 시간에 다시 한 번 되새길 수 있기를 바랍니다. 참으로 하나님의 은혜는 우리에게 감사함을 일깨우고 그 감사함과 더불어 하나님을 위해 살아가는 방법을 가르쳐 줄 것입니다. 그분의 은혜가 우리를 그렇게 훈련할 것입니다.

아기의 탄생은, 바울의 표현을 빌리면, 우리를 "모든 불법적인 행위"에서 속량하시기 위함입니다. 그리하여 우리가 거룩하고 깨끗해져서, 그리스도의 백성이 되고, 그분의 온전한 소유가 되게 하시기 위한 것입니다. 주님은 우리를 지난 모든 죄에서 깨끗이 씻어주심으로, 우리 안에서 그리고 우리 삶 가운데서 친히 그분의 방을 마련해 주십니다. 이는 주께서 우리를 완전히 소유하시기 위해, 우리를 온전히 자기 것 삼으시기 위해 행하시는 일입니다. 우리 안에 있는 하나님을 향한 감사함이 우리를 훈련하여 그분의 은혜에 응답할 수 있기를 바랍니다. 그 감사함으로 말미암아, 그리스도를 위한 자리가 마련되고, 우리 모두가 그리스도의 장성한 분량에까지 이르기를 기대합니다(갈 2:19-21).

만일 하나님의 은혜가 우리를 양육하고 훈련하도록 우리가 우리 자신을 온전히 내어드릴 수 있다면, 우리는 디도서의 말씀대로, "신중함과 의로움과 경건함으로 이 세상에 살고 복스러운 소망과 우리의 크신 하나님 구주 예수 그리스도의 영광이 나타나심을 기다리게" 될 것입니다.

- 신중함으로: 왜냐하면 우리는 가장 가치 있는 것, 가장 중요한 것에 깨어 있는 사람들이기 때문입니다. 그리하여 우리는 맑은 정신으로 신중하게 살아갑니다.
- 의로움으로: 왜냐하면 우리는 하나님 보시기에 옳은 것을 행하는 방식으로 생활하기 때문입니다. 그리하여 우리는 우리 안에 하나님을 기쁘게 섬기기 위한 자리를 마련하며 살아갑니다. 우리는 "선한 일에 열심이 특심인" 사람들이기 때문입니다.
- 경건함으로: 왜냐하면 우리는 하나님이 우리에게서 마땅히 받으셔야 하는 그러한 삶의 방식으로 살아가기 때문입니다. 그리하여 우리는 우리의 삶에, 우리 자신 안에, 우리의 애정, 갈망, 헌신 안에 하나님께 합당한 거룩한 공간을 마련하며 살아갑니다.
- 다시 한 번 신중함으로: 왜냐하면 우리는 현재 우리에게 무엇이 다가오고 있는지, 우리가 계속해서 예비하고 있어야 하는 것이 무엇인지 알기 때문입니다. 그러므로 우리는 깨어서 신중하게 살아갑니다. 우리가 맞이할 그것은 우리의 "복스러운 소망"이며, 다름 아닌, "우리의 크신 하나님과 구주 예수 그리스도의 영광"이 나타나는 그 날입니다.

우리가 그분이 어떤 분이신지를 알기 전, 그리스도는 마구간에서 태어나시고 말구유에 뉘이신 것에 아무 불평도 하지 않으셨습니다. 하지만 이제는 달라졌습니다. 우리는 이제 그분을 모시기 위한 최고의 방을 깨끗이 청소하고 준비해야 합니다. 우리의 마음에, 우리 가정에, 아침부터 밤까지 그리고 또 다음날까지 계속되는 우리 인생의 모든 복잡 다양한 활동 가운데, 우리는 주님을 위하여 가장 최고의, 가장 중앙의, 가장 영예로운 자리를 마련해 놓아야 합니다. 그렇게 하시겠습니까? 이번 성탄절을 통하여, 저와 여러분 모두가 그분을 맞이할 우리의 마음을 정결하고 아름답게 준비해 놓길 소망합니다. 아멘.

5 세례의 새로운 삶 속으로

주님수세주일
마태복음 3:1-18; 로마서 6:1-14

BAPTISM OF OUR LORD

"그때에 세례 요한이 이르러 유대 광야에서 전파하여 말하되 회개하라 천국이 가까이 왔느니라 하였으니"(마 3:1-2). 세례 요한이 요단 강가에서 사람들을 물속에 밀어넣고 있습니다. 그는 무슨 일을 하고 있는 것일까요? 세례 요한은 낙타털 옷을 입은 구약의 엘리야 행색을 한 채 사람들에게 하나님의 새로운 지상 방문을 대비하라고 촉구하는 중입니다. 한마디로 구약과 신약, 이 두 시대 사이에서 자신의 발을 하나씩 딛고 선 모습입니다. 그런데 요한이 행하는 (몸이 물에 완전히 잠기게 하는 침례로서) 세례는 옛 언약의 정결례 및 오늘날 우리가 행하는 새 언약의 세례와도 차이가 있습니다.

정결의 수단으로 몸을 물에 잠기게 하는 행위는 1세기 유대 땅에서 흔한 일상 가운데 하나였습니다. 고고학 유적지에서 작은 웅덩이들을 볼 수 있는데요. 그 못들은 가슴 높이까지 물을 채울 수 있고, 계단을 통해 물에 들어갈 수 있었습니다. 히브리어로 '미크베'(mikveh)라고 불리는 이 정결 욕조는 정기적으로 정결 의식에 사용되었으며, 말하자면, 강의 유수(living water)를 인위적으로 대체하는 장소였습니다. 유대 땅 대부분 지역에서는 그러한 수원으로의 접근이 쉽지 않았기 때문입니다. 그 정결 욕조는 일상의 부정을 씻어내는 것과 관련한 모세 율법의 규례들에 매우 신중했던 제사장 가문의 가옥에서 또는 이스라엘 전역의 회당 부근에서 주로 발견됩니다. 사람들은 걸어서 이 미크베 안으로 내려 들어가곤 했습니다. 일단 욕조 바닥까지 들어가

면, 무릎을 꿇어 스스로 완전히 물에 잠기게 합니다. 그런 후 욕조에서 나와 올라옵니다. 그 중 많은 웅덩이들에는 짧은 분리벽에 의해 계단이 서로 나뉘어 있어서 한쪽 계단을 통해 부정한 상태로 내려갔다가, 세례 후 정결한 상태로 다른 쪽 계단을 통해 올라올 수 있게 했습니다(사진 참조).

　시체를 만졌을 때, 월경 중인 여자와 닿았던 어떤 물건을 만졌을 때, 남자가 설정했을 때, 다양한 피부병 또는 유출병에 걸린 사람과 접촉했을 때 등 구약 율법에 따르면 사람은 여러 방식으로 부정한 상태

에 놓일 수 있었습니다. 우리는 이것을 단지 그러한 사안에 유독 예민했던 유대인 또는 그 규례 제정자의 보건 위생 문제 정도로 생각해서는 안 됩니다. 그럼에도, 방금 전 화장실 문의 손잡이를 잡은 사람이 누구였는지, 그렇게 손잡이를 돌리기 전에 그 또는 그녀가 손은 씻었는지, 내가 이 문을 열기 전에 먼저 화장지로 손잡이를 닦아야 할지, 그리고 그렇게 한 직후 손소독제를 사용해야 할지 등등, 우리의 이런 염려들은 당시 사람들이 느꼈을 심리를 비슷하게나마 반영한다고 할 수 있겠습니다. 정결례의 요지는 자신을 물에 씻음으로, 의식적으로 깨끗한 또는 정결한 상태로 회복되게 하는 데 있습니다. 그렇게 하여 거룩하신 하나님이 거하기로 택하신 거룩한 땅을 혹시라도 오염시키는 일에 나 자신이 일조하지 않게 하려는 것입니다.

특히 성전 구역에 들어가기 전에 그러한 정결 의식을 치르는 것은 중요했습니다. 모든 부정함을 제거하는 일은 거룩하신 하나님 앞에 서기 전에 필수적으로 치러야 하는 의식이었습니다. 하나님의 거룩하심이 그 부정한 사람을 쳐서 소멸하게 하거나, 또는 거룩하신 하나님이 성소에서 그 임재를 거두시게 하는 위험을 초래하지 않고자 한다면, 부정해진 상태에서는 절대로 그분의 임재로 들어가지 말아야 했습니다. 그런 이유로 제사장들의 건물과 예루살렘 성전 모든 주변의 공공 구역에서 여러 정결 욕조(미크바오트)를 볼 수 있었습니다. 성읍도 나름의 거대한 물웅덩이들을 갖추고 있었고, 각각 공공 미크베로서 날마다 성전을 찾는 수천의 주민들과 순례자들을 위해 기능했을 것으로 보입니다. 특히 유월절이나 장막절 같은 해마다 기념하는 절기에 수많은 인파가 몰렸을 것은 언급할 필요도 없습니다. 예수님이 나면서 눈

실로암 못

먼 사람을 치유하신 요한복음 9장의 이야기로 유명한 실로암 못도 그런 물웅덩이 가운데 하나입니다(사진 참조). 또한 요한복음 5장에서 예수님이 또 다른 치유의 기적을 베푸셨던 베데스다라 불리는 못도 마찬가지입니다.

* * *

하나님과의 만남을 준비하기 위해 물로 오염된 것을 씻는다는 이러한 정결 의식은 요한에게 세례 받기 위해 요단 강으로 나아왔던 당시 사람들에게 익숙한 개념이었을 것입니다. 하지만 요한이 사람들에게 행한 그 세례는 몇 가지 측면에서 그 정결 의식과 구별되는 특별한 측면이 있습니다.

가장 두드러진 것은, 요한이 백성들에게 하나님과의 만남을 준비하도록 물로 세례를 주었지만, 정작 그곳이 예루살렘이나 성전이 아니라, 제도권에서 멀리 벗어난 외딴 장소였다는 점입니다. "하나님과의 만남을 준비하라." 하지만 '이제까지의 그곳 말고, 다른 곳에서'라는 의미가 강합니다. 곧 하나님이 강력하고도 신기원적인 방식으로 나타나실 텐데, 그 곳은 아니란 말입니다. "하나님이 우리를 방문하러 곧 오실 테니 이를 위해 하나님을 맞을 영적인 대로를 예비하라. 멀리 떨어진 이곳, 유대 땅 변두리, 요단 강에서!" 만일 요한이 성전 주변의 물웅덩이들 가운데 하나를 이용해 거기서 설교하고 세례를 주었다면, 저는 그가 과연 권력자들에 의해 목 베임을 당했을지 의문입니다.

요한은 의식적 정결에만 관심이 있던 게 아님이 분명합니다. 요한은 사람들이 그들의 마음과 삶을 바꾸도록 준비시키기 위해 이 세례를 받으라고 촉구한 것입니다. 영어 성경 중에서도 CEB 역본은 NRSV 역본이 "회개하라"고 번역한 구절을 이렇게 바꾸고 있습니다. "너희 마음과 삶을 바꾸어라!"(마 3:2 ceb). "'아브라함이 우리의 조상'(마 3:9)이니 우리와 하나님 사이엔 아무 문제가 없을 거라고 생각하지 말라. 과거의 특권을 주장한다고 너희가 하나님 앞에서 무탈할 것이라 착각하지 말라. 오히려 너희 삶 가운데 가득한 비정함과 불의와 악한 것을 떨쳐버림으로 너희 회개가 참된 것임을 증명하라."

우리가 확실하게 말할 수 있는 것은, 유대와 갈릴리 전역에서 사람들이 일상적이고 정기적으로 반복해서 받던 세례와 다르게, 요한의 세례는 각 사람들에게 (하나님의 신기원적인 개입과 만남을 준비하기 위해) 단 한번만 행해졌다는 것입니다. 그것은 하나님의 결정적인 나타나심을 고대하는 결정적인 정결 행위였습니다.

이런 매우 고조된 분위기 속에서 예수님이 요단 강가에 모습을 나타내시고 요한에게 세례를 받으셨습니다.

우리는 매년 이 사건을 주현절 후 돌아오는 첫 주일에 기념하고 있습니다. 여기에는 두 가지 이유가 있습니다. 첫째, 예수님의 등장은 곧 세례 요한이 고대하던 하나님의 나타나심이었고, 그 나타나심을 위해 요한이 백성들을 준비시켰기 때문입니다. 백성들에게 마음과 삶의 변화를 촉구하며, 그들의 오염된 것을 물로 씻어냄으로 요한은 그들을 준비시켰습니다. 요한은 자신이 예수님에게 세례를 주어야 하는 상황에 몸 둘 바를 몰라 하며, 오히려 예수님이 요한 자신에게 세례를 베푸시고, 자신을 정결케 해주시길 원했습니다. 이런 장면을 보면 요한은 예수님의 등장을 그가 고대하던 그 나타나심의 순간으로 이해했음이 틀림없습니다. 둘째, 비할 데 없는 방식으로 예수님을 공인하시기 위해 하나님께서도 이 장면에 그분의 임재를 나타내셨기 때문입니다. "하늘로부터 소리가 있어 말씀하시되 이는 내 사랑하는 아들이요 내 기뻐하는 자라 하시니라"(마 3:17).

우리의 혈과 육을 입으심으로 자신을 우리와 동일시하신 하나님의 아들은, 요한의 세례와 그 촉구에 응하는 이들과 자신을 동일시하는 것 또한 합당한 일로 여기셨습니다. 심지어 예수님은 요한의 선포를 그대로 이어받기까지 하셨습니다. "이 때부터 예수께서 비로소 전파하여 이르시되 회개하라 천국이 가까이 왔느니라 하시더라"(마 4:17). 예수님의 선언은 이런 의미였을 겁니다. '진실로 하나님께서 신기원의 방식으로 자기 백성과 그분의 세상 속으로 방문하셨습니다. 진실로 이제는 마음과 삶을 바꿔야 할 때가 되었습니다. 진실로 사람들

의 삶에 결정적 변화를 촉구하는 신기원의 역사적인 사건이 일어났습니다.'

그러나 요한이 행하고 예수님이 받으셨던 그 세례는 지금 저와 여러분이 받는 세례와는 다릅니다. 요한은 사람들에게 그들의 마음과 삶을 바꾸고 스스로를 정결케 함으로 하나님의 신기원적인 개입에 대비할 것을 촉구하면서 세례를 행했다면, 오순절 직후 사도들이 수천의 사람들을 회개로 이끌면서 시작된 교회는 하나님의 신기원적인 개입하심(즉 예수 그리스도의 죽음과 부활)이 이미 실현된 그 건너편에서, 그 사건에 대한 반응으로 세례를 받도록 촉구합니다. 사도행전 19장의 첫 번째 에피소드는 그 차이에 대한 초기의 증언을 남기고 있습니다. 바울이 요한의 세례만 알고 있던 에베소의 제자들에게 예수의 이름으로, 그분의 죽음과 부활의 변화시키는 능력으로 세례를 베풀었을 때, 성령이 그들에게 권능으로 임하십니다.

우리는 바울이 로마 교회에 보낸 편지에서, 교회의 입회 의식으로서, 또는 성례전적 삶을 시작하는 의식으로서 세례의 의미를 해설하는 짧은 설교를 보게 됩니다. 이 단락에서 바울은 다음의 기본 질문에 대해 답변하려 합니다. "그리스도 안에서 나타난 우리를 향한 하나님의 은혜는 단지 우리 죄의 결과에 대한 예방접종의 의미가 있는가, 아니면 우리의 삶의 전적인 변화를 위한 것인가?"

바울 시대에 어떤 사람들은 그의 메시지를 오해하고 잘못 인용했습니다. 로마서 앞 부분에서 바울은 이렇게 적고 있습니다. "그러나 우리 불의가 하나님의 의를 드러나게 하면 무슨 말 하리요 [내가 사람의 말하는 대로 말하노니] 진노를 내리시는 하나님이 불의하시냐…또는 그러면 선을 이루기 위하여 악을 행하자 하지 않겠느냐 어떤 이들이 이렇게 비방하여 우리가 이런 말을 한다고 하니 그들은 정죄 받는 것이 마땅하니라"(롬 3:5, 8). 숱한 사람들이 바울의 복음을 (삶의 변화를 요구하지 않는, 예수님이 치르신 생명에 대해 생명으로 반응하지 않는) 싸구려 은혜로 전락시킬 때마다 바울이 어떤 식으로 대응했을지 저는 늘 궁금합니다. 바울의 생각은 그들과는 전혀 달랐습니다.

그런즉 우리가 무슨 말을 하리요 은혜를 더하게 하려고 죄에 거하겠느냐 그럴 수 없느니라 죄에 대하여 죽은 우리가 어찌 그 가운데 더 살리요 무릇 그리스도 예수와 합하여 세례를 받은 우리는 그의 죽으심과 합하여 세례를 받은 줄을 알지 못하느냐 그러므로 우리가 그의 죽으심과 합하여 세례를 받음으로 그와 함께 장사되었나니 이는 아버지의 영광으로 말미암아 그리스도를 죽은 자 가운데서 살리심과 같이 우리로 또한 새 생명 가운데서 행하게 하려 함이라(롬 6:1-4).

이 말씀을 읽고서 우리는 이런 생각이 들 수 있습니다. "글쎄요. 솔직하게 말하면, 저는 계속해서 죄를 짓는 일이 그렇게 어렵지 않던데요. 만일 제가 '정말로' 죄에 대해 죽었다면, 지난 수년간 죄와 나 자신과의 관계가 아직도 탄탄하다는 것에 그저 놀라울 따름입니다." 그러나 우리가 받은 세례와 성령의 임재는 죄와 우리와의 관계에 의미심장한 변화를 일으켰습니다('일으킬 것입니다'가 아닙니다). 물론 때로는 죄와 우리와의 관계가 함께 잘 어울리는 것처럼 보일 수 있습니다. 그러나 예전의 그 불꽃 같던 돈독한 관계는 이제 사라졌습니다. 그것은 마치 우리가 옷장에서 꺼내들었다가 한번 입어보고는 이내 실망해 버리는 오래된 티셔츠와 비슷합니다. 그것은 더 이상 몸에 잘 맞지도 않고, 보기에 멋지지도 않고, 편하지도 않습니다.

여기서 우리가 자꾸 부딪히는 것은 (신약의 다른 저자들도 마찬가지입니다만) 바울 편지에 기술된 설명과 처방 사이의 긴장입니다. 그 본문들은 처음에는 하나님이 우리 안에서 이미 이루신 일을 선포합니다. 그 다음에는 우리에게 하나님이 이루신 그 일에 부합하게 살아갈 것을 교훈합니다. 그것은 하나님이 우리 안에, 우리를 위해 창조하신 그 잠재력이 진짜이고 현실이 되도록 살아가라는 것입니다. 또는 우리 안에, 우리와 함께 일하시는 하나님의 그 은혜의 선물이 완전한 효력을 나타내도록 살아가라는 것입니다. 우리는 하나님께서 우리를 위해 이미 이루어놓으신 것에 합당하게 살아야 합니다.

바울은 이렇게 선언합니다. "우리가 알거니와 우리의 옛 사람이 예수와 함께 십자가에 못 박힌 것은 죄의 몸이 죽어 다시는 우리가 죄에게 종 노릇 하지 아니하려 함이니"(롬 6:6). "우리의 옛 사람" 또는 우리의 옛 자아는 그렇게 예쁜 모습이 아닙니다. 그것은 탐욕스럽고, 시기심 많고, 늘 화나 있습니다. 우리의 옛 사람은 다른 사람들, 특히 그들이 나의 삶에 개입할 때, 또는 내가 좋아하지 않는 어떤 일을 내게 행할 때, 그들에 대해 악한 생각을 품고 악한 말을 합니다. 우리의 옛 사람은 나 자신의 이익을 지키기 위해 필요한 간교한 행동을 서슴지 않습니다. 즉, 그것은 내 이웃을 내 몸 같이 사랑하는 것과는 전혀 거리가 먼 삶입니다. 나의 이익보다는 다른 사람의 유익을 먼저 구하는, 그리스도의 마음을 내 속에서 반영하는 것과는 전혀 다른 삶입니다.

예수님의 죽음과 부활은 단지 그분이 우리를 위하여 우리를 대신해 이루신 행위에 그치는 것이 아닙니다. 그 죽음과 부활은 우리가 그 안에 참여하도록 우리를 초청하는 사건입니다. 그리고 그것이 곧 우리가 받는 세례의 핵심입니다. 예수님이 자신의 유한한 육신의 삶을 종식시켜 죽으심으로 더이상 죽음과 아무 상관이 없으신 것처럼, "이와 같이 너희도 너희 자신을 죄에 대하여는 죽은…자로 여길지어다"라는 것입니다. 그리고 이제 예수님이 하나님의 권능 가운데 완전히 새로운 부활의 생명을 살고 계시는 것처럼, "이와 같이 너희도 너희 자신을… 그리스도 예수 안에서 하나님께 대하여는 살아 있는 자로 여길지어다"라는 것입니다(롬 6:11). 우리는 그리스도의 죽음 안에서 그분과 연합합니다. 즉, 우리는 나의 옛 사람을, 그 욕구와, 그 자아를 모두 "나에게는 이미 죽은" 것으로 확인하고 날마다 그것을 내 뒤에 남겨두어야 합니다. 나를 위한 예수 그리스도의 십자가 죽음이 그 일을 가능하게 만들었기 때문입니다. 또한 우리는 그리스도의 부활 안에서 그분과 연합합니다. 즉, 우리는 "새 생명"으로 계속 살아갑니다. 그것은 "전혀 새로운 삶"이며 그 새 생명은 하나님의 성령의 불꽃에 의해 우리 안에서 발화되었습니다. 하나님의 성령은 지금도 더 큰 능력과 임재로 우리 안에 숨을 불어넣고 계십니다.

> 그러므로 너희는 죄가 너희 죽을 몸을 지배하지 못하게 하여 몸의 사욕에 순종하지 말고 또한 너희 지체를 불의의 무기로 죄에게 내주지 말고 오직 너희 자신을 죽은 자 가운데서 다시 살아난 자 같이 하나님께 드리며 너희 지체를 의의 무기로 하나님께 드리라(롬 6:12-13).

세례를 통해 우리가 입게 되는 새 사람은 아름답습니다. 긍휼이 많고 친절하고 겸손하며 인내하고 참는 사람입니다. 그것은 관계에서도 용서와 사랑과 조화의 미덕을 드러냅니다(참고. 골 3:12-17). 이 새 사람은 우리 안에 사시는 그리스도이자 그리스도를 위해 살아가는 우리이기도 합니다. 이러한 삶을 사는 것은 하나님에 의해 새롭게 창조되는 과정이며, 하나님 안에서 날마다 "최선의 나"가 되어가는 과정이기도 합니다.

궁극적으로 그것은 나를 위해 죽으신 그리스도와 함께 나의 "옛 사람"에 대해 죽는 것, 그리고 성령에 의해 풍성해진 "새 생명"으로 사는 것입니다. 바울에 의하면, 날마다 풍성해지는 새 생명은 우리가 언젠가 그리스도와 함께 부활할 것에 대한 확신을 안겨줍니다.

> 만일 우리가 그의 죽으심과 같은 모양으로 연합한 자가 되었으면 또한 그의 부활과 같은 모양으로 연합한 자도 되리라…만일 우리가 그리스도와 함께 죽었으면 또한 그와 함께 살 줄을 믿노니(롬 6:5, 8).

바울은 이 모든 것을 세례와 연결짓고 있습니다. 그것은 신비한 방식으로 우리를 그리스도의 죽음에 참여하게 하고, 우리 안에 그리스도의 생명을 불러오는 거룩한 성례입니다. 그것은 그 물에 어떤 특별한 성분이 있어서가 아니라, 그분의 이름으로 그리고 그 기름 부으심 받은 이의 이름으로 세례가 적용되는 곳마다 하나님께서 기쁘게 역사하시기 때문입니다.

* * *

우리의 세례가 참된 것이 되려면, 우리가 세례의 자리를 떠난 후에도 그것이 계속 우리 안에서 작동해야 합니다. 그리스도께서 우리 안에 거하시고 우리가 그리스도 안에 거할 때까지 세례는 계속해서 우리의 삶을 빚어가는 틀이 되어야 합니다. 우리가 성령의 조언에 귀를 기울이고 따를 때까지, 다시 말해서, 우리가 우리 자신의 욕망을 따르기보다 더 자연스럽고 더 친숙하게 새로운 삶의 길을 걸을 때까지, 세례는 더욱 더 우리 삶의 올바른 방향을 가리키는 나침반이 되어야 합니다. 마르틴 루터는, 세례는 제자들이 날마다 옛 사람을 조금 더 죽이고 새 사람을 장성한 분량으로 양육하는 가운데, 매일 자신을 두르는 옷이 되어야 한다고 표현하기도 했습니다.[1]

    예수 그리스도의 죽음과 부활 안에서 이루어지는 주님과 우리와의 연합은 세례를 통해 우리에게 지속적으로 적용되고 유효케 되는 영적 은혜입니다. 그것은 하나님으로부터 우리에게 임한 소중한 선물로, 그동안 인간관계, 공동체, 궁극적으로 나 자신에게 파괴적이었던 그 모든 것에서 이제는 돌아서게 합니다. 그리고 하나님의 사랑을 세상으로 흘려보내는, 우리를 영원히 그리스도 안에 붙들어 놓는, 하나님과 이웃과의 새로운 삶으로 들어가게 합니다. 그래서 교회는 우리에게 이렇게 부단히 상기하는 것입니다. "너희 세례를 기억하고, 감사하라."[2] 아멘.

6 우리에게 필요한 스포일러

산상변모주일
마가복음 9:2-9; 베드로후서 1:12-19

TRANSFIGURATION

스포일러. 사람들은 스포일러를 별로 좋아하지 않습니다. 영화는 예상할 수 없는 방향으로 흘러가야 재미가 더합니다. 시나리오 작가와 감독들은 플롯의 각 단계들이 완벽한 타이밍에 전개되도록 하는 데 심혈을 기울입니다. 명작이라 불리는 영화들을 보면, 긴장이 서서히 고조되면서 한계점까지 높아졌다가, 극적인 해결 또는 충격적인 결말로 그 긴장이 해소되는 방식을 따릅니다. 오래 전 영화 〈해리가 샐리를 만났을 때〉를 한번 예로 들어보겠습니다. 만일 영화 마지막 장면의 인터뷰 대신, 첫 장면부터 빌리 크리스탈과 멕 라이언이 나이든 부부들 가운데 하나로 인터뷰하는 모습을 보게 된다면 어떨까요? 결과는 이미 알고 있는데, 두 주인공이 대체 언제쯤 커플로 이어지는지 두 시간 동안 궁금해 하는 정도겠죠. 그러면 극적인 효과가 덜하지 않을까요?

또는 영화 〈식스 센스〉를 생각해 보세요. 영화가 시작한 지 10분 정도에, 브루스 윌리스의 부인이 그의 무덤 앞에 선 장면을 본다면 어떨까요? 또는 30분 정도 지나서 주인공 꼬마가, "저는 죽은 사람들을 볼 수 있어요…예를 들면, 당신 같은 사람을요"라고 말한다면? 또는 영화 〈스타워즈: 새로운 희망〉에서 20분 정도 지나, 루크 스카이워커가 벤 케노비 노인에게, "당신은 나의 아버지를 아세요?"라고 묻는다면? 그러자 케노비가, "그럼, 아나킨은 위대한 제다이였지. 그가 어둠의 편으로 돌아선 것은 매우 유감이 아닐 수 없네. 그는 이제 〈다스 베이더〉란 이름으로 불리지"라고 대답한다면 과연 어떨까요? 영화는 말 그대로 '스포일'(엉망)이 되고 말 것입니다.

우리의 현실, 삶의 현장에서는 다릅니다. 때로 우리는 스포일러를 간절히 원합니다. 우리는 전문가들에게서 위안이 될 권위 있는 답변들을 듣고 싶어 합니다. "장담하건대, 우리는 이 암을 확실하게 이길 수 있습니다. 방사선 치료만 몇 차례 받으면 환자분은 완쾌될 수 있으니 전혀 걱정하실 필요 없습니다." 또는, "따님에게는 아무 일 없을 거예요. 다 순조롭게 진행될 겁니다. 앞으로 2년 후, 재활 프로그램을 마치면 따님은 완전히 새로운 사람으로 새 인생을 살게 될 거예요. 중독 문제는 완전히 해결 되고 지난 과거는 잊게 될 겁니다." 또는, "저는 두 분이 이 모든 어려움을 뒤로하고 결국 다시 예전처럼 친밀한 관계가 되는 걸 충분히 예상합니다. 몇 달만 조금 더 힘내시면 될 것 같군요." 때로 우리는 이렇게 앞으로 일어날 일에 대한 일종의 스포일러를 미리 듣고 싶어 합니다. 그것이 격려가 되기 때문이죠. 지금 내가 겪고 있는 어려운 시기를 극복하고 견뎌내기 위해, 또는 좋은 결과에 대한 확신, 간절히 바랐던 그 확신을 얻기 위해 말입니다. 그렇게 누군가 직접 말해 주기만 한다면, 아마도 우리는, 앞으로의 힘든 시간을 버텨내고 중간에 포기하는 일은 없을 것입니다. 아마도 말입니다.

* * *

하나님은 아마도 예수님의 최측근 제자들에게도, 그들이 더 분발하라는 의미로, 그런 스포일러가 필요하다고 보셨던 것 같습니다. 예수님의 변모 사건이라는 다소 특이한 이야기에서 우리가 살펴보려는 것이 바로 그것입니다. 사건은 모두가 산 정상에 다다르기 전부터 시작되었습니다. 예수님은 자신을 바라보는 대중의 시선에 대해 뒤를 따르던 제자들에게 물으십니다. 제자들의 답변을 들으신 후에 이번엔 질문의 화살을 제자들에게로 돌리십니다. 베드로가 자신있게 고백합니다. "당신이 바로 그 메시아십니다!" 베드로의 고백을 들은 예수님은 제자들에게 그 사실을 비밀로 하라고 당부하십니다. 그 이유는 "인자가 많은 고난을 받고 장로들과 대제사장들과 서기관들에게 버린 바 되어 죽임을 당하고 사흘 만에 살아나야 할 것"이기 때문입니다(막 8:31). 물론 그것은 아무도 예상하지 못한 뜻밖의 답변이었습니다. 제자들의 심중에는 그런 유형의 메시아에 대한 초상이 전혀 존재하지 않았기 때문입니다. 당연한 반응으로, 베드로가 나서서 예수님의 그런 엉뚱한 생각을 바로잡으려 했습니다. 그리고 돌아온 것은 예수님의 가차없는 책망이었습니다. "예수께서…베드로를 꾸짖어 이르시되 사탄아 내 뒤로 물러가라 네가 하나님의 일을 생각하지 아니하고 도리어 사람의 일을 생각하는도다!"(막 8:33)

그리고 마치 별일 아니라는 듯, 예수님은 무리와 제자들을 불러 모으시고 (메시아이신) 자신을 따르는 것이 무엇을 의미하는지 즉석에서 가르쳐주십니다. "무리와 제자들을 불러 이르시되 누구든지 나를 따라오려거든 자기를 부인하고 자기 십자가를 지고 나를 따를 것이니라 누구든지 자기 목숨을 구원하고자 하면 잃을 것이요 누구든지 나와 복음을 위하여 자기 목숨을 잃으면 구원하리라"(막 8:34-35). 이것이 일종의 초대라면, 사람들에게 예수님의 이 말씀은 엄청난 부담으로 다가왔을 것입니다. "갖고 있는 모든 돈을 가장 빨리 내다버리는 사람이 너희 중에 가장 큰 부자가 되는 것이다. 자 알겠지? 준비? 시작!"

하지만 예수님은 이러한 말씀을 매우 진지한 어조로 하셨던 것이 분명합니다. 긴박한 경고의 말씀으로 그 뒤를 이어가시기 때문입니다. "누구든지 이 음란하고 죄 많은 세대에서 나와 내 말을 부끄러워하면 인자도 아버지의 영광으로 거룩한 천사들과 함께 올 때에 그 사람을 부끄러워하리라"(막 8:38). 비록 자신의 명예와 생명이 위태로워지더라도, 누구든지 이 예수님을 시인하고 인정하지 않으면, 예수님도 자신이 죽은 후…장래의 어느 날에 천사들과 함께 다시 와서는 그 사람에 대해 시인하고 인정하지 않으실 것이란 말씀입니다. 혹시 이런 생각이 들었을지도 모르겠습니다. '오, 잠깐만요, 죽는다고요? 그렇다면 예수님이 조금 전에 말씀하셨던 그 일이 정말로 예수님께 일어난다는 말씀 아닌가요? 그러면 내가 왜 예수님을 따르고 있는 거죠? 정말 이해가 안 되네요.'

저는 이 시점에서 하나님이 소수의 핵심 제자들에게 약간의 숨 고를 시간을 주신 것이라 생각합니다. 그들에게는 소화해야 할 아주 많은 요구들이 한꺼번에 주어졌습니다. 그래서 그들에게는 어떤 도움이 필요했습니다. 그렇습니다. 메시아직에 대한 예수님의 비전이 결국 어떤 영광스러운 곳을 바라보고 있는지 그들은 볼 필요가 있었습니다. 예수님은 분명 하나님의 계획 한가운데 자리하고 계셨습니다. 예수님이 메시아로서 감당하실 그 역할에 대해 우리가 인정하고 순종하는 것이, 예수님이 영광 중에 다시 오실 장래의 어느 시점에 우리의 운명에 결정적인 요인으로 작용한다는 점을 강조하시려는 것입니다. 예수님을 끝까지 그리고 그 이후로도 계속 따르는 것은, 우리 인생의 확실한 투자이자 현명한 선택으로 작용할 것입니다. 예수님의 변모 사건은 일종의 스포일러이지만, 예수님의 말씀에 순종해야만 하는 중요한 시점에서 제자들에게 주어진 필수적인 디딤돌이었습니다.

이 사건을 통해 베드로, 야고보, 요한은 예수님이 영원하신 하나님의 아들로서 그분의 성육신 이전부터, 아니 영원 전부터 하나님 아버지와 함께 지니셨던 그 영광을 조금 엿볼 수 있었습니다. 그것은 단지 부활을 통해 얻게 될 영광만이 아니라, 예수 그리스도의 승천 너머에 있는, 그리고 궁극적으로, 심판주로서 다시 오실 때 그분이 지니고 계실 영광이었습니다. 바울이 (이스라엘이 독점하는 언약에 대한 백성들의 자부심에 상처를 내는) 예수쟁이 이단들을 말살하기 위해 다메섹으로 향하던 길에서 마주한 예수 그리스도가 바로 그런 모습이었습니다. 밧모섬에서 환상을 통해 요한이 마주한 예수 그리스도가 바로 그런 모습이었습니다. 이러한 이유로 우리는 주현절 기간을 마무리하는 시점에서 산상변모주일을 기념하는 것입니다. 변화산에서 일어난 예수님의 변모 사건은, 재림 그 자체를 제외하면 복음서 이야기 안에서, 예수 그리스도의 영광을 온전히 드러낸, 궁극적 계시인 것입니다.

변화산에서의 이야기는 여기서 마무리되지 않고 다소 기이한 내용으로 더 이어집니다. 변화산에서 제자들은 영광 중에 계신 예수님만 본 것이 아닙니다. 제자들은 모세와 엘리야가 나타나 예수님과 더불어 이야기하는 장면을 보게 됩니다. 한 가지 기억할 것은, 구약성경에 따르면, 엘리야는 죽었다고 전해지지 않습니다. 그렇습니다. 선지자로서 그가 사역을 다 마친 후에, 불수레와 불말들이 회오리 바람으로 엘리야를 하늘로 데려갔습니다. 엘리야의 이러한 특별한 승천 사건 때문에, 후대의 유대인들은 하나님이 역사에 개입하시는 결정적인 그날에 앞서 엘리야를 한번 더 보게 될 것을 기대하게 되었습니다. 실제로, 말라기 선지자의 마지막 예언은 이렇게 기록하고 있습니다. "보라 여호와의 크고 두려운 날이 이르기 전에 내가 선지자 엘리야를 너희에게 보내리니 그가 아버지의 마음을 자녀에게로 돌이키게 하고 자녀들의 마음을 그들의 아버지에게로 돌이키게 하리라 돌이키지 아니하면 두렵건대 내가 와서 저주로 그 땅을 칠까 하노라 하시니라"(말 4:5-6).

모세의 경우는, 신명기의 마지막 장에서 우리가 그의 죽음에 대한 기사를 이미 읽었기 때문에(신 34:5-6), 이곳 변화산에서 그가 엘리야와 함께 등장하는 장면은 설명하기가 어려운 면이 있습니다. 그러나 예수님과 이야기하는 이 두 인물이 지닌 상징성은 분명합니다. 율법의 수여자 모세, 그리고 구약의 최고 선지자(예언자) 엘리야가 율법과 예언을 성취하실 분과 담화를 나누고 있는 것입니다.

누가는 그들 세 사람이 나누던 대화의 주제가 예수님의 별세(떠남)—헬라어로, 엑소도스(출애굽)—에 관한 것이었으며, 그것은 "장차 예수께서 예루살렘에서 이루시게 되는 일"이라고 말합니다(눅 9:31). 그러나 마가는 그들이 나눈 대화의 주제에 관하여 아무런 언급을 하지 않습니다. 마가에게 그것은 스토리 전개에서 중요한 부분이 아니었고, 다만 독자들이 원한다면 그들의 상상에 맡겨야 할 부분이라고 판단했을 것입니다. 마가는 (하나님이 특정 장소에 임재하심을 보여주는 상징인) 구름이 그곳에 있는 이들 모두를 덮고 하나님께서 친히 말씀을 선포하시는 극적인 장면을 곧바로 전개합니다. "마침 구름이 와서 그들을 덮으며 구름 속에서 소리가 나되 이는 내 사랑하는 아들이니 너희는 그의 말을 들으라 하는지라"(막 9:7). 마가복음에서 하나님의 음성이 처음 들려온 때는 예수님이 요단 강에서 세례를 받으시던 순간이었습니다. "하늘로부터 소리가 나기를 너는 내 사랑하는 아들이라 내가 너를 기뻐하노라 하시니라"(막 1:11). 즉, 변화산에서 들린 이 음성은 예수님과 예수님의 가르침에 대한 하나님의 두 번째 추인인 것입니다. 그리고 이번에는 예수님의 측근 제자들이 그 하늘의 음성을 명확히 들을 수 있었습니다. 그 음성에 따르면, 예수님의 말씀을 듣고 순종하는 것이 곧 하나님께 순종하는 것이 됩니다.

그런데 그 사건 직후, "인자가 죽은 자 가운데서 살아날 때까지는 본 것을 아무에게도 이르지 말라"는 예수님의 명령은 제자들에게 너무 의아한 것이었습니다. 베드로의 형제, 안드레에게 그것은 매우 수상쩍게 들렸을 것입니다! "베드로 형, 그래서, 산에 올라갔더니 어땠어? 신기한 거라도 봤어?" "미안해, 안드레. 그것에 대해선 말할 수 없어. 핵심 측근만의 비밀이라구." 우리는 마가복음을 계속 읽다보면, 특히, 예수님께서 갈보리에서 많은 사람을 위한 대속물로 자신의 생명을 버리시는 그 일을 이루고자 얼마나 열중하고 계신지를 감지할 수 있습니다. 그분의 신적인 영광에 대한 목격담은 그 모든 일이 다 이루어진 후에야 증언이 가능하다는 것입니다.

세 제자들에게, 예수님의 부활 때까지 거기서 목격한 것을 누구에게도 발설하지 말고 하신 예수님의 명령은 매우 전략적인 것이기도 했습니다. 비록 세 제자들은 예수님의 그 말씀이 무슨 의미였는지 이해하는 일에 있어 계속 어려움을 겪을 것이지만, 예수님은 그들을 위한 일종의 정신적 지지대를 만들어 주려 하셨습니다. 경이로운 예수님의 영광의 현현, 예수님의 신성을 보이지 않게 감추고 있던 베일을 잠시 들춰낸 그 찰나의 순간, 그 순간의 기억은 (그들의 깨달음 여부와 상관없이) 그들에게, 예수님이 십자가에 달려 죽으신 후, 사흘의 긴 기다림 끝에, 앞으로 일어날 일에 대해 간절한 기대감을 주고도 남음이 있었습니다.

여기서 저는 개인적으로 제 자신이 베드로와 야고보와 요한을 무척 질투한다는 사실을 인정하지 않을 수 없습니다. 저는 다메섹 도상에서 부활의 주님을 만난 바울도 무척 부럽습니다. 그리고 영광 중에 계신 그리스도를 두 눈으로 보고, 그분의 방문을 받고, 그분과 조우했던, 신약의 마지막 저자, 사도 요한도 무척 부럽습니다. 저는 주님과의 그러한 만남을 자주 사모하고, 때론 그런 기적 같은 일이 저에게도 일어나길 기도하기도 합니다. 저는 그러한 경험이 의심의 안개를 말끔히 밀어내고, 주님께 온전히 헌신하길 더 이상 주저하지 않게 하는 데 큰 도움이 될 것으로 생각했습니다.

하지만 우리는 그러한 환상과 비전조차 모든 것을 해결할 수 없음을 깨닫게 됩니다. 적어도 마가복음의 베드로, 야고보, 요한의 모습은 전혀 기대에 못 미칩니다. 변화산 에피소드가 있은 지 얼마 되지 않아서, 야고보와 요한은 예수님이 영광 가운데 임하시는 그날에 자신들의 자리를 각각 예수님의 좌편과 우편에 마련해 주시길 간청하고 있습니다. 그들은 예수님이 높임 받으시는 그날의 본질을 잘못 이해했습니다. 그것은 그 두 형제에게 큰 경사의 날이면서, 사적인 이익을 얻을 수 있는 좋은 기회로 보였습니다. 아마도 베드로 정도만 그들에게 만만치 않은 유일한 경쟁자가 될 것이란 식으로 여겨졌습니다. 안타깝게도 그들은 아직, 그 영광에 이르는 그 길까지, 예수님을 따르는 것에 대한 의미를 이해하지 못했습니다. 예수님의 말씀처럼 누구든지 예수님의 제자들 가운데 가장 뛰어난 자가 되길 바라는 자는 반드시 다른 사람의 종으로서 가장 뛰어난 모습을 보여야 할 것입니다. "인자가 온 것은 섬김을 받으려 함이 아니라 도리어 섬기려 하고 자기 목숨을 많은 사람의 대속물로 주려 함이니라"(막 10:45). 허나 영광 가운데 변모하신 그 경이로운 모습, 예수님이 지니셨던 그리고 곧 다시 되찾으실 그 찬란한 영광의 광채, 그 모든 비전과 환상도 대제사장의 뜰에서 예수님을 부인하던 베드로에게 역시 아무런 도움이 되지 못했습니다. 그 경험은 베드로를 담대하게 만들지 못했습니다. 그는 심문 당하는 자신의 주님을 곁에서 지키지 못했고, 주님을 자신의 친구와 스승으로 시인하지 못했습니다. 그는 예수님을 재판정에 설 필요가 없는 무죄한 분으로, 하나님께서 친히 권세를 위임하시고 자기 아들로 선포하셨던 그 메시아로, 사람들 앞에서 당당하게 시인하지 못했습니다.

그 긴 안식일 동안, 그리고 안식 후 첫날이 밝기까지, 과연 베드로와 야고보와 요한은 변화산에서 자신들이 목격한 그 놀라운 사건을 기억했을까요? 문의 빗장을 단단히 걸어잠근 어느 밀폐된 방에서 그들은 서로의 얼굴을 쳐다보며, 자신들 셋이서만 독점했던 그날의 기이한 경험을 함께 떠올렸을까요? 예수님이 부활하시는 때까지 그들은 자신들의 형제자매들에게 그 산에서 일어난 영광의 이야기를 털어놓을 수 없다는 것 때문에 몹시도 안타까워했을까요? 그것이 그들에게 (예수님이 의도하신 대로) 장차 일어날 일에 대한 엄청난 기대를 불러일으켰을까요? '맞아, 예수님은 곧 부활하셔!' 그리고 그들은 예수님의 부활 이후에도 영광스런 일들이 아직 더 많이 남아 있을 것이란 소망을 품었을까요? 과연 그날을 고대하고 있었을까요? 하지만 적어도 예수님이 부활하시고 승천하시기까지 그들은 예수님의 기대에 온전히 부응하진 못했습니다.

예수님이 부활하신 후에는, 그 변화산에서의 경험이 그들에게 훨씬 더 중요해졌다고 볼 수 있습니다. 그들의 증언과 고백은 이런 것이어야 했습니다. "주님은 이 모든 것을 우리에게 계속 말씀해 주셨어. 심지어 우리에게 보여주기도 하셨지. 이제 우리는 주님의 부활을 드디어 경험한 거야. 이제 어떤 일이 있어도 우리가 의심하거나 포기하는 일은 없어."

* * *

신약의 절반이라고 할 수 있는 로마서에서 요한계시록까지를 전부 다 읽어가면서, 이 스물두 권의 책에서 예수님의 생애에 관한 모든 내용만 따로 발췌한다고 생각해 보세요. 예수님에 관한 내용이 생각보다 매우 적다는 사실에 놀라게 될 것입니다. 하지만 변화산의 그 사건만큼은 이 얼마 되지 않는 기록에 포함되어 있습니다. 그만큼 중요하다는 것이겠지요. 예수님의 죽음, 부활 및 승천을 목격한 베드로는 이후에 쓴 편지에서 그때의 일을 제법 상세히 언급하고 있습니다. 그가 이 모든 일을 겪고 난 후에 마침내 어떤 확신 가운데 있게 되었는지 확인할 수 있습니다.

> 우리 주 예수 그리스도의 능력과 강림하심을 너희에게 알게 한 것이 교묘히 만든 이야기를 따른 것이 아니요 우리는 그의 크신 위엄을 친히 본 자라 지극히 큰 영광 중에서 이러한 소리가 그에게 나기를 이는 내 사랑하는 아들이요 내 기뻐하는 자라 하실 때에 그가 하나님 아버지께 존귀와 영광을 받으셨느니라 이 소리는 우리가 그와 함께 거룩한 산에 있을 때에 하늘로부터 난 것을 들은 것이라(벧후 1:16-18).

이 편지에서 사도 베드로는 자신의 별세, 그의 엑소도스를 준비하고 있습니다(벧후 1:15). 특히 자신이 떠난 후에도 그리스도인 공동체가 그와 동일한 확신 가운데 머무르며 계속 사명을 이어가길 바라는 마음으로 그들을 준비시키고 있습니다. 이 편지는 당시 기독교의 핵심 신앙에 도전하는 목소리들에 대한 답변을 담고 있습니다. "이르되 주께서 강림하신다는 약속이 어디 있느냐 조상들이 잔 후로부터 만물이 처음 창조될 때와 같이 그냥 있다 하니"(벧후 3:4). 베드로는 예수님의 변모(산에 나타났던 예수님의 영광의 계시)에 대한 자신의 목격담을 이러한 도전에 맞서는 증거로 제시합니다.

마가 또한 변모 사건을 예수님의 재림에 대한 하나의 표적, 전조, 스포일러로 이해했습니다. 그 에피소드 직전에, 예수님은 다음과 같이 말씀하신 바 있습니다. "또 그들에게 이르시되 내가 진실로 너희에게 이르노니 여기 서 있는 사람 중에는 죽기 전에 하나님의 나라가 권능으로 임하는 것을 볼 자들도 있느니라 하시니라"(막 9:1). 마가는 예수님의 이 말씀이 변화산의 사건, 즉 그가 바로 다음 구절에서 소개하는 사건에서 성취된 것으로 이해했습니다. 또한 그 본문은 예수님의 스토리에서 마가가, 여태까지는 없었던, 정확한 타임라인으로 직전의 에피소드와 연결하고 있는 유일한 사건입니다("엿새 후에 예수께서 베드로와 야고보와 요한을 데리시고 따로 높은 산에 올라가셨더니," 막 9:2). 베드로후서는 변화산 사건을 정확히 같은 방식으로 이해합니다. 즉, 예수님의 재림에 대한 예지적 경험으로 말입니다. 그 사건은, 적어도 베드로와 야고보와 요한에게는, 예언의 말씀을 더욱 확실한 것으로 만들어 준 지지대로서의 경험이었던 것입니다. 사도들의 증언은 우리에게도 이와 동일한 도움을 줄 수 있습니다.

* * *

우리는 예수님이 미리 예고하신 말씀 그대로, 예수님의 죽음과 부활 및 승천이 일어났다고 고백합니다. 만일 그렇게 고백하지 않는다면, 매주 일요일마다 침대에서 뒹굴거나 어느 카페에서 노닥거리거나 쇼핑몰에서 어슬렁거리는 대신, 교회로 모여야 하는 이유를 찾기 어려울 것입니다. 예수님의 변모 사건은 우리에게 추가적인 확신을 더해 주며,

그 이야기는 예수님이 약속하신 그대로 앞으로 더 전개될 것입니다. 즉, 우리가 교회의 신조를 통해 이렇게 고백하듯이 말입니다. "하늘에 오르사 전능하신 하나님 우편에 앉아 계시다가 저리로서 산 자와 죽은 자를 심판하러 오시리라." 이것은 단지 암기를 위한 신앙공식이나 우리 입술의 표현으로 주어진 것이 아니라, 우리의 삶 전체를 빚고 다듬어가기 위한 믿음의 확신입니다. 베드로는 자신의 편지를 마무리하면서, 그리스도께서 다시 오시는, 그가 새 창조를 완성하시는, 대격동의 그날을 고대하고 있습니다.

> 이 모든 것이 이렇게 풀어지리니 너희가 어떠한 사람이 되어야 마땅하냐 거룩한 행실과 경건함으로 하나님의 날이 임하기를 바라보고 간절히 사모하라 그날에 하늘이 불에 타서 풀어지고 물질이 뜨거운 불에 녹아지려니와(벧후 3:11-12).

2천 년이 지난 지금에도 종말이 아직 오지 않았다는 소식을 베드로가 듣게 된다 하더라도, 그는 그리 놀라워할 것 같지 않습니다. 베드로는 이 사실을 이미 예상했던 것처럼 이렇게 쓰고 있습니다.

> 사랑하는 자들아 주께는 하루가 천 년 같고 천 년이 하루 같다는 이 한 가지를 잊지 말라 주의 약속은 어떤 이들이 더디다고 생각하는 것 같이 더딘 것이 아니라 오직 주께서는 너희를 대하여 오래 참으사 아무도 멸망하지 아니하고 다 회개하기에 이르기를 원하시느니라(벧후 3:8-9).

산상변모주일이 사순절 기간 앞에 바로 선행하는 것은 아마도 우연이 아닐 것입니다. 우리는 그리스도의 재림의 약속과 심판주로 오실 주님을 만나 뵐 기대감을 굳게 붙들어야 합니다. 또한 하루하루 그분이 지체하시는 것은 그 자체로 매일 우리에게 주시는 또 하나의 선물이자 은혜임을 깨달아야 합니다. 주님은 오늘도 우리에게 또 하루를 허락하셔서, 우리 자신과 우리 이웃들을 더 온전히 준비되게 하시고, 우리의 삶을 더 신중히 살피게 하시며, "거룩한 행실과 경건함으로" 행하지 않는 모든 것을 회개케 하십니다. 그리고 그렇게 하시는 목적은, 주께서 영광 가운데 오시는 그날에 우리를 부끄럽지 않게 할 일들, 오직 그 거룩한 사명에만 우리로 하여금 헌신하고 전념할 수 있게 하시기 위한 것임을 잊지 마시기 바랍니다. 아멘.

7 하나님의 신성한 소스 코드

사순절
마태복음 4:1-11; 히브리서 4:12-16

컴퓨터와 인터넷은 우리를 둘러싼 세상에서 우리가 정보에 접근하는 방식을 바꿨을 뿐만 아니라, 다른 사람들과의 소통에 관해 우리가 생각하는 방식까지 바꿔 놓았습니다. 그리고 심지어 우리가 생각하는 방식에 관한 우리의 사고방식까지 말입니다. 그것들은 우리의 정신적 사유 과정과 우리의 사회적 만남에 대해서도 새로운 메타포의 세계를 열어 주었습니다. 그로 인해 우리는 일상에서 다음과 같은 대화들을 종종 접할 수 있게 되었습니다.

"우리는 이것에 대한 그 사람의 '인풋'(입력/조언)을 얻을 필요가 있어. 내가 이번 주에 그 사람과 한번 '인터페이스'(접속/소통) 해볼게."

"그건 제가 '프로그램 된'(유전적으로 설계된) 방식이 아닌데요."

"내가 다른 모든 걸 제쳐두고 그 문제를 다룰 수 있는 '밴드위스'(대역폭/역량)가 지금 나에겐 없는 것 같아요."

"그건 내가 지금 '프로세스'(진행)하기에는 분량이 엄청 많은 거야."

"이제 선교 위원회를 '리부트'(재부팅)할 때가 된 것 같습니다."

저도 이번 설교를 준비함에 있어 우리 시대의 이런 트렌드에 저항하려 하지 않았습니다. 오히려 광야에서 사탄과의 직면을 앞둔 예수님의 포메이션(formation)으로 작용한 것으로 보이는 성경의 기능을 적절한 컴퓨터식 메타포로 표현해 보려고 시간을 조금 할애해 보았습니다. 그리고 그것은, 넓은 의미에서 보면, 성경이 우리 삶의 지속적인 포메이션 상에서 (즉 우리가 시험을 이기신 주님의 승리에 함께 참여하고자 한다면 추구해야 할 삶의 방식에서) 반드시 작동해야 하는 성경의 기능이기도 합니다.

그러다가 저는 결국 "소스 코드"(source code)란 개념에 도달했습니다. 사실 저는 뉘앙스를 잘 섞어가며 이 주제를 설명할 만큼 컴퓨터에 그리 박식한 사람은 아닙니다. 하지만 어쨌든, 한 컴퓨터 프로그램의 소스 코드란, 실제 프로그래머들이 해당 프로그램에 관해 서로 소통하기 위해, 그리고 그 파라미터와 기능들을 아웃트라인 하기 위해 사용하는 해당 프로그램의 설계 버전입니다. 그것은 인간이 실제로 해독하고 제법 이해할 수 있도록 프로그래밍 언어로 표기된 컴퓨터 프로그램의 설계 파일인 것입니다. 하지만 이것 자체는 무생물체인 컴퓨터가 실제로 인식할 수 있는, 실제 프로그램 실행의 기반이 되는, 프로그램의 "기계 코드" 버전은 아닙니다. 소스 코드는 필수 정보를 포함하지만 컴퓨터의 기능을 실행하기 위해서는 반드시 다른 버전으로 '번역' 되어야 합니다.

대부분의 경우, 성경은 우리에게 매우 명확하게 말씀하고 있습니다. 우리가 어떻게 함께 살아가야 할 것인지, 우리가 어디에 우리의 열망과 포부를 고정해야 할 것인지에 대해 성경은 매우 분명한 방식으로 하나님의 비전을 소통합니다. 심지어 우리 내면에서 올라오는 그 충동들이 하나님의 성령으로부터 온 것인지, 또는 다른 어떤 곳에 기원한 것인지를 분별하는 방법까지도 말입니다. 물론 우리는 특정한 상황에서 그것을 어떻게 적용해야 하는지 여전히 씨름해야 합니다. 즉 우리는 여전히 그것을 소위, 소스 코드에서 기계 코드로 번역해 내는 작업을 해야만 합니다. 거룩한 그 말씀의 지면에서, 오늘 우리가 마주하는 상황 안에 우리가 만들어갈 삶의 현장 속 반응, 나의 현실의 반응으로 우리는 그것을 다시 번역해 내야 합니다. 물론 하나님의 소스 코드인 성경 말씀을 우리의 기계 코드인 우리의 충동과 반응으로 변환하고자 성령과 더불어 힘든 작업을 수행하는 가운데, 우리는 하나님께서 우리 각 사람 안에 '인스톨'(설치)하기 원하시는 프로그램의 세부 사항들을 이미 대부분 해석할 수 있고 제법 정확하게 이해할 수도 있습니다.

광야에서 예수님을 시험하려 했을 때, 사탄은 예수님의 프로그래밍 언어를 어지럽히려고 했습니다. 사탄은 사실상 프로그램 전체를 망가뜨리게 하는 어떤 특정한 서브루틴을 주입하려고 시도합니다—"If X, then Y", "만일 네가 하나님의 아들이라면(If X), 그러면…하라(then Y)." 하지만 예수님은 말씀에 남달리 깊게 훈련 받으신 분이기 때문에, 사탄의 계략을 간파하고 그러한 제안들, 곁길로 새게 하는 것들, 사탄의 바이러스들을 즉각 거부하고 차단합니다. 그리고 하나님께서 성공적으로 시행하신 가운데 예수님도 함께 협력하시고, 내면화하시고, 계속해서 그 소스 코드를 적용하신 하나님의 신성한 프로그램으로 곧장 복구하십니다.

* * *

유대 광야는 무자비할 정도로 열기가 뜨거운 곳입니다. 눈이 멀 정도로 태양빛이 강한 곳입니다. 바짝 메마른 곳입니다. 사십일 간 아무런 음식 없이, 다음 수원지가 언제 나타날지도 모른 채, 그 사막에 체류하는 것은 가장 원초적 수준의 본능에 모든 사람을 굴복시킬만 합니다. 그런 상황에서는 어떤 사람이라도 자기의 밑바닥 본성을 노골적으로 드러내게 만들 것입니다. 사탄이 노린 것이 바로 그것입니다. 예수님이 가장 취약한 상태에 처하셨을 때 무너뜨리고자 했던 것입니다. 하지만 사탄이 상대한 그분은 누구십니까? 참으로 예수님은 육신이 되신 하나님의 말씀입니다. 사탄이 패배시키는 데 익숙한 연약한 인간의 것이 아니라, 그 말씀이 안과 밖으로 충만하고 견고하여, 말씀으로 강권되는 육신이었던 것입니다. 사탄은 지금 성육신하신 신명기, 성육신하신 하나님의 율법 앞에 감히 맞서고 있는 것입니다. 기진 상태의 예수님은 아마도 몹시 거칠고 갈라진 목소리로 말씀하셨을 수 있지만, 그분의 말씀은 곧 살아 있는 신명기가 직접 선포하는 말씀이었습니다. "기록되었으되 사람이 떡으로만 살 것이 아니요 하나님의 입으로부터 나오는 모든 말씀으로 살 것이라 하였느니라"(마 4:4; 비교. 신 8:3), "또 기록되었으되 주 너의 하나님을 시험하지 말라 하였느니라"(마 4:7; 비교. 신 6:16), "사탄아 물러가라 기록되었으되 주 너의 하나님께 경배하고 다만 그를 섬기라 하였느니라"(마 4:10; 비교. 신 6:13).

저는 우리가 이 이야기를 통해 한 가지 교훈만큼은 꼭 얻어 갔으면 하는 바람이 간절합니다. 그것은 바로 시험에 결코 넘어가지 않는 예수님의 그 승리의 중심에는 성경 말씀의 확실한 내면화가 있었다는 사실입니다. 그것은 예수님으로 하여금 오직 아버지의 프로그램에 따라서만 계속 움직이게 했습니다. 만일 예수님에게 그 내면화가 적용되었다면 우리에게는 얼마나 더 그러해야 하겠습니까! 예수님의 광야 시험 이야기에서 우리는 시편 기자가 선포했던 고백의 완벽한 체현을 볼 수 있습니다. "내가 주께 범죄하지 아니하려 하여 주의 말씀을 내 마음에 두었나이다"(시 119:11). 예수님은 사람의 몸으로 오신 30년의 세월 동안 성경 말씀의 연구와 일상에서 그 말씀의 준행에 자신을 온전히 내어드리셨습니다. 예수님은 자신을 말씀으로 '리프로그램'하여 성경 자체가 그분 자신의 운영체제(OS)가 되었습니다(컴퓨터 용어로 자꾸 메타포를 사용한 것 때문에 부디 혼란스럽지 않길 바랍니다). 극한의 상황 속에 한 인간으로서 지닌 모든 것이 무너지더라도, 성경 말씀 그리고 그 말씀에 따라 준행하는 삶은 오롯이 남게 된 모습입니다. 예수님은 하나님 말씀이 완전한 형태로 내면화되어 (심지어 가장 연약한 상태에서도) 그것이 권능으로 나타나, 사막 한가운데 자신에게 던져진 그 제안이 무엇인지를, 그 출처가 하나님에게서 온 것인지 아니면 다른 곳에서 온 것인지를 정확히 분별하셨습니다. 하나님 아버지의 말씀을 따라 오직 그 말씀에만 순종하며 전적으로 헌신하는 삶이, 사탄의 제안을 단호히 거부하는 능력으로 예수님에게서 나타났습니다.

이번 사순절 기간 동안, 새로운 마음과 새로운 헌신으로 하나님의 말씀에 귀를 기울일 뿐만 아니라 신실함으로 받들게 되시길 바랍니다. 무엇보다 말씀을 읽으십시오. 그리고 그 읽은 말씀을 자신의 것으로 내면화하십시오. 예수님의 육신의 형제였던 야고보는 이렇게 편지했습니다. "그러므로 모든 더러운 것과 넘치는 악을 내버리고 너희 영혼을 능히 구원할 바 마음에 심어진 말씀을 온유함으로 받으라." 그다음에 바로 이렇게 권고하고 있습니다. "너희는 말씀을 행하는 자가 되고 듣기만 하여 자신을 속이는 자가 되지 말라"(약 1:21-22). 하나님의 거룩한 소스 코드를 단순히 눈으로 읽는 것에만 그쳐서는 안 됩니다. 부지런히 말씀을 붙들고 씨름하여 그것을 우리의 삶으로 살아내야 합니다. 하나님의 말씀이 삶속에서 우리의 자연스러운 반응과 열망이 되게, 심지어는 본능이 되게 하십시오.

저는 "역사적 예수"에 관심을 갖고 연구한 학자들의 책을 여러 권 읽어봤습니다. 그런데 광야 시험의 이 에피소드는 학자들이 거기서 역사와 신화를 따로 분리하고 덜어내려고 할 때 그들의 생각처럼 잘 해석되지 않는다고 자신있게 말할 수 있습니다. 제가 보기에, 그 학자들은 성경의 에피소드에 대해 충분히 비판적이어야 한다고 하면서 정작 자신들의 성경 읽기 방식에 대해서는 충분히 비판적이지 않은 것 같습니다. 만일 이 에피소드를, 마치 사탄이 검은 정장 차림으로 나타난 것으로 또는, 예수의 생애를 다룬 어느 영화에서처럼, 붉은 드레스 차림의 유혹하는 여자로 등장하는 방식으로 시각화한다면, 사람들은 그것을 하나의 허구의 이야기로 생각하게 될 것이 뻔합니다. 사탄이 그런 식으로 나타난 적이 한 번이라도 있었나요? 그럼에도, 광야 시험의 에피소드를 그런 식으로 가공하는 방식에 익숙해져버리고 나면 정작 가장 중요한 우리의 믿음은 어떻게 되는 것일까요? 가벼운 방식으로 이 장면을 희화화할 때 실제로 우리 안에 굴을 파고 들어와 뿌리내리는 것은 무엇이겠습니까?

사십 일 동안 굶주린 예수님의 시야에 동그스름하고 반질반질한 돌멩이들이 들어옵니다. 유대 광야의 태양열에 잘 구워진, 따끈따끈하고 신선한, 먹음직스러운 빵으로 아른거립니다. '너에게 정말로 능력이 있다면, 네 안의 그 살을 찢는 듯한 끔찍한 배고픔부터 먼저 해결해 보시지 않겠나?' 이 제안에는 악하다고 할 만한 어떤 특별한 것이 없어 보입니다. 예수님이 돌멩이 몇 개를 빵으로 만들어 드신다고 해도 뭐라고 할 사람은 아무도 없습니다. 문제라는 듯 눈짓할 사람도 없고, 누가 다치거나 손해를 보는 것도 아닙니다. 그러나 중요한 것은 단지 그 제안의 내용에 있지 않습니다. 출처가 중요합니다. 이것은 누구의 제안이었습니까? 예수님이 애초에 광야 한가운데로 들어가신 이유가 무엇인가요? 기적 행하기를 연습하려요? 마귀의 시험을 인지하고 극복하는 방법을 배우기 위해서요? 더 근본적인 질문으로 돌아가 봅시다. 왜 예수님은 이 땅에 오셨습니까? 예수님 자신의 어떤 열망이나 갈급함을 채우기 위해서요? 아니면 하나님 아버지께서 뜻하시고 명하시는 모든 것을 행하기 위해서입니까? 그렇다면, 지금 예수님에게 금식을 멈추고 음식을 만들어 먹으라고 말하는 이가 하나님입니까? 아니면, 이 충동은 하나님이 아닌 다른 곳에서 오는 것입니까? 예수님에게는 마음에 일어나는 모든 충동까지도 반드시 그 근원이 하나님에게서 오는 것이어야 했습니다. 단지 무엇을 먹느냐 마느냐의 문제가 아니라 누구의 음성을 듣고 따라야 하는가의 문제였던 것입니다. 사람에게 참 생명을 주는 것은 빵이 아니라 하나님의 말씀인 것입니다.

언젠가 저에게 에이브러햄 매슬로의 욕구 이론을 들려주곤 했던 한 교구민이 있습니다. 먼저 사람들의 물질적 필요부터 돌봐주고, 그들에게 안정된 사회적 기반을 제공해서, 그들이 영적인 것들을 생각하고 복음에 귀를 여는 상황이 될 수 있게 만들어주어야 한다는 제안이었습니다. 인간의 동기에 대한 하나의 이론으로, 매슬로의 이론은 견고할 뿐더러 논리적으로 타당해 보입니다. 다른, 더 고차원 단계의 욕구가 인간 존재의 의식 최전선에 자리하기에 앞서, 어떤 욕구가 우선적으로 먼저 채워져야 하는지에 대한 이론인 것입니다. 하지만 예수님의 광야 시험 이야기는 그 이론에 대해 다시 생각하게 합니다. 우리의 가장 근본적인 욕구 또는 필요는 무엇입니까? 단순히 생명을 지닌 유기체로서가 아니라, 하나님의 피조물로서, '창조된 유기체'로서, '영적인 유기체'로서 우리의 근원적 필요는 무엇입니까? 매슬로의 욕구 피라미드는 사실상 우리 사회 전체가 그대로 받아들이고 기정사실화한, 사탄의 논리이자 세속 관점에 따른 가치 우선순위의 발현이 아닐까요? 저는 잘 모르겠습니다. 제가 이 이론을 규정하고 단정할 만한 입장에 있지는 않습니다. 저는 굶주림이나 노숙생활 또는 사회적 관계망의 결핍을 경험해 보지 못했습니다. 솔직히 지금까지 매슬로의 욕구 피라미드에 포함되는 그 어떤 요소도 부족하다고 느껴본 적이 없는 풍족한 삶을 살아왔습니다. 하지만 우리가 다음과 같이 말씀하신 우리 주님을 따르고 있다는 사실만큼은 인정할 수 있습니다.

그러므로 염려하여 이르기를 무엇을 먹을까 무엇을 마실까 무엇을 입을까 하지 말라 이는 다 이방인들이 구하는 것이라 너희 하늘 아버지께서 이 모든 것이 너희에게 있어야 할 줄을 아시느니라 그런즉 너희는 먼저 그의 나라와 그의 의를 구하라 그리하면 이 모든 것을 너희에게 더하시리라(마 6:31-33).

사탄은 우리에게 어떤 방식으로 찾아옵니까? 사탄은 삶의 진정한 우선순위에 관한 예수님의 이러한 말씀에 우리가 순종하는 것을 어떻게 방해합니까? '그래, 일단 너의 몸부터 먼저 챙기자. 너의 눈과 너의 몸이 원하는 것을 먼저 돌보란 말이야. 네 두 눈이 애타게 갈망하는 그것들, 너의 자존심, 너의 그 몸부터 먼저 챙기고 보자. 네 자신의 갈망과 욕구와 필요들을 모두 만족시키는 것이 첫 번째로 중요하지 않겠니? 물론 그런 후에, 하나님을 받들면 된다. 네가 이런 모든 것을 먼저 잘 갖추고 난 후에, 네 삶을 향한 하나님의 뜻과 계획을 찾아봐도 늦지 않다는 말이다.'

많은 분들이 잘 아시는 〈오늘의 양식〉(Our Daily Bread)이라는 유명한 묵상 간행물이 있습니다. 물론 이것은 주기도문의 "오늘 우리에게 일용할 양식을 주시옵고"를 표방한 제호입니다. 하지만 이것은 해당 구절의 재해석이기도 합니다. 우리의 가장 본질적인 양식, 심지어 음식보다 더 중요한 양식은 하나님의 말씀의 묵상에서 온다는 것입니다. 유대교 문화에서 그리고 기독교 문화에서 금식을 그토록 중요시하고 영적 훈련으로서의 그 가치를 인정했던 이유도 여기에 있습니다. 금식을 통해 우리 필요의 우선순위들을 재고하게 하는 것입니다. 어떤 것이 가장 근본적이고, 참으로 우선 되어야 하는지를 다시금 돌아보고 결단하게 하는 취지의 훈련인 것입니다.

사탄이 그와 같은 시험을 하기 위해 예수님을 물리적으로 성전 산 꼭대기까지 굳이 데려갈 필요는 사실 없었습니다. 그런데도 우리는 하나님을 시험하려고 어떤 무모한 행동, 자멸적인 행위를 시도하려고 하지는 않습니까? 그와 유사한 제안들이 우리 자신과 우리의 사랑하는 이들의 마음에 무자비할 정도로 자주 속삭이고 있습니다. "오 하나님, 정말로 저를 사랑하신다면, 이 암을 고쳐주시옵소서", "오 하나님, 정말로 살아계신다면, 저에게 좋은 직장을 마련해 주시옵소서", "하나님, 당신의 이 모든 약속이 정말로 사실이라면, 지금 당장 저를 위해 이런저런 약속을 이루어주시길 간절히 소원합니다." 몸에서 암 세포가 자라가고, 취직이 어렵고, 하나님이 침묵하실 때, 어떤 사람들은 하나님에게서 떠나버리고 맙니다. 하나님 앞에 한번 시험을 던져봤지만 하나님이 계속 침묵하시자, 하나님이 그 시험을 패스하지 못했다고 단정해 버리는 것입니다. 마치 그런 무례한 시험을 마구 던져도 하나님과 우리와의 역동적 관계가 그것을 다 허락할 것으로 애초에 오해하는 것입니다. 그렇지 않습니다. 예수님은 사탄이 시편을 통해 마음에 떠올리게 했던 약속과 같은("그가 너를 위하여 그의 천사들을 명령하사 네 모든 길에서 너를 지키게 하심이라 그들이 그들의 손으로 너를 붙들어 발이 돌에 부딪히지 아니하게 하리로다", 시 91:11-12), 성경에 기록된 하나님의 약속들이 우리의 목적을 이루기 위해 또는 우리의 요구를 만족시키기 위해 존재하는 것이 아니라, 하나님의 계획과 뜻을 받들기 위해 기록된 것임을 아셨습니다. 만일 하나님이 정말로 저에게 성전 산꼭대기에서 뛰어내리라고 명하신다면, 저는 하나님을 신뢰할 수 있습니다. 하지만 그렇지 않고, 하나님의 약속이 정말 신뢰할 만한 것인지를 내가 직접 시험해 보고자 하는 것이라면, 안타깝지만, '쿵!' 하고 떨어지는 소리만 크게 울릴 것입니다.

사탄이 제안하는 세 번째 거래를 보십시오. 우리의 일상에서 사탄은 대부분 보다 교묘한 방식으로 우리에게 접근하며 물론 그 제안하는 내용도 스케일이 훨씬 더 작습니다. 하지만 이 세 번째 시험의 본질은 우리에게도 제법 익숙한 유혹일 수 있습니다. "자 어때, 이 세상의 천하 만국과 그들의 영광이 보이지? 여기서 네 몫도 조금 챙겨야 하지 않겠냐. 내가 요구하는 것은 단지 너의 시간, 너의 우선순위, 그리고 너의 에너지일 뿐이야. 그러면 이 모든 멋진 것들을 다 너에게 줄게. 물론이지, 시간이나 에너지가 남으면, 그것으로 얼마든지 하나님을 예배할 수 있지. 그때 되면 네 자신도 더 깊이 돌아보면서 하나님을 섬길 수 있을 거야. 하지만 가장 먼저 잘 챙겨둬야 하는 게 뭔지는 잊지 않길 바래! 그것부터 확실히 하라고." 우리는 "주 너의 하나님을 경배하고 오직 하나님만 섬기라"는 명령을 잘 따르고 있습니까? 한번 솔직해져 보면 좋겠습니다. 우리가 이 세상에서 원하는 것들을 얻기 위해, 저와 여러분은 이 계명을 도대체 어느 정도나 소홀히 하고 있는 것일까요? 우리는 기껏해야 "천하 만국과 그 영광"보다 훨씬 더 작은 것들을 얻으려고 우리의 최우선이신 하나님께 대한 충성을 그것과 맞바꾸고 있지는 않습니까?

* * *

히브리서 4장 12-16절은 하나님의 말씀의 능력과 우리가 시험을 당할 때 얻을 수 있는 조력에 대한 해설을 제공하면서, 광야 시험의 이야기를 적절히 보충해 주고 있습니다. 히브리서의 말씀을 보겠습니다.

> 하나님의 말씀은 살아 있고 활력이 있어 좌우에 날선 어떤 검보다도 예리하여 혼과 영과 및 관절과 골수를 찔러 쪼개기까지 하며 또 마음의 생각과 뜻을 판단하나니 지으신 것이 하나도 그 앞에 나타나지 않음이 없고 우리의 결산을 받으실 이의 눈 앞에 만물이 벌거벗은 것 같이 [그들의 목을 내놓은 채] 드러나느니라(히 4:12-13).

무시무시한 장면이 펼쳐집니다. 마치 우리가 단두대에서 목을 내놓은 채, 시퍼렇게 날이 선 칼로 심판하는 재판관 앞에 엎드려 있는 것 같은 느낌이 듭니다. 그 날선 칼은 매우 예리하여 우리의 전부를 그 속까지 깔끔하게 쪼갤 수 있습니다. 하지만 죽음을 피할 길은 있습니다. 우리가 지금 수술용 칼과 같은 하나님의 말씀에 부지런히 참여하면, 이후에 참수용 칼로서 하나님의 말씀을 대면하는 일을 피할 수 있을 것입니다.

저는 히브리서에서 그렇게 가장 무시무시한 이미지가 또 한편으로는 엄청난 확신을 주는 위로의 말씀과 함께 나란히 기록되고 있다는 사실이 무척 감사할 따름입니다.

> 그러므로 우리에게 큰 대제사장이 계시니 승천하신 이 곧 하나님의 아들 예수시라 우리가 믿는 도리를 굳게 잡을지어다 우리에게 있는 대제사장은 우리의 연약함을 동정하지 못하실 이가 아니요 모든 일에 우리와 똑

같이 시험을 받으신 이로되 죄는 없으시니라 그러므로 우리는 긍휼하심을 받고 때를 따라 돕는 은혜를 얻기 위하여 은혜의 보좌 앞에 담대히 나아갈 것이니라(히 4:14-16).

정말로 그렇습니다. 예수님의 광야 시험 이야기는, "예수님은 우리의 모든 연약함을 잘 아신다"[3]는 확신을 갖게 합니다. 예수님은 우리의 연약함을 체휼하실 수 있습니다. 왜냐하면 예수님 자신도 우리의 연약함, 우리의 취약성, 우리의 유혹, 우리 삶의 변화와 기회들로부터 비롯되는 여러 시험을 몸소 겪으셨기 때문입니다. 그런데 또 한 가지 중요한 사실은, 예수님이 우리를 위해 하나님의 긍휼과 자비를 구하시며, 우리를 대신해 그분 앞에 서신다는 사실입니다. 예수님은 우리에게 때마다 필요한 도움을 얻게 하시는 분입니다. 왜냐하면 예수님은 우리의 약함을 모두 경험하셨음에도 불구하고 그 약함에 전혀 굴복하지 않으셨기 때문입니다. 그래서 그분이 우리를 대변할 자격이 있는 것입니다. 우리가 전혀 그리스도인답지 않은 어떤 추악한 것에 유혹 당할 때만이 아니라, 참 그리스도인의 삶의 모범이 되는 어떤 일을 포기하려는 유혹이 들 때에도, 또는 그러한 기대에 미치지 못해 절망할 때에도, 우리는 하나님의 보좌 앞에, 그 은혜의 보좌 앞에 담대히 나아갈 수 있습니다. 우리는 하나님께서 반드시 그리스도 안에 있는 나에게 긍휼과 자비를 보여주실 것을 확신할 수 있습니다. 하나님의 말씀을 따르고 그분을 섬기는 신실한 삶의 여정 속에서 우리가 모든 것을 참고 견뎌낼 수 있도록 나에게 필요한 모든 것을 공급해 주실 것을 우리는 예수 그리스도 안에서 확신할 수 있습니다. 예수님은 우리가 하나님의 말씀의 그 길을 따라 걸어가고, 삶의 모든 현장에서 그 말씀, 그 거룩한 하나님의 소스 코드를 우리가 계속 해독하고 그것과 씨름하는 데 필요한 모든 것, 모든 도움을 보장해 주시기 때문입니다.

마무리하겠습니다. 오늘의 설교가 우리에게 조금이라도 유익했는지 그렇지 못했는지 여부는 우리 자신에게 달렸습니다. 그것은 오늘 내가 이 설교에 얼마나 크게 감동 받았는지에 결정되는 것이 아니라, 오늘부터 저와 여러분이 하나님의 말씀에 우리의 마음을, 우리 자신을 활짝 열어둘지 아니면 계속 닫고 있을지에 의해 결정될 것입니다. 저와 여러분 모두가 앞으로도 계속해서 하나님의 말씀을 간절히 추구하고 마음에 하나님의 말씀을 온전히 받들게 되시길 기도합니다. 우리 영혼을 완전한 구원으로 이끄시는 그날까지 그리고 우리의 원수 마귀를 완전히 멸하시는 그날까지, 주께서 날마다 저와 여러분의 심령 속에 하나님의 말씀을 더욱 깊이 새겨주시고 심어주시길 간절히 소원합니다. 아멘.

8 그 빛을 비추게 하라

사순절
시편 139; 요한일서 1:5-2:2

사람에게는 시각, 후각, 청각, 미각, 그리고 촉각 이렇게 다섯 가지 감각, 즉 오감이 있습니다. 우리는 이 오감 중에서 하나 또는 그 이상의 감각을 상실하게 될 수도 있습니다. 그러나 이 감각들을 우리 마음대로 껐다 켰다 할 수는 없습니다(물론 눈을 깜박거리는 것은 예외로 하고요). 우리가 오감을 모두 정상적으로 지닌다면, 대개 그 오감은 거의 온 종일 자동으로 켜 있는 상태에 있습니다. 이 모든 감각은 자연계 또는 물질계의 현상을 인식하는 것과 관련된 기능 또는 능력입니다.

그런데 시편 139편 기자는 또 다른 감각에 대해 증언하고 있습니다. 그것은 영적 세계의 특별한 현상 인지력, 즉 하나님을 인식하는 영적 감각입니다. 놀랍게도 이 시편 기자는 하나님에 대한 참으로 예민한 감각을 지녔습니다. 그에게 하나님은 매우 선명하게, 사적으로 친밀하게, 매우 현실적으로 느껴지고 있습니다!

> 여호와여 주께서 나를 살펴 보셨으므로 나를 아시나이다
> 주께서 내가 앉고 일어섬을 아시고 멀리서도 나의 생각을 밝히 아시오며
> 나의 모든 길과 내가 눕는 것을 살펴 보셨으므로
> 나의 모든 행위를 익히 아시오니
> 여호와여 내 혀의 말을 알지 못하시는 것이 하나도 없으시니이다
> 주께서 나의 앞뒤를 둘러싸시고 내게 안수하셨나이다
> 이 지식이 내게 너무 기이하니 높아서 내가 능히 미치지 못하나이다
> 내가 주의 영을 떠나 어디로 가며 주의 앞에서 어디로 피하리이까
> 내가 하늘에 올라갈지라도 거기 계시며
> 스올에 내 자리를 펼지라도 거기 계시니이다
> 내가 새벽 날개를 치며 바다 끝에 가서 거주할지라도
> 거기서도 주의 손이 나를 인도하시며 주의 오른손이 나를 붙드시리이다
> (시 139:1-10).

시편 기자는 자신이 어디를 가도 하나님과 마주치게 될 수밖에 없음을 예상하고 있습니다. 우리도 하나님은 모든 곳에 계신다는 사실을 믿고 고백할 수 있습니다. 시편 기자는 하나님이 자신에 대한 전부를 다 아시며, 자신의 머릿속에 스쳐지나가는 또는 마음 한구석에 숨어 있는 모든 생각까지 전부 살피고 계신다는 의식 속에 살고 있습니다. 우리도 하나님은 모든 것을 아시며 하늘 아래 일어나는 모든 일을 다 감찰하신다는 사실을 고백할 수 있습니다. 시편 기자는 자신을 향

한 하나님의 시선을 느낄 뿐만 아니라 그 시선이 자신을 꿰뚫고 있음을 인식합니다. 그는 모태에서, 수정된 세포의 첫 분열이 시작됐을 때부터 현재 자신의 모습이 되기까지 겪어온 모든 과정에 대한 하나님의 경이로울 만큼 세밀하고 친밀한 관심을 매우 섬세하게 의식하고 있습니다.

* * *

이 시편은 우리 각 사람에게 다음과 같은 질문을 던집니다. 우리는 이러한 '하나님-감각'을 정기적으로 사용하고 훈련하고 있습니까? 우리는 "나의 앞뒤를 둘러싸시는" 하나님의 임재를 경험하고 있습니까? 우리는 나에게 손을 대어 안수하시는 하나님을 경험하기 위해 기꺼이 시간을 투자하고 있습니까?(시 139:5) 우리의 귀는 항상 열려 있습니다. 우리는 끊임없이 발생하는 주변의 소리를 계속 듣고 있습니다. 우리 코의 감각도 거의 대부분 열려 있습니다(알레르기 시즌에는 조심해야죠). 우리는 주변을 떠돌아다니는 어떤 새로운 냄새도, 그것이 향기롭든 불쾌하든, 계속 감지할 수 있습니다. 저는 우리가 하나님에 대한 우리의 감각 또한 항상 열려 있다고 장담할 수 있으면 좋겠습니다. 음악이 연주되거나 사람들이 대화할 때 그 소리를 들을 수 있는 것처럼 하나님의 임재를 계속 느낄 수 있다고 말입니다. 빵 굽는 구수한 냄새를 단번에 맡을 수 있는 것처럼 하나님이 뭔가 말씀하시는 것도 금세 느낄 수 있다고 말입니다. 저는 우리를 향해 항상 열려 있는 하나님의 그 감각과 마찬가지로 우리의 감각도 항상 열려 있다고 말할 수 있으면 좋겠습니다. 우리를 행동하게 하거나 우리의 반응을 충동하는 모든 것들에 열린 감각과 마찬가지로, 하늘 아버지께서 말씀하시는 순간마다 그것을 들을 수 있는 감각 말입니다. "아들아, 잠시만 멈추렴. 그것은 내가 보낸 신호가 아니란다," 또는 "그런 생각은 어디서 온 것이니? 우리가 함께 의논해 봐야 할 문제는 아니니?" 이 시편은 우리가 그렇게 하나님을 깊이 인식할 수 있게 되길, 또는 적어도 지금보다는 훨씬 더 하나님을 인식할 수 있게 되길 격려하고 있습니다.

시편 기자가 우리에게 선물하는 것은 우리 각 사람 안에서 이러한 하나님-감각을 조금 더 성장시키도록 도와주는 하나의 기도라고 할 수 있습니다. 성경이 우리에게 제공하는 수많은 선물 가운데 하나이기도 합니다. 우리의 생각과 마음과 영혼을 하나님께 집중하기 위해 성경에 기록된 표현들을 사용할 때, 옛 믿음의 선조들의 경험에서 우러나온 그 시와 노래와 기도는 우리에게도 그때 그들과 동일한 종류의 체험을 열어줄 수 있습니다. 우리의 성만찬 예배에서 다음과 같은 기도문으로 함께 기도했던 많은 분들에게 이 시편의 목적은 낯선 것이 아닙니다. "오 하나님, 주 앞에는 모든 사람의 마음이 열려 있사오니, 하나님은 우리의 모든 갈망을 아시며, 어떤 은밀한 비밀도 하나님 앞에 감출 수 없나이다." 이 기도는, 시편 말씀처럼, 하나님을 우리에게로 열리게 하는 것이 아니라, 우리를 하나님께로 열리게 합니다. 이러한 기도는 우리의 마음과 갈망과 모든 은밀한 것들이 하나님 앞에 숨김없이 드러나는 경험을 할 수 있도록 우리를 초대합니다. 이는 시편 기자가 애초에 의도했던 바이기도 합니다. 우리는 이렇게 간구해야 합니다. "우리 마음의 생각을 주의 성령의 감화로 정결케 하시고, 그리하여 우리가 주를 온전히 사랑하고 주의 거룩한 이름을 마땅히 영화롭게 하게 하옵소서."⁴ 시편 기자 역시 모든 것을 통찰하시고 감찰하시는 하나님 앞에 자신을 완전히 드러내놓은 채 간구하고 있습니다.

> 하나님이여 나를 살피사 내 마음을 아시며 나를 시험하사 내 뜻을 아옵소서 내게 무슨 악한 행위가 있나 보시고 나를 영원한 길로 인도하소서 (시 139:23-24).

시편 기자는 우리가 나 자신을 아는 것보다 훨씬 더 잘 나를 아시는 하나님 앞에 계속해서 나아갈 것을 우리에게 요청하고 있습니다. 그리고 이 시편을 마치는 지점에서, 하나님의 일하심이 비로소 우리 안에서 시작됩니다. 이 시편처럼 기도한 이후에 하나님과 더불어 시작되는 우리의 침묵과 소통은, 우리로 하여금, 우리가 나 자신에게서 숨겨놓은 것들, 나 자신에 관해 우리가 인정하고 싶지 않은 것들을 하나님 앞에 낱낱이 드러내도록 만듭니다. 그동안 그러지 못했던 것은, 어쩌면 교만한 인간으로서 나 자신이 틀렸음을 인정하는 것이 결코 쉽지 않았기 때문일 수도 있고, 나 자신에 대한 오류를 인정하는 것에 대해 오랫동안 방어막을 쳐왔기 때문일 수도 있습니다. 또는 그것이 어떤 필연적인 변화를 의미하기 때문일 수도 있습니다. "하나님이여 나를 살피사…내 안에 무슨 악한 것이 있는지 보십시오." 아직까지 주의 성령으로 변화되지 못한 것이 내 안에 있다면 그것이 드러나게 해주십시오. 그리고 이제부터라도 변화된 삶으로 나아갈 수 있는 그 길을 나에게 보여주십시오. 이런 고백입니다.

* * *

(시편 기자가 표현했던) 하나님에 대한 감각, 하나님에 대한 인식에 도달하기 위해 이 시편을 읽으며 기도하다가, 19-22절에 이를 때면 다소 놀랄 수 있습니다. 기자가 자신을 향한 하나님의 세밀한 지식, 절대 벗어날 수 없는 하나님의 따뜻한 임재와 인도의 손길을 노래하던 아름다운 시편이 갑자기 삼천포로 빠지는 것만 같습니다.

> 하나님이여 주께서 반드시 악인을 죽이시리이다
> 피 흘리기를 즐기는 자들아 나를 떠날지어다
> 그들이 주를 대하여 악하게 말하며
> 주의 원수들이 주의 이름으로 헛되이 맹세하나이다
> 여호와여 내가 주를 미워하는 자들을 미워하지 아니하오며
> 주를 치러 일어나는 자들을 미워하지 아니하나이까
> 내가 그들을 심히 미워하니 그들은 나의 원수들이니이다
>
> (시 139:19-22).

이와 유사한 외침과 절규가 시편 여러 곳에 등장합니다. 오늘날 기독교 예배에서 시편을 봉독하거나 암송할 때 이런 구절들은 일부러 종종 빠뜨리기도 합니다. "나는 너희에게 이르노니 너희 원수를 사랑하며 너희를 박해하는 자를 위하여 기도하라"(마 5:44)고 말씀하신 주님의 명령을 받은 공동체에서 읽기에는 부적절하게 보이기 때문입니다. 솔직히, 우리는 시편의 이러한 외침에 종종 당혹스러워하기도 합니다. 마음 한구석 어디에도 그런 소원들은 전혀 생각해 본 적이 없다고

장담할 사람은 거의 없으면서도 말입니다.

이렇듯 증오로 가득한 선포와 악한 자들의 멸망을 염원하는 듯한 기도를 이해하는 몇 가지 방식이 있습니다. 우리는 그것을 하나님께 대한 일종의 충성 선언으로 볼 수 있습니다. 시편 기자는 자신의 개인적인 원수들을 하나님의 원수들로 치환하여 몰아부치고 있는 것이 아닙니다. 오히려 그는 하나님의 원수들을 나의 원수들로 여기겠노라 선언하고 있습니다. 그는 하나님을 모독하고 그분의 명예를 실추시려 키는 자들에게 담대히 맞서며 여호와 편에 서 있습니다. 또 한편으로 우리는 이러한 기도를 깊은 불의와 압제의 고통스런 경험에서 나온 번민 가득한 호소로도 볼 수 있습니다. 저는 시편 기자처럼 하나님께 기도할 만큼 개인적으로 심각한 불의에 의해 고통을 당한 적은 없습니다. 그러나 오늘 우리 시대에 지구촌의 많은 사람들이 그와 같은 수준의 고통을 겪고 있습니다. 서아프리카의 시에라리온에는 10년 이상 지속된 내전과 테러로 허다한 주민들이 반군들에 의해 사지가 절단된 채로 살아갑니다. 오랜지색 수트를 입고 일열로 무릎을 꿇은 채, 수니파 이슬람 아이에스(IS)들에 의해 끔찍하게 참수를 당하는 기독교인들이 있습니다. 나이지리아의 이슬람 무장단체 보코하람에 의해 십대의 딸들을 잃은 가족들이 있습니다. 그 무장 세력은 마을의 어린 소녀들을 납치해 강제 결혼의 상대자로 삼았습니다. 이러한 상황들은 어쩌면 고대 이스라엘 백성이 앗수르와 바벨론 침공 때 겪어야 했던 비극과 다르지 않습니다. 바벨론 원수들을 향해 이렇게 외쳤던 시편 기자를 오늘 누가 함부로 판단할 수 있겠습니까. "네 어린 것들을 바위에 메어치는 자는 복이 있으리로다"(시 137:9).

저는 이런 내용을 담은 시편의 기도들을 대할 때면 일종의 초대, 또는 심지어 어떤 확실한 보증으로 읽게 됩니다. 하나님의 임재 앞에 나아간다면 '철저하게 솔직해지라'는 것입니다. 하나님 앞에서 시편 기자가 자신의 감정을 날것 그대로 표현한 것은 우리에게 큰 도전이 됩니다. 우리도 기도할 때는 가식하기보다 철저하게 솔직해져야 합니다. 시편 기자는 자기 마음에 있는 모든 것을 하나님은 이미 다 알고 계신다는 깊은 인식이 있었습니다. 우리의 점잖 빼는 "처치 토크"(church talk)부터 추하고 구원받지 못한 현실의 이야기 전부를 그분은 다 알고 계십니다. 그렇기 때문에 시편 기자는 아무것도 숨기지 않았습니다. 그는 하나님 앞에 기도하는 가운데 자신의 모든 것을 있는 그대로 드러냅니다. 어떠한 감정과 소원일지라도 가리거나 덮어두지 않은 채 말입니다. 모든 것들을 낱낱이 하나님 앞에 내어놓고 하나님이 그것들을 처리해 주시도록 맡겼습니다. 미처 회복되지 않은 감정도 괜찮습니다. 전혀 성도답지 않은 소원이라 해도 괜찮습니다. 우리가 분노 가운데 기도한다고 해서 하나님께서 그분의 성품에 맞지 않은 어떤 일을 강요받으시는 것은 아닙니다. 그럴 위험은 없습니다. 혹은 우리가 그렇게 기도한다고 해서 하나님이 그동안 전혀 모르셨던 우리의 어두운 면을 처음 보여드리게 되는 것도 아닙니다. 하나님은 이미 모든 것을 알고 계실 테니까요. 오히려 우리가 그 모든 감정을 지닌 채, 하나님 앞에서 솔직하게 인정하며 나아간다면, 하나님이 우리 마음을 만지시고 우리 안에서 일하실 것입니다. 우리의 감정과 우리의 소원을 그분의 성품과 뜻에 따라 온전히 바로잡아주실 것입니다. 기도할 때 하나님 앞에서 우리의 "처치 페이스"(church face)만 보여드리려 하는 것은 큰 실수입니다. 하나님은 이미 우리의 모든 것을 아십니다. 우리의 뒷부분, 우리의 어두운 면모를 아시면서도 우리를 이미 용납하셨습니다. 우리는 기도 가운데 우리의 모든 것을 정직하게 열어 그분의 빛이 우리 안에 들어오게 해야 합니다. 우리를 환히 밝히는 그 빛은 어떠한 어둠도 물리칠 수 있습니다.

흥미롭게도, 그동안 잠시 곁길로 새어, 하나님의 원수들에 대한 격한 감정을 표출했던 시편 기자는 이제 마음을 다시 추스르고 하나님이 자신을 살피시기를 기도합니다.

> 하나님이여 나를 살피사 내 마음을 아시며 나를 시험하사 내 뜻을 아옵소서 내게 무슨 악한 행위가 있나 보시고 나를 영원한 길로 인도하소서 (시 139:23-24).

하나님, 저는 당신의 원수들이 너무나 밉습니다! 오 하나님, 제가 절대로 그들과 같은 사람이 되지 않게 해주십시오. 저는 하나님께서 저 악한 원수들을 모두 단번에 해치워버리시면 좋겠습니다! 오 하나님, 혹시 저에게도 그런 악한 부분들이 있지는 않은지요? 하나님시여 나를 살피사 절대로 그런 일이 없게 하여 주소서.

* * *

우리는 사순절을 보내고 있습니다. 참회의 시기라 할 수 있습니다. 우리가 여전히 속량 받지 못한 삶, 옛 사람의 삶을 살고 있지는 않은지 나 자신을 부단히 돌아보는 시기입니다. 우리의 옛 사람은 우리의 세례 때 이미 죽음을 선고 받았지만 여전히 살아남으려고 발버둥치는 것처럼 보일 때가 있습니다. 사순절은 우리의 실패를 회개하는 시기이고, 우리의 끈질긴 옛 자아를 확실하게 처리해 주시도록 하나님께 다시금 아뢰는 시기입니다. 오랫동안 교회가, 특히 사순절 같은 회개의 기간에, 소중히 여겨온 영적 훈련 가운데 하나가 자기성찰의 훈련입니다. 그런데 오늘 시편 기자는 가장 효과적인 자기성찰은 나 스스로 행하는 것이 아니라, 하나님의 지도하심 가운데 이루어지는 것임을 우리에게 말하고 있습니다. 우리 안의 그늘 속에 숨어 있다가 우리를 지배하려고 불쑥불쑥 튀어나오는 것들에 빛을 비추시는 이는 하나님이십니다. 우리 삶의 특정 영역에서 우리의 옛 자아를 어떻게 더 죽일지를 보여주시고, 그리하여 우리를 더욱 새로운 삶으로 살아가게 하시는 이는 하나님이십니다.

하나님은 우리 마음 한구석의 어두운 공간을 전혀 두려워하지 않으십니다. 우리 안의 어두운 공간은 다른 사람들이 나에게 상처를 주어 생긴 것일 수 있고, 나 스스로 만든 것일 수도 있고, 또는 대부분 그렇듯, 그 둘이 함께 작용한 결과일 수 있습니다. 하지만 빛은 언제나 어둠을 물리칩니다. 하늘이 아무리 흑암에 휩싸여도 달빛을 어둡게 할 수는 없습니다. 컴컴한 방도 촛불이나 조명등까지 어둡게 할 수는 없습니다. 빛은 언제나 어둠을 쫓아냅니다. 절대로 그 반대의 일은 일어나지 않습니다. 그렇기 때문에 우리는 우리 자신에 대한 진실을 숨기려 하거나 두려워할 필요가 없습니다. 하나님께서 우리를 빛으로 인도하실 때는 우리를 정죄하고 수치스럽게 하시려는 것이 아니라, 우리 안에 하나님의 빛으로 환히 물들게 하시려는 것입니다.

만일 우리가 하나님을 내 마음에 모시고 나를 살피시게 한다면, 혹시라도 내 안에 악한 것들이 있는지 살피시게 하고자 한다면, 한 가지 중요한 것이 있습니다. 하나님의 성령이 나를 책망하시는 부분들을 보게 될 때, 내가 피고측 변호인처럼 곧장 달려들어 그것을 막으려는 유혹을 물리쳐야 한다는 사실입니다. 만일 우리가 용케 나의 어둠을 비추는 하나님의 빛을 막아섰다고 하더라고, 우리가 득을 보는 것은 아무것도 없습니다. 결국 나를 속이고, 나 자신에게 거짓말하는 그런 행위는 가장 자기 파괴적인 행위이고 옛 자아의 오랜 방어기제일 뿐입니다.

> 만일 우리가 하나님과 사귐이 있다 하고 어둠에 행하면 거짓말을 하고 진리를 행하지 아니함이거니와(요일 1:6).

우리는 진리를 막으면서까지 우리 자신을 변호할 필요가 없습니다. 이미 예수님이 우리를 위한 보혜사로 우리 편에서 중보해 주고 계십니다. 믿음의 한 가지 필수 요소는 이 사실을 신뢰하는 것입니다. 예수님이 우리를 위해 충분히 변호해 주신다는 사실 말입니다. 그래서 우리가 우리 안에서 맴도는 우리를 대적하는 모든 것들, 하나님이 우리에게 바라시는 성령의 사람으로, 그리스도를 닮은 삶으로 성숙해 가는 데 방해되는 것들, 그분 안에서 참된 나 자신이 되는 것을 방해하는 그 모든 것들의 존재를 인정하고 고백하고 회개할 수 있다는 사실을 신뢰해야 합니다.

구원의 길이란 결국 하나님 편에 서는 길입니다. 즉, 우리 안에서 성령의 열매를 맺게 하고, 이 땅의 삶에서도 예수 그리스도 안에서 우리를 온전한 새 사람으로 변화시켜가는 하나님의 위대한 사역을 훼방하는 모든 것에 맞서 우리가 하나님 편에 서기를 결단하는 길인 것입니다. 존 웨슬리는 하나님과 이웃을 향한 그 사랑으로 우리를 온전히 이끄실, 우리의 삶이 결코 모순되지 않게 하실 성령의 능력을 굳게 믿었습니다. 그는 이를 "그리스도인의 완전"이라고 불렀습니다. 아마도 우리는 이것을 우리가 하나님의 빛을 우리 마음속에 계속 받아들여 우리 마음 어느 한구석에도 어둠을 위한 자리가 더 이상 마련되지 않도록 하는 것이라 말할 수 있을 것입니다. 저와 여러분 모두에게 그 은혜의 빛이 비추길 소원합니다. 아멘.

9 이보다 충분할 수 있는가

종려주일
빌립보서 2:5-11

고난 주간은 유대인에게는 유월절 기간이기도 합니다. 유월절은 예수님의 고난을 이해하는 틀을 제공했습니다. 고난과 죽음으로 넘겨지기 전날 밤, 예수님이 제자들과 함께 유월절 만찬의 떡을 떼고 잔을 나누시면서 그 떡과 잔의 충격적이고 새로운 의미를 말씀하셨기 때문입니다. "이것은 너희를 위하는 내 몸이니 이것을 행하여 나를 기념하라… 이 잔은 내 피로 세운 새 언약이니 이것을 행하여 마실 때마다 나를 기념하라"(고전 11:24-25).

주후 9세기 경(어쩌면 그 이전)부터 유월절마다 사람들이 부르던 오래된 노래가 있습니다. 그 내용은 그보다 훨씬 오래된 한 사건을 다루는데, 하나님이 자비로운 은혜로 이스라엘을 이집트에서 구원해 내신 것에 관해 말합니다. 하나님께서 이스라엘을 위해 실제 행하신 일의 아주 조금만 행하셨더라도 부족함이 없었을 것이며, 하나님께서 그 일을 행하시다 어느 시점에 멈추셨더라도, 이스라엘로서는 그분을 찬양할 충분한 이유가 되었을 것이고, 그들을 향한 하나님의 선하심으로 말미암아 그들이 하나님께 영원히 은혜를 입고 있음을 마땅히 깨달았을 것이라 선포하고 있습니다.

> 하나님께서 우리를 이집트에서 불러내셨습니다.
> 이후 이집트에 재앙을 내리지 않으셨더라도,
> 그분은 우리를 위해 이미 충분히 큰 일을 행하셨습니다!
> 그런데도 하나님께서 그들에게 재앙을 내리셨습니다.
> 이후 이집트의 장자를 치지 않으셨더라도,
> 그분은 우리를 위해 이미 충분히 큰 일을 행하셨습니다!
> 그런데도 하나님께서 그들의 장자를 치셨습니다.
> 이후 우리를 위해 바다를 가르지 않으셨더라도,
> 그분은 우리를 위해 이미 충분히 큰 일을 행하셨습니!
> 그런데도 하나님께서 우리를 위해 바다를 가르셨습니다.
> 이후 광야에서 사십 년 동안 우리의 필요를 공급하지 않으셨더라도,
> 그분은 우리를 위해 이미 충분히 큰 일을 행하셨습니다!

이 노래는 여기서 그치지 않고 계속해서 하나님이 백성들을 시내산으로 인도하여 율법을 수여하신 장면으로, 이후 약속의 땅과 예루살렘, 그리고 성전 가운데 친히 임재하신 장면까지 이어집니다.

우리는 이 노래 가사에 담긴 감사함과 경이로움이, 사도 바울이 빌

립보서를 기록하면서 작시했거나 인용했을 한 찬송시에서 고스란히 드러나고 있음을 발견합니다. 그리스도께서 우리를 위해 감행하신 그의 성육신과 죽음의 각 단계들을 하나하나 묵상하면서 그에 대한 감사함과 경이로움을 노래하고 있습니다. 그래서인지 저는 앞서 언급한 유월절 노래가 빌립보서에 기록된 다음과 같은 초대 교회 찬송의 해설서라는 생각이 들곤 합니다.

> 그리스도께서 하나님과 동등됨을 누리시길 포기하셨습니다.
> 이후 겸손히 자신을 비워 사람의 형체를 취하지 않으셨더라도,
> 그분은 우리를 위해 이미 충분히 큰 일을 행하셨습니다!
> 그런데도 그리스도께서 겸손히 자신을 비워 사람의 형체를 취하셨습니다.
> 이후 더 자신을 낮춰 종의 형체를 취하지 않으셨더라도,
> 그분은 우리를 위해 이미 충분히 큰 일을 행하셨습니다!
> 그런데도 그리스도께서 자신을 낮춰 종의 형체를 취하셨습니다.
> 이후 더 자신을 낮춰 죽기까지 순종하지 않으셨더라도,
> 그분은 우리를 위해 이미 충분히 큰 일을 행하셨습니다!
> 그런데도 그리스도께서 자신을 더 낮춰 죽기까지 순종하셨습니다.
> 이후 십자가의 죽음으로 자신을 내어드리지 않으셨더라도,
> 그분은 우리를 위해 이미 충분히 큰 일을 행하셨습니다!

하지만 이 모든 과정 속에서 그리스도는 단 한 번도 "내가 저들을 위해 이 정도까지 했으면 충분하다"고 말씀하지 않으셨습니다.

* * *

여러 해 동안 저는 설교자들이 종려주일과 성금요일 사이에 마치 어떤 큰 단절이 있는 것처럼 설교하는 것을 종종 들었습니다. 그들은 이렇게 묻습니다. 수많은 군중의 환호와 갈채, 메시아의 승리를 기뻐하며 종려나무 가지를 흔들고 그것을 그분의 길 앞에 펴는 사람들, 이러한 예수님의 예루살렘 승리의 입성 장면이 어떻게 단 한 주라는 시간에, 무시무시한 채찍질과 십자가 처형, 로마 군인들과 예루살렘 위정자들의 요란한 조롱소리, 승리에 도취해 손가락질을 해대는 무리들로 가득한, 예루살렘 성문 밖의 섬뜩한 장면으로 전환될 수 있는가? 저는 이렇게 반문합니다. 그러면 그 주간이 그 외에 다른 어떤 방향으로 전환될 수 있겠습니까? 이전에 이미 몇몇 자칭 메시아들이 화려하게 등장했다가 결국 로마의 "평화유지군"에 의해 소탕되었던 전례가 있는 마당에, 유대인의 가장 큰 명절 기간에 고대의 예언에 딱 들어맞게 실현된 예수님의 예루살렘 입성이, 어떻게 십자가 처형 사건으로 이어지지 않을 수 있겠습니까? 정치적으로든 종교적으로든 그 일은 일어날 수밖에 없는 상황이었습니다. 그러나 우리 주님은 그 어떤 이유도 아닌 오직 하나님의 뜻에 따른 인류 구원을 위해 십자가를 선택하셨습니다. "자기를 낮추시고 죽기까지 복종하셨으니 곧 십자가에 죽으심이라"(빌 2:8). 자기 목숨을 버리고자 하신 예수님의 확고한 의중을 이보다 더 생생하게 보여주는 말씀도 없습니다. 이 진리의 말씀이, 오늘 우리가 성경 본문에서 보게 되는 사건을 연출해 낸 것입니다. 고난주간을 지나면서, 우리는 예수님이 자신이 결심하신 바의 결과를 이미 아시고 힘겹게 고뇌하시는 모습을 볼 수 있습니다. 예수님은 겟세마네 동산에서 이렇게 기도하십니다. "아버지여 할 수만 있다면 이 잔을 내게서 옮겨주소서." 이 기도 속에서 우리는 확신할 수 있습니다. 오늘 우리가 기념하는 그날 예수님이 바라보고 계셨던 것은 환호와 갈채의 승리 입성이 아니라 갈보리 죽음의 행렬이었음을 말입니다.

빌립보서의 찬송은 우리에게 예수님이 십자가에 자신을 제물로 드리심에 관련한 매우 중요한 사실을 말해 주고 있습니다. 그것은 불순종으로 말미암아 하나님에게서 멀어진 사람들을 위해, 그리고 하나님에 대한 그들의 죄 사함과 화목을 위해 하나님께 자기 목숨을 내어드리는 어느 한 '사람'의 숭고한 행위가 아니라는 것입니다. 물론 틀린 내용은 없습니다. 한 가지만 빼고요.

순종은 우리가 하나님께 미처 드리지 못했던 바로 그것입니다. 그리스도가 근본 하나님의 본체이셨다면, 아담은 "하나님의 형상"으로 지음을 받았지만, 그리스도와 달리, 아담은 하나님과 동등됨을 자신이 취할 수 있을 것으로 여겼습니다. 그것은 뱀의 모습을 한 사탄이 유혹하며 부추겼던 불순종의 본질이었습니다. "그것을 먹어라, 그러면 너희 스스로 신들과 같이 될 것이다"(창 3:5). 아담의 그러한 전형적 행위가 우리의 모든 죄 안에, 나 자신과 나의 삶을 하나님과 하나님의 뜻보다 더 우선시하는 우리의 모든 결정 속에 반영되고 있습니다. 그것은 창조주께서 친히 생명을 불어넣으신 피조물인 인류에게 당연한 권리로 요구하시는 것이면서도, 그 창조주께 지속적으로 대적하는 피조물이 내어드리길 거부했던 것이기도 합니다. 그러나 예수님은 다른 길을 걷기로 선택하셨습니다. 그것은 자신의 모든 선택, 모든 걸음마다, "나의 원대로 마시옵고, 하나님, 당신의 원대로 하옵소서" 고백하며 나아가는 길이었습니다. 그것은 이 땅에서 내 삶의 희락을 확보해 가는 길이 아니라, 이 땅의 삶을 통해 하나님의 목적을 구현하는 길이었습니다. 그런 의미에서 "죽기까지 순종하신" 예수님의 죽음은 우리를 위한 희생제물이 되었습니다. 예수님은 우리가 하나님께 미처 드리지 못했던 그 모든 순종을 다 바치셨습니다. 특별히 우리를 위해, 우리를 대신해 주님은 그렇게 하셨습니다.

하지만 이것은 단지 어느 한 '사람'이 자신과 같은 부류의 다른 모든 사람을 위해 행한 일이 아닙니다. 바울의 그 찬송시는 한 신적인 존재에 의해 이루어진 행위를 묘사하고 있습니다. 그분은 신적 권세와 특권을 포기하고, 자신의 고귀한 신성을 내려놓고, 스스로 자신을 우리의 수준으로 낮추고, 심지어 우리보다 더 낮은 수준으로 자신을 낮추셨습니다. "자기를 비워 종[노예]의 형체를 가지사." 그리하여 하나님뿐만 아니라 이웃에게 그리고 피조세계에 대해 강퍅했던 우리 마음의 단단한 껍질을 깨뜨리셨습니다. 예수 그리스도의 십자가에서, 우리는 피에 굶주리고 분노한 어떤 신을 달래기 위해 끔찍하고 고통스러운 죽음에 자신을 희생시킨 어떤 한 사람을 보는 것이 아닙니다. 우리는 감사함을 모르고 자기 자신에게만 애착하는 어리석은 사람들을 살려내기 위해 하나님께서 친히 십자가에 달려 희생하시는 모습을 보고 있습니다. 우리는 십자가에 달리신 예수님에게서 우리 자신의 죄로 인해 치러야 할 무시무시한 대가가 무엇인지를 똑똑히 보게 됩니다. 자신에게 범죄한 반역자 인류를 위해 스스로 그 대가를 치르신 창조주 하나님의 고통스러운 죽음인 것입니다.

오 놀라워라 그 사랑 어찌하여

주 하나님이 나를 위해 죽으신단 말인가?[5]

바울은 단지 그리스도에 관한 어떤 사실을 말하기 위해 그 찬송시를 빌립보의 신자들과 나눴던 것이 아닙니다. 그가 그 찬송시를 공유한 이유는 그 시가 말하는 이러한 그리스도를 따른다는 것이 무슨 의미인지, 그분의 제자가 된다는 것이 무슨 의미인지를 그들에게 말해 주고 싶었기 때문입니다. 따라서 바울은 찬송시를 소개하기에 앞서 이렇게 말하고 있습니다. "너희 안에 이 마음을 품으라 곧 그리스도 예수의 마음이니"(빌 2:5). 하나님의 뜻을 이루기 위해 자신의 권세와 영광을 스스로 내려놓으신 예수님, 기꺼이 고난의 긴 여정에 오르고 그 길에서 한 걸음도 물러서는 법이 없으신 예수님, 자기를 완전하게 드러내시기보다 오히려 자기를 비우시는 예수님, 하나님과 백성의 관계를 복원하기 위해 자신의 모든 것을 포기하신 예수님, 마지막 존엄과 영예까지 기꺼이 상실하신 예수님, 그 예수님이 우리에게 보이신 모습은 주님을 따른다 하는 우리가 어떤 모습이어야 하는지를 정확하게 말해 주고 있습니다. 예수님이 우리를 위해 모든 것을 내어주셨듯이, 우리도 주님을 위해 나의 모든 것을 내어드리는 사람들이어야 합니다. 예수님은 저와 여러분 속에서 하나님의 형상을 회복하시며, 우리의 마음을 그분의 마음으로 빚어가고 계십니다.

바울이 이처럼 그리스도의 모범을 상기시켜 주는 이유는 특히 바울 자신이 개척했던 빌립보 공동체 안에서 성도들이 서로를 어떻게 대해야 하는지에 관해 그가 방금 권면했던 내용을 뒷받침하고 잘 이해시키기 위함이었습니다.

> 아무 일에든지 다툼이나 허영으로 하지 말고 오직 겸손한 마음으로 각각 자기보다 남을 낫게 여기고 각각 자기 일을 돌볼 뿐더러 또한 각각 다른 사람들의 일을 돌보아 나의 기쁨을 충만하게 하라(빌 2:3-4).

사실 빌립보 교회는 사도 바울에게 그나마 골치를 덜 아프게 하는 그리스도인 공동체였습니다. 그럼에도 당시 빌립보 교회의 두 여성 지도자 순두게와 유오디아 사이에는 어떤 문제로 인해 서로간에 불화가 있었습니다. 심지어 교회의 신자들을 각자의 편으로 끌어들여 다툼을 일으키기까지 했습니다. 바울이 그들의 이름을 편지에 공개적으로 언급해야 할 정도로 상황은 심각했습니다. 바울은 이렇게 말하고 있는 것입니다. "이제 그만하십시오." 우리가 다른 그리스도인들을 마치 그들의 이해관계는 나와 아무 상관없는 것처럼, 마치 그들의 말은 들어줄 필요도 없는 것처럼, 마치 그들은 나 자신보다는 배려할 가치가 없는 것처럼 함부로 대하기 시작하면, 우리는 우리가 서로 대립하게 되는 어떤 사안보다 훨씬 더 중요한 핵심 사안을 놓치게 됩니다. '나는 지금 예수 그리스도의 마음으로 저 사람을 대하고 있는가?' 우리의 공동체 안에도 그와 비슷한 문제는 당연히 발생합니다. 자꾸 나에게 딴지를 거는 사람, 나는 중요하게 여기는 문제를 경솔히 다루는 사람, 나의 진심을 왜곡하는 사람, 나의 체면을 깎고 자존심을 상하게 하는 사람, 우리 교회 안에서 그러한 사람들로 인한 갈등은 언제든지 일어날 수 있습니다. 그러나 바로 그 사람을 대하는 우리의 모습은 어떻습니까? 바울의 권면을 따르고 있습니까? 바로 그 사람을 대할 때 나의 무결한 모습을 드러내려 하기보다, 나 자신을 비운다는 것은 어떤 의미일까요? 그 사람을 향한 하나님의 선한 목적을 받들기 위해, 나 자신을 하나님의 뜻에 내어드리는 것은 과연 어떤 모습이겠습니까?

지금까지 제 경험에 의하면, 많은 교회들이 저마다 자기들만의 특별한 단체 티셔츠를 제작했던 것 같습니다. 제가 예전에 섬겼던 한 교회는 단체 티셔츠의 뒷면에 숫자 "1"을 디자인해 넣었습니다. 그 의미는 이렇습니다. "우리 교회의 모든 성도는 '넘버 원'입니다." 제 생각에 그 교회는 오늘 바울이 권면한 말씀을 나름대로 적용하려고 한 것 같습니다. 하지만 그것으로 충분하지는 않습니다. 사실 우리 대부분은 이미 '내가 넘버 원이다'라고 주장하는 편이기 때문입니다. 그러나 바울이 기대하는 그리스도인의 모습은 "나 말고 다른 사람들이 우리 교회의 넘버 원이다"라는 태도에 더 가깝습니다. '내가 이 공동체에 존재하는 목적은 나와 함께하는 사람들이 그들을 향한 하나님의 선하신 뜻을 하나도 놓치지 않도록 그들을 섬기기 위함이다.' '내가 이 공동체의 일원으로 살아가는 동안에는, 사람들이 (하나님이 그들에게 바라시는) 온전하고 풍성한 삶을 누리도록 하기 위해, 우리를 향한 하나님의 뜻에 나를 맡기길 원한다.' 이러한 마음가짐, 그리스도의 마음을 품은 사람들로 가득한 교회는 놀라운 능력으로 서로를 양육하고 함께 성장하는 공동체가 될 수밖에 없을 것입니다. 그런 공동체 안에서 성장한다면, 삶에서 갖가지 도전들과 마주할 때 실패하거나 도망할 사람이 과연 얼마나 있겠습니까? 삶의 여정 내내 형제자매들로부터 그토록 강력하게 돌봄과 지지를 받는 사람들 중에 그리스도 안에서 겸손과 인내를 이루지 못할 사람이 과연 얼마나 되겠습니까? 그리고 그러한 공동체로 이끌리지 않는, 그러한 공동체에 뿌리내리지 않는 사람이 얼마나 있겠습니까?

* * *

우리 안에 다툼과 불화가 있다면, 우리는 얼마나 더 겸손하고 인내해야 할까요? 우리 공동체 안에서 각자의 자원이나 힘으로만 채울 수 없는 어떤 필요가 발견된다면, 우리는 어느 정도까지 힘써 도와야 할까요? 나아가 전지구적 교회를 이루는 그리스도의 한 몸으로서 우리는 우리의 또다른 형제자매들을 어떻게 돌아보아야 할까요? 그리스도를 주로 고백한 믿음 때문에 고향에서 핍박을 받고 배척당하다가 쫓겨난 형제자매들에게 그리스도의 한 몸된 연합의 정신을 구현하기 위해 우리는 얼마나 자신을 희생할 수 있을까요? 하나님 나라를 섬긴다는 것의 의미를 제대로 깨닫기 위해 우리의 삶을 어느 정도나 재편성하고 재조정해야 충분한 것일까요? 우리는, "이 정도면 충분히 했다"라고 고백한 시점까지 나아가 본 적이 있습니까? 혹시 우리는 "이 정도면 충분해"를 너무 이른 시점에서 말하고 있지는 않습니까?

　이번 종려주일에 우리는, 예수 그리스도 안에서 그분을 움직이고 있는 그분의 마음을 보고 있습니다. 그것은 바울이 인용한 그 찬송시에서 정확히 포착했던 그리스도의 마음입니다. 그것은 아마도 '나 자신'만으로 꽉 차 있는, '나의 뜻'을 이루기 위해 열중하는 우리, 그리고 교회의 균형을 깨뜨리고 교우들과의 관계를 망가뜨리면서까지, '내가 받아 마땅한' 대접을 제대로 받기 위해 심혈을 기울이는, 현재 우리의 모습을 부끄럽게 하는 마음일 수 있습니다. 이번 주에 우리가 확인한 그리스도를 움직였던 그 마음은, 예수님의 자기 포기적인 완전한 희생으로 엄청난 혜택을 입게 된 우리에게 거대한 함성처럼 다가옵니다. 그리스도의 모범을 따라, 그분에게서 자기를 비우는 법을 배우라는 것입니다. 믿음 안에서 한 형제자매인 다른 사람의 일에 관심을 갖고, 다른 사람의 유익을 추구하며, 그러한 희생적인 삶의 길을 끝까지 가는 것만이 '이 정도면 충분히 했다'라고 비로소 말할 수 있는 단계에 도달한 것임을 배워야 한다는 것입니다. 예수님에게서 그러한 삶의 방식을 배워야 합니다.

예수 그리스도 이야기의 모든 결말이 십자가에서 끝나버렸다면, 오늘 우리 중에 예수님에 대해 이야기하면서 이 주간을 기념할 사람은 아무도 없었을 것입니다. 제가 예수 그리스도의 이야기가 매우 영광스러운 결말로 마무리 된다는 사실을 여러분에게 미리 말씀드려도, 이미 다 아실 테니, 전혀 스포일러가 되지 않을 것이라 생각합니다(정말 그렇길 소망합니다). 그리스도의 이야기는 사실상 끝나지 않았습니다. 영원한 그분에게는 끝이란 없습니다.

> 이러므로 하나님이 그를 지극히 높여 모든 이름 위에 뛰어난 이름을 주사 하늘에 있는 자들과 땅에 있는 자들과 땅 아래에 있는 자들로 모든 무릎을 예수의 이름에 꿇게 하시고 모든 입으로 예수 그리스도를 주라 시인하여 하나님 아버지께 영광을 돌리게 하셨느니라(빌 2:9-11).

본문의 언어는 이사야서에 기록된 하나님의 맹세를 의도적으로 반영하고 있습니다. "내가 나를 두고 맹세하기를…내게 모든 무릎이 꿇겠고 모든 혀가 맹세하리라 하였노라"(사 45:23). 이사야서를 읽은 독자라면 그리스도에 관한 바울 찬송시의 함의를 놓치지 않을 것입니다. 스스로 겸손하여져서 사람이 되신, 종의 역할을 감당하신, 십자가의 수치스러운 죽음에까지 온전히 순종하신 그분을 '하나님께서 그를 하나님의 영광으로 높이셨습니다.' 십자가에서 비참하게 낮아지는 경험은 결국에는 두려워할 일이 아니었습니다. 하나님이 예수님을 높이시고자 이미 준비해 놓으신 일이었습니다. 그것은 단지 하나님의 아들의 실추된 명예를 회복시키고 그분의 정당성을 입증한 사건일 뿐만 아니라, 하나님의 아들이 친히 육신의 몸을 덧입으신 겸비함을 영화로 바꿔놓은 사건입니다. 지극히 높으신 하나님께서 친히 가장 낮은 곳으로 임하시고, 그분의 낮아지심을 통해 구속함을 입은 하나님의 백성들이 그분과 함께 높은 영광에 이르게 되었습니다.

바울은 그리스도의 이야기의 결말을 그분을 따르고자 하는 우리 이야기의 결말에 대한 하나의 확신으로 제시하고 있습니다. 나 자신을 잠시 내려놓고, 다른 사람을 위해 그분의 손에 나의 전부를 내어드리는 삶. 그것은 십자가의 길이지만, 그 길은 결국은 하나님의 손에서 영광 가운데 높임을 받는 길입니다. 이처럼 역설적인 십자가의 도는 예수님의 도전적인 가르침 속에도 깊이 뿌리내리고 있습니다. "누구든지 자기 목숨을 구원하고자 하면 잃을 것이요 누구든지 나와 복음을 위하여 자기 목숨을 잃으면 구원하리라"(막 8:35). 이 말씀은 예수님 자신이 걸으신 그 길을 통해 가장 선명하게 입증된 고귀한 진리가 아닐 수 없습니다.

"이제 충분하다, 다 이뤘도다"라고 말할 그 목적지를 바라보며 끝까지 걸으시는 우리 예수님을 생각하시길 바랍니다. 주님과 더불어 그 길을 마지막 발자국까지 따르길 소원합니다. 그렇게 결단할 때, 그리스도의 부활에 나타난 하나님의 인정하심에 힘입어, 더욱 견고한 믿음의 확신을 갖게 되길 바랍니다. 예수님이 걸으신 그 길을 충분히 그리고 끝까지 따르도록, 하나님의 은혜의 손길이 저와 여러분을 강하게 붙들어 주시길 간절히 기도합니다. 아멘.

10 새 계명

세족목요일
요한복음 13:1-17, 31-35

그들이 그것을 절대로 그냥 지나쳤을 리가 없습니다. 널찍한 대야, 가득 채운 물동이, 그리고 수건. 예수님과 제자들이 집에 도착하기도 전에 방안에 그 모든 것이 마련되어 있었습니다. 집안으로 들어섰을 때, 그들은 무엇에 쓰이는지 모를 수 없는 이 물건들을 보았을 것입니다. 어쩌면 이때 예수님은 제자들의 얼굴 표정을 흘긋 살피셨을지도 모릅니다. 제자들은 방안에 놓인 그것들을 발견하고 주변을 두리번거리다가 서로를 쳐다봅니다. 수발하는 사람이 보이지 않습니다. 그들은 어찌된 영문인지 모르겠다는 듯 어깨를 한번 으쓱하고는 각자의 자리를 찾아 움직입니다. '그런데 이 집에는 하인이 없나?' '이 집에서는 손님 발의 흙과 먼지를 아무도 안 씻어주나 보네?' '뭐 어쩔 수 없지, 그러면 식사는 제대로 차려질라나?'

제자들이 식탁을 둘러 자리를 잡고 앉았는데, 예수님이 자리에서 일어나 감히 상상도 할 수 없는 일을 행하십니다. 우리는 베드로가 이런 혼잣말을 하지 않았을까 상상해 볼 수 있습니다. "왜 이러시지? 굳이 이러실 필요가 있나. 너무 민망한 일인걸! 이 친구들은 왜 아무도 나서지 않는 거야! 그러면 굳이 예수님이 이렇게까지 하실 필요가 없을 텐데." 베드로는 야고보와 요한에게 눈짓을 주고는 머리를 가로젓습니다. 마치 이렇게 말하려는 것 같습니다. "우리가 저 아홉 명의 아둔한 녀석들을 대체 어쩌자고 데리고 다닌 거지?"

예수님이 죽으시기 전날 밤의 다락방 내러티브를 전하는 다른 세 복음서 기자들은 예수님이 제자들의 발을 씻기신 장면을 기록하고 있지 않습니다. 그러나 그들 역시 이 사건이 주는 교훈을 간과하고 있지는 않습니다. 그 날 저녁 누가의 내러티브에서 우리는 제자들이 그들 중에 누가 가장 높은 자인지에 관해 논쟁하는 장면을 보게 됩니다. 예수님은 제자들 사이에서 그런 유치한 다툼을 허락하실 수 없습니다. 예수님만이 아무런 이견 없이 그들을 진정시킬 수 있습니다. 따라서 이같이 말씀하십니다.

예수께서 이르시되 이방인의 임금들은 그들을 주관하며 그 집권자들은 은인이라 칭함을 받으나 너희는 그렇지 않을지니 너희 중에 큰 자는 젊은 자와 같고 다스리는 자는 섬기는 자와 같을지니라 앉아서 먹는 자가 크냐 섬기는 자가 크냐 앉아서 먹는 자가 아니냐 그러나 나는 섬기는 자로 너희 중에 있노라(눅 22:25-27).

고난과 죽음을 앞둔 그날 저녁, 예수님은 자신을 따르는 제자들의 고정관념, 그들 안에 있는 사회적 지위와 계급에 대한 세속적 개념을 전복하고 뒤흔들어야 한다는 생각이 강하셨던 것 같습니다. 예수님은 우리가 각자의 위치에서 서로에게 어떻게 행동해야 하는지, 그리고 우리가 남을 위해 기꺼이 행할 수 있는 일과 행할 수 없는 일 사이의, 그 구분선에 관한 고정관념도 뒤흔들어 놓으셨습니다. 예수님이 자리에서 일어나 제자들의 발을 씻기시는 장면을 통해 요한복음은 방금 전 누가복음의 그 말씀("그러나 나는 섬기는 자로 너희 중에 있노라")을 생생한 실물로 보여주고 있습니다.

* * *

샌들을 신었던 발의 흙먼지를 씻어내기 위해 물과 대야를 제공하는 것은 고대 지중해 세계에서 손님에 대한 환대의 표시로 널리 행해지던 풍습으로 보입니다. 부유한 가정에서는 집안의 하인들이 주인 식구들과 손님들을 위해 그러한 수발을 들었습니다. 또는 사회적으로 낮은 지위의 구성원이 그 집안에서 더 높은 지위에 있는 구성원을 위해 그러한 수발을 들기도 했습니다. 예를 들어, 그리스-로마 세계에서 아내는 남편을 위해, 자녀는 부모를 위해 그러한 수발을 들었습니다. 문하생도 자신들의 랍비에게 존경의 표시로 그러한 종류의 봉사를 행하곤 했습니다. 그러나 절대로 볼 수 없는 광경이 하나 있다면, 그것은 사회적으로 우위에 있는 사람이 자신보다 사회적 지위가 낮은 사람에게 그러한 수발을 드는 장면입니다. 각 사람들의 신분을 크게 의식하는 고대 지중해 사회에서는, 신분 간에 절대 넘어서는 안 되고, 혼동

되서도 안 되는 분명한 선이 있었습니다.

따라서 도저히 받아들이지 못하겠다는 듯한 베드로의 "주여, 주께서 내 발을 씻으시나이까?"라는 반응은 충분히 이해할 수 있습니다. 심지어 그는 "내 발을 절대로 씻지 못하시리이다!"라고 격하게 거부했습니다. 이것은 단지 베드로가 예수님을 매우 존귀하게 여겼기 때문만이 아니라, 베드로 자신에게도 그런 상황이 몹시 불편했기 때문입니다. 위계질서의 전복은 하급자에게도 두려움과 당혹감을 주는 경험일 수밖에 없습니다. 그러나 예수님은 베드로만 예외로 하실 수 없으셨습니다. "내가 너를 씻어 주지 아니하면 네가 나와 상관이 없느니라"(요 13:8). 그러자 그 특유의 기질대로 베드로는 이렇게 반응합니다. "뭐라고요, 정말인가요? 그렇다면, 완전히 다 해버리죠! 예수님, 저의 손도 씻어주시고 저의 머리도 싹 씻어주세요!" 아마도 예수님은 꾹 참으시면서 (속으로는 다소 어이없어 하셨겠지만) 말씀하셨습니다. "베드로야, 내가 너를 다 씻어줄 필요는 없단다. 하지만 너는 내가 이렇게 하는 대로 그냥 받아들여야 한다."

예수님은 베드로에게 왜 이렇게까지 말씀하시며 이를 중요하게 여기시는 것일까요? 예수님이 행하신 그 세족식 자체에 어떤 신비로운 요소가 있었기 때문은 아닙니다. 마치 어떤 필수적인 정결예식이나 특별한 세례식 같은 것은 아니었습니다. 그러나 주님 되시는 예수님이 몹시도 불합리해 보이며 위계질서를 무시하는 듯한 비천한 섬김의 행위를, 아랫사람인 자신들에게 행하시도록 제자들이 주님을 그냥 내버려두어야 했던 그 장면에는 뭔가 신비스러운 부분이 있습니다. 즉 그런 방식으로 예수님의 섬김을 받아들이는 사람은 변화를 경험하게 된다는 점입니다. 자신이 감당할 수 없는 큰 은혜로 예수님의 섬김을 받았다고 느끼는 사람은 다른 사람을 섬기는 일에서도 주저하거나 부끄러워하지 않게 됩니다.

예수님이 제자들의 발을 다 돌아가며 씻기신 후에, 다시 겉옷을 걸치시고는 이렇게 물으십니다. "내가 너희에게 행한 것을 너희가 아느냐?"(요 13:12) ("물론이죠, 예수님." 베드로는 속으로 중얼거렸을지도 모릅니다. "주께서 오늘 저녁 분위기를 무척이나 어색하게 만드셨죠, 정말 감사합니다요.") 사실 예수님의 이 질문은 헬라어에서는 다소 모호한 부분이 있습니다. 그것은 "내가 '너희를 위해'(for you) 행한 것을 너희가 아느냐?"일 수도 있고, 또는 "내가 '너희에게'(to you) 행한 것을 너희가 아느냐?"일 수도 있습니다. NRSV 역본은 후자의 해석을 택했고 거기에는 충분한 근거가 있었을 것입니다. 예수님은 단순히 열두 제자들을 '위해' 무엇인가를 행하고, 그들을 '위해' 섬김의 봉사를 행하신 것이 아닙니다. 예수님은 열두 제자들'에게' 무언가를 행하신 것입니다. 주님은 그들 앞에, 그들에게, 한 가지 도전, 한 가지 의무를 두셨습니다. 이것은 더 크신 이가 더 작은 이들에게 던지는 누구도 무시할 수 없는 명령인 것입니다.

> 너희가 나를 선생이라 또는 주라 하니 너희 말이 옳도다 내가 그러하다 내가 주와 또는 선생이 되어 너희 발을 씻었으니 너희도 서로 발을 씻어 주는 것이 옳으니라(요 13:13-14).

'내가 그 일을 했으니, 너희도 충분히 그 일을 행할 수 있다.' '세상이 중요하게 여기는 온갖 차이와 구분에 대해 내가 거리껴 하지 않았으니, 너희끼리는 사회적 경계와 기준에 따른 서로간의 거리를 무시할 수 있고 서로를 섬기는 일에 아무 거리낌 없이 임할 수 있다.' 이 단락에서 우리는 요한복음에서 드물게 보이는 사례를 발견하게 됩니다. 그것은 다른 공관복음에서 예수님이 하신 것과 거의 유사한 말씀입니다. "내가 진실로 진실로 너희에게 이르노니 종이 주인보다 크지 못하고 보냄을 받은 자가 보낸 자보다 크지 못하나니"(요 13:16; 비교. 마 10:24). 마태복음에서, 이 말씀은 예수님의 제자들이 향후 직면하게 될 적대와 박해에 그들을 대비시키고 있습니다. '나에게 그런 일이 있었으니, 너희에게도 그런 일이 있을 것이다'라는 예수님의 말씀입니다. 요한복음에서, 이 말씀은 예수님을 자신들의 선생이자 주라고 주장하는 모든 사람에게 상호 종노릇의 의무를 지우고 있습니다. '이것이 나의 체면을 깎는 일이 아니니, 당연히 너희 체면을 깎는 일도 아니다. 베드로야, 내가 너의 발을 씻겨주었고, 이처럼 사랑으로 다른 사람을 섬기는 행위가, 너의 주인이자 주님인 나의 체면을 손상시키지 않았음을 네가 직접 보았으니, 사랑으로 남을 섬기는 행위가, 나의 제자로서 나를 따르는 너의 체면 또한 전혀 손상시키지 않을 것을 너는 이제 깨달았을 것이다.' '네가 이것을 진정 깨달았다면, 네가 이후로 이것을 실천으로 옮긴다면, 너에게 정녕 복이 있으리라'(요 13:17).

현대식으로 예를 들어보겠습니다. 회사 전용 라운지의 싱크대 안에 접시가 쌓여 있습니다. 싱크대 안이 가득 차서 더 이상 둘 곳이 없자, 마침 미팅을 마친 인사팀 직원들은 싱크대 옆에 각자의 접시를 올려놓기 시작했습니다. 심지어 관리부에서 제대로 일하고 있는지 점검

할 필요가 있다는 식의 대화가 오가기도 했습니다. 그때 CEO가 커피를 가지러 들어왔다가, 접시가 쌓여 있는 것을 보았고 오가는 얘기를 들었습니다. CEO는 양복을 벗고 소매를 걷어 올리고는, 수세미와 세제를 가져다가 접시를 닦기 시작합니다. 설거지가 끝난 접시들은 빈 선반에 가지런히 올려놓습니다. 그런 후에도 CEO는 라운지를 돌면서, 직원들이 아무 곳에나 놓아둔 접시와 잔을 모아, 싱크대에 넣고 다시 설거지를 합니다. 모두 마무리한 후에 그는 재킷을 걸치고, 커피를 집어 들고는 자신의 사무실로 돌아갑니다. 이 CEO는 인사팀 직원들을 '위해' 이 일을 했습니다. 그러나 또 한편으로 그는 그들'에게' 이 일을 한 것입니다. 그 장면을 본 직원들은 자신들도 마땅히 겉옷을 벗고 언제든 설거지를 할 수 있다는 사실을 깨달았습니다. 이제 그들에게는 그렇게 하지 말아야 한다는, 또는 그렇게 할 수 없다는 핑곗거리가 사라졌습니다.

* * *

교회로서 함께하는 우리의 삶에 오늘 본문의 교훈을 적용하는 것은 어렵지 않습니다. 분명 다른 누군가가 하지만 미처 처리되지 않은 일이 있다면, 특히 내가 손대기에는 귀찮게 여겨지는 일이라면, 예수님이 자신의 죽음을 앞둔 시점에 주저없이 행하신 그 일을 기억하길 바랍니다. 여태껏 허섭스레기처럼 여겨 굳이 내가 나서야 할 이유를 느끼지 못한 일이라면, 그럼에도 아무도 신경쓰지 않아 누군가의 손길이 닿아야만 해결되는 일이라면…이제 우리는 어떻게 해야 할지 잘 알고 있습니다. 우리 교회에는 이러한 섬기는 종의 마음을 가진 분들이 많이 계시리라 생각합니다. 수건을 들어 언제든지 주저함없이 대야 앞에 무릎꿇을 분들이 우리 교회에는 넘치기를 기대합니다.

하지만 예수님이 직접 모범을 보여 가르치신 실물 교육에는 그보다 훨씬 중대한 사안이 관련되어 있는 것이 분명합니다. 실은 예수님이 제자들의 발을 씻기신 것도, 고난 받는 종이 곧 행하실 훨씬 더 큰 섬김의 행위를 예고하는 일종의 상징적 행위였기 때문입니다. 주님은 단지 겉옷을 내려놓고 수건을 취하신 것이 아니라, 자기 목숨을 내려놓고 십자가를 취하셨습니다. 적어도 제자들 가운데 한 명은 이러한 주님의 말씀이 분명히 들려왔을 것입니다. "내가 너희를 위해 나의 목숨을 내려놓는 것이 나를 망하게 하는 일이 아닌 것처럼, 너희가 서로를 위해 목숨을 내려놓는 것 또한 너희가 망하는 일이 아니니라." 이 교훈이 전해진 그날 밤을 가리켜 우리 세족목요일(Maundy Thursday, 또는 성목요일)이라 부르게 되었습니다. 여기서 "몬디"(Maundy)라는 단어는 본래 "계명"을 뜻하는 라틴어 '만다툼'(mandatum)에서 왔습니다. 장차 주님의 제자가 될 모든 이들을 위해 자기 목숨을 버리시기 전날 저녁에, 예수님은 그들에게 새 계명을 주십니다. "(계속해서) 서로 사랑하라"(요 13:34).

어떤 의미에서 보면 이것은 옛 계명입니다. 요한일서의 저자도 이를 인지하고 있었던 것으로 보입니다(2:7-8). 우리는 시내산에서 이스라엘에게 주신 계명을 잘 알고 있습니다. 레위기 19장 18절입니다. "네 이웃 사랑하기를 네 자신과 같이 사랑하라." 이 말씀은 예수께서 가장 큰 계명, "너는 마음을 다하고 뜻을 다하고 힘을 다하여 네 하나님 여호와를 사랑하라"(신 6:5; 비교. 막 12:29-31)와 더불어 인용하신 말씀입니다. 유대인들은 계속해서 이 계명을 서로 상기해야 했습니다. 예수님의 탄생 얼마 전에 기록된, 〈12족장 유언서〉라는 유대 문헌을 그 한 예로 들 수 있습니다. "네 형제들과 자매들을 사랑하라. 그리고 네 마음에서 미움을 제거하라. 그리고 행동으로, 말로, 너희 마음으로, 서로 사랑하라"(T. Gad 6.1), "너희 각 사람은 진실한 마음으로 그 또는 그녀의 형제와 자매를 사랑해야 한다"(T. Simeon 4.7).

그러나 또 한편으로, 한 가지 매우 의미심장한 면에서, 이 계명은 새 계명이 맞습니다. 마치 레위기 19장 18절이 우리에게 이웃 사랑에 대해 충분히 자세하게 말해 주지 않는다는 듯, 예수님은 앞선 모든 것을 더 능가하는 새 계명을 주십니다. "서로 사랑하라 '내가 너희를 사랑한 것 같이' 너희도 서로 사랑하라"(요 13:34). 단순히, "네 이웃을 네 자신과 같이 사랑하라" 정도가 아니라 "내가 너희에게 행한 것처럼, 네 이웃을 위한 선한 열매를 맺기까지 그들을 위해 네 자신을 내려놓으라"는 것입니다. 이를 위해 각자 수건을 들고 서로 섬기는 것은 중요한 첫 단계입니다. 그것은 제자도를 위한 필수 훈련입니다. 그런데 예수님은 우리를 이보다 훨씬 더 먼 곳까지 데려가십니다. '서로를 위해 십자가를 지라. 너의 위안과 안전을 고려하지 말고, 너의 추구하는 것과 즐거워하는 것들을 내려놓으라. 너희 가운데 있는 그리고 온 세상 곳곳에 있는 형제자매들의 실질적인 필요를 채워주기 위해, 너의 시간과 자원들을 사용하라.' 예수님이 우리에게 부어주신 그 모든 사랑과 헌신을 이제는 주님의 가족 가운데 궁핍한 자들에게 쏟아부으라는 것입니다.

* * *

요한복음 3장 16절은 사순절 동안 종종 듣게 되는 말씀입니다. "하나님이 세상을 이처럼 사랑하사 독생자를 주셨으니 이는 그를 믿는 자마다 멸망하지 않고 영생을 얻게 하려 하심이라." 사순절 또는 성주간 동안 제가 예배 음악을 담당할 때면, 저는 종종 이 구절에 존 스테이너가 곡을 붙인 찬송을 성가대와 함께 준비해 부릅니다. 이 곡은 존 스테이너의 오라토리오, '십자가상의 죽음' 중간부에 흐르는 잘 알려진 합창곡입니다. 하지만 이 저녁에 우리는, 요한복음 3장 16절 말씀에 합당한 우리의 화답을 함께 듣고자 합니다. 특히 요한일서 3장 16절에서 장로 요한은 오늘 우리가 요한복음에서 보았던 그 장면을 회고하는 것처럼 보입니다.

> 우리는 서로 사랑할지니 이는 너희가 처음부터 들은 소식이라…그가 우리를 위하여 목숨을 버리셨으니 우리가 이로써 사랑을 알고 우리도 형제들을 위하여 목숨을 버리는 것이 마땅하니라 누가 이 세상의 재물을 가지고 형제의 궁핍함을 보고도 도와 줄 마음을 닫으면 하나님의 사랑이 어찌 그 속에 거하겠느냐 자녀들아 우리가 말과 혀로만 사랑하지 말고 행함과 진실함으로 하자(요일 3:11, 16-18).

예수님은 우리가 행하는 이런 종류의 사랑의 섬김을 통해 우리가 예수님을 따르는 것을 세상이 보게 될 것이라 말씀하십니다. 그 사랑의 섬김은 세상으로 하여금 우리가 그리스도를 따르는 자들임을 알게 할 것이고, 암묵적으로는, 그리스도의 실재를 인정하게 할 것입니다.

마치 어떤 결과적인 실재가 그 원인이 되는 실재를 증명하듯이 말입니다.

그리스도인들은 이미 초창기부터 세상을 어지럽게 하고 전복을 꾀한다는 혐의로 고발을 당하곤 했습니다(행 17:6). 우리는 그 숭고한 전통, 어떤 사랑의 섬김도 내가 할 수 없는 하찮은 일로 분류하지 않고, 우리의 스승 되시는 주님의 본을 따라, 자세를 낮추고 봉사하는 일에 먼저 뛰어드는 전통, 우리 가운데 가장 야심찬 사람을 가장 겸손한 섬김으로 불러내지 못하는 그 어떤 위계도 인정하지 않는 전통, 우리를 향한 그리스도의 사랑이 계속해서 이 세상에 가닿도록 하는 전통, 그리고 사랑 안에서 서로를 위해 우리의 삶을 내려놓도록 부름 받은 그 길을 그리스도의 몸 된 교회 안에서 함께 찾아가는 그러한 전통을 계속 이어가야 할 것입니다. 아멘.

11 영원히 사는 것처럼 살라

부활절
누가복음 24:1-12; 고린도전서 15:19-26, 51-58

믿을 수 없는 이야기처럼 들린다 해도 괜찮습니다. 예수님이 죽음을 이기시고 무덤에서 살아나셨다는 부활의 메시지는 예수님과 가깝게 지내며 여러 해를 함께했던 사람들에게도 믿을 수 없는 큰 충격이었으니까요. 심지어 그들은 예수님이 십자가에 죽으시고 장사되셨다가 죽은 자 가운데서 다시 살아나실 것이라는 예고를 예수님을 통해 직접 여러 차례 들은 바 있었습니다. 하지만 여자들이 빈 무덤에서 돌아와, 두 천사가 그들 앞에 나타났고 "그가 더 이상 여기 계시지 않고 살아나셨느니라"는 메시지와 더불어 주님의 부활을 선포한 사실을 제자들에게 알렸을 때, 제자들은 그 말을 "터무니없는 소리"로 일축했습니다(눅 24:11). 그들은 사흘 전 주님에게 일어난 일을 (안전하게 멀찍이 떨어져서) 목격했습니다. 첫째, 대제사장들이 고용한 불량배들과 무자비한 로마 군인들이 그분에게 끔찍한 일을 저질렀습니다. 그들은 십자가 형을 당하는 다른 두 죄수 사이에 십자가 기둥을 세우고 예수님을 못 박았습니다. 그것으로 모든 게 끝이었습니다. 반전의 여지는 전혀 없어 보였습니다.

제자들에게 있어 현실 세계의 변하지 않는 사실처럼 보이는 일에 대해 의문의 여지를 갖는 것은 불가능해 보였습니다. '죽으면 다 끝이다.' 물론 그렇습니다. 생전의 예수님은 죽음의 문턱을 이미 넘어간 사람들을 다시금 이생의 삶으로 되돌려놓아 "보너스 라운드"를 주신 적이 있습니다. 나인 성 과부의 아들, 회당장 야이로의 딸, 예수님의 친구 나사로처럼 말이죠. 그들을 죽음에서 일으키신 기적은 하나같이 굉장했습니다. 하지만 그들도 결국에는 모두 다시 죽어야 했습니다. 예수님은 인생의 추가 시간을 어디서 몰래 더 꺼내와 몇몇 사람들에게 주셨는지 모르지만 죽음 자체를 완전히 물리치게 하신 일은 아직 한 번도 없었습니다.

하지만 얼마 되지 않아 제자들은 부활하신 그리스도를 직접 마주하고 말았습니다. 주님의 모습은 예전과는 다소 차이가 있었던 것 같습니다. 적어도 몇몇 제자들은 예루살렘에서 엠마오까지 10킬로미터가 넘는 거리를 예수님과 함께 걸었음에도 불구하고 알아보지 못했으니까요. 예수님이 식사 자리에서 떡을 가지사 축사하시고 떼어 그들에게 주실 때까지 말입니다. 요한복음에서 우리는 빈 무덤 곁에 있는 막달라 마리아가 예수님을 동산지기로 오인하는 장면을 보게 됩니다. 예수님이 그녀에게 "마리아야" 하고 부르시자 그제야 예수님인 줄 알게 되지요. 예수님이 열한 제자 및 그들과 함께한 자들 한가운데 나타나셨을 때(요한복음에서, 주님은 문을 잠근 방 한가운데 그들에게 나타나십니다), 제자들은 그분이 진짜 예수님이 맞는지, 혹시 영은 아닌지 의심했습니다. 예수님이 그들에게 자신을 만져보게 하시고 먹을 것을 달라 하시자 그제야 그들은 안심하게 됩니다. 제자들이 그 모든 것을 이해하고 받아들이기까지는 시간이 걸렸습니다. 그들은 지금까지 일생 동안 자신들 도처에서 항상 죽음이 승리하는 모습만 보고 살았습니다. 그랬던 그들이 누군가가 정말로 죽음을 이기고 승리했다는 사실을 믿기란 매우 어려웠을 것입니다. 지금 자신들의 눈앞에, 죽음이 전혀 손대지 못하는 그 몸으로, 멀쩡하게 살아 계시는 주님을 보고 있는 것입니다. 하지만 그들이 이 사실을 다른 사람에게 전하고 이 일이 주는 모든 교훈에 따라 살기를 시작하기까지, 여전히 50일이 넘는 시간이 더 필요했습니다.

* * *

우리가 잘 아는 사도 바울 역시, 부활하신 주님, 영광 받으신 예수 그리스도와의 인격적인 만남을 통해 삶이 변화되는 은혜를 입은 사람입니다. 그는 이 모든 일에 함의된 교훈을 따라 사는 삶이 어떠한 것인지를 여러 부분에서 깨달았습니다. 예수를 부활하신 주로 선포하라는 하나님의 위임 명령에 자신이 신실하게 순종한다는 것을 입증하기 위해, 바울은 부활하신 주님을 따르는 삶에 내포된 교훈대로 기꺼이 살아야만 했습니다. 그것은 다른 그 무엇도 아닌, 자신이 영원히 살게 될 것처럼 현재를 사는 것이었습니다. "영원히 살 것처럼 살아가라."

사실 저는, 스릴을 즐기기 위해 불필요한 위험을 자처하는 극한적인 모험, 배우자 또는 자녀와의 관계를 희생하면서까지 자신의 일에만 모든 시간과 에너지를 쏟는 일 중독, 또는 언젠가 다시 돌이키려 해도 결코 그럴 수 없이 소중한 인생을 허비하는 시간 낭비 등으로 실수를 저지르는 사람들에게 "영원히 살 것처럼 살아가라"는 이 표현을 적용하는 사례들을 종종 보게 됩니다. '나도 언젠가는 죽을 것이다'라는 생각을 마음에 품고 살아가는 삶은 죽을 수밖에 없는 인생의 여정에서 지혜로운 삶의 길을 선택할 수 있습니다. 그것은 지연된 자살이나 다를 바 없는 단지 시간 죽이는 삶이 아니라, 우리 삶에 가장 가치 있는 것을 최선으로 추구하는 삶, 우리에게 주어진 하루하루의 시간을 최고의 가치로 살아내는 법을 생각해 내는 데 도움이 될 수 있습니다. 그것은 지혜로운 삶의 우선순위를 정하는 데 도움을 주며, 그것은 대개 사랑하는 사람들을 우선으로 하는 삶이기도 합니다(예를 들면, 저는 저의 아이들과 함께 놀아주는 시간을 다른 것들에 양보하지 않을 것입니다). 심지어 그것은 사소한 갈등과 염려에 나 자신을 계속 허비하는 습관을 멈추게 할 수도 있습니다. 왜냐하면 그런 시시한 문제에 내 인생의 한정된 시간을 쏟아붓는 것은 마치 싸구려 불량품에 비싼 돈을 지불하는 것과 다를 바 없음을 깨닫기 때문입니다.

하지만 나도 언젠가는 죽을 것이라는 생각을 품고 살아가는 삶의 방식이 오히려 더 이기적이고, 심지어는 더 비열한 삶의 태도를 낳는 경우도 종종 있습니다. 가령 한번뿐인 인생이므로 할 수 있는 대로 많은 것을 누리고 더 많은 것을 얻어내고자 애쓰는 우리 자신의 모습을 보게 됩니다. 행복을 위해서라면 심지어 나를 더 이상 즐겁게 해주지 못하는 배우자를 버리는 일을 서슴지 않고, 나에게 보다 안락하고 윤

택한 삶을 보장하는 일에 나의 소유 전부를 쓰는 것에 아쉬움이 없고, 나에게만 유익이 된다면 다른 사람에게는 불편을 주는 많은 일들에 기꺼이 입을 다물고 방관하기도 합니다. 우리는 더 이상 어떤 미덕이나 고상한 가치가 스스로에게 동기를 부여하지 못하는 시대에 살고 있습니다. 남에게 좋은 일, 우리가 내 몸과 같이 사랑해야 할 다른 사람들을 이롭게 하는 일이 더 이상 우리를 움직이는 동력원이 되지 못하고 있습니다. 오히려 그 반대입니다. 우리는 나 자신의 욕망을 만족시키는 나의 세계에 빠져들어 있습니다. 다른 사람에게 도움 주길 기꺼이 중단하는 정도가 아니라, 심지어 다른 사람에게 해를 끼치는 정도까지, 우리는 나 자신을 만족시키는 그 목적을 향해 나아가고 있습니다. 이것은 죽음이 우리를 옥죄고, 우리에게 무력을 행사하는 방식입니다. 이것은 죽음이 우리를 종노릇하게 만드는 방식과 다르지 않습니다. 예수님은 십자가의 죽음과 부활을 통해 우리를 이러한 죽음의 굴레에서 구해 내셨습니다.

우리가 이 길의 마지막까지 주님을 따르고자 한다면, 반드시 부활의 신앙을 회복해야 합니다. 우리는 죽음이 우리 인생 마지막에 부닥칠 장벽이 아님을 깨달아야 합니다. 죽음은 우리가 이생의 삶만을 바라보고 여기서 누릴 것만 찾도록 비추는 거울도 아닙니다. 죽음은 일종의 문입니다. 그 죽음의 문을 단단히 잠그던 경첩들은 예수님의 부활로 부서지고 떨어져 나갔습니다. 이 부활주일 아침에 저와 여러분은 예수님의 음성을 들어야 합니다. 예수님은 입구를 막았던 돌이 굴려진 빈 무덤 곁에 서서 이렇게 외치십니다. "내가 전에 죽었었노라 그러나 볼지어다 내가 이제 세세토록 살아 있어 사망과 음부의 열쇠를 가졌느니라"(계 1:18). 우리가 예수님의 그 음성을 듣고, 예수님이 우리의 무덤 문도 똑같이 열어주실 수 있음을 신뢰할 때, 비로소 우리는 역경과 희생 속에서 주님을 끝까지 따르고 순종할 수 있을 것입니다. 우리에게 그러한 부활의 믿음이 있을 때에만, 우리는 주님을 온전히 신뢰하며 우리의 생명을 주님과 복음을 위해 바칠 수 있을 것입니다. 그렇게 하는 사람만이 궁극적으로 자기 목숨을 살리게 될 것이라는 주님의 말씀을 붙들며 말입니다.

* * *

바울은 이 모든 진리를 깨달았습니다. 현재의 안전과 편안함을 보장하는 삶, 그리고 죽음 후 만일의 경우를 대비해 예수님을 보험금처럼 담보해 두는 삶. 바울에게는 이런 두 가지 삶의 방식을 붙잡으려는 시도가 없었습니다. 대신 우리가 바울에게서 볼 수 있는 것은 하나님이 자신에게 주신 부르심을 따라 사는 삶, 사명 완수의 그날을 바라보며 쉼없이 전진하는 삶의 모습이었습니다. 그의 삶을 이끈 원동력은 로마가 지배하던 당시 세계와 열방의 끝까지 나아가 하나님의 아들을 전해야 하는 사명이었습니다(갈 1:15-16). 그런 선택의 결과로 바울은 사실상 이 세상에서 유랑하는 삶을 살았고, 이 도시에서 저 도시로 옮겨다니면서도 생계를 위해 힘든 노동일을 계속해야 했습니다. 불경하게도 유대인만큼이나 이방인을 사랑한다던 메시아, 로마의 통치를 전복하기 위해 속히 복귀하리라 약속했다는 메시아, 자신을 하나님과 동일시하여 신성모독을 저질렀다는 자칭 이스라엘의 메시아에 관한 복음을 전하기 위해 바울은 그로부터 위협과 배신감을 느낀 많은 사람들에게 적개심 가득한 폭력과 생명의 위협을 시시때때로 받아야 하는 삶을 살아야 했습니다.

바울은 선교사로서 그리고 교회 개척자이자 목회자로서 자신이 받았던 고통을 이렇게 정리하고 있습니다.

> 유대인들에게 사십에서 하나 감한 매를 다섯 번 맞았으며 세 번 태장으로 맞고 한 번 돌로 맞고 세 번 파선하고 일 주야를 깊은 바다에서 지냈으며 여러 번 여행하면서 강의 위험과 강도의 위험과 동족의 위험과 이방인의 위험과 시내의 위험과 광야의 위험과 바다의 위험과 거짓 형제 중의 위험을 당하고 또 수고하며 애쓰고 여러 번 자지 못하고 주리며 목마르고 여러 번 굶고 춥고 헐벗었노라 이 외의 일은 고사하고 아직도 날마다 내 속에 눌리는 일이 있으니 곧 모든 교회를 위하여 염려하는 것이라 (고후 11:24-28).

사실 이 모든 일은 바울이 정말로 더 큰 고난을 받기 전 잠시 일어난 것에 불과했습니다. 이후에 그는 4년 동안 가이사랴와 로마에서 구금생활을 해야 했고 끝내 네로 황제에 의해 사형을 당했습니다. 바울의 삶을 돌아보면, 그는 진정으로 이같이 고백할 만한 사람이었습니다. "만일 그리스도 안에서 우리가 바라는 것이 다만 이 세상의 삶뿐이면 모든 사람 가운데 우리가 더욱 불쌍한 자이리라"(고전 15:19). '죽은 자 가운데서의 부활이 없다면, 내가 무엇 때문에 이 모든 고초를 겪겠는가?' 몇 구절 뒤에 바울이 계속해서 이렇게 고백하고 있습니다.

또 어찌하여 우리가 언제나 위험을 무릅쓰리요 형제들아 내가 그리스도 예수 우리 주 안에서 가진 바 너희에 대한 나의 자랑을 두고 단언하노니 나는 날마다 죽노라 내가 사람의 방법으로 에베소에서 맹수와 더불어 싸웠다면 내게 무슨 유익이 있으리요 죽은 자가 다시 살아나지 못한다면 내일 죽을 터이니 먹고 마시자 하리라(고전 15:30-32).

우리는 우리의 삶을 스스로 안전하게 지켜내려고 어느 정도로 대비책을 마련하고 있습니까? 우리는 바울처럼 인생을 마감하지 않기 위해 애쓰느라 바울과 같은 삶의 가능성을 얼마나 차단하고 있습니까? 만일 그런 일에 우리 에너지를 허비한다면, 우리는 이생에서 그리고 내세에서 모두 패배한 자가 되고 말 것입니다. 부활 신앙을 진리로 믿는다 하면서도, 그러한 믿음에 어울리는 삶을 이 땅에서 합당하게 살아내지 못할 것이기 때문입니다. 만일 우리가 지금 그러한 모습으로 살아가고 있다면, 우리가 입으로 고백하는 부활 신앙이 사실은 모두 허울뿐이라는 점을 드러내며 사는 것과 다를 바가 없습니다. 예수님은 바로 그런 식의 이중적인 삶의 태도에 대해 강력하게 경고하십니다. "누구든지 제 목숨을 구원하고자 하면 잃을 것이요 누구든지 나를 위하여 제 목숨을 잃으면 찾으리라"(마 16:25).

* * *

바울은 우리가 영생의 확신을 가진 사람들로 살아가기 위해 반드시 예수님에게 "올인"해야 한다는 사실을 정확히 이해했습니다. 아프리카 수단, 다르푸르의 스테판 아부르 목사도 이 사실을 잘 이해했던 것 같습니다. 그리스도인으로 개종하는 사람들이 늘어나자 이에 분개한 무슬림 과격분자들로부터 여러 차례 살해 위협을 받으면서도, 스테판 목사는 공개적으로 그리스도를 전파하며 그곳에서 믿음의 사람들을 세워가는 자신의 사역을 계속했습니다. 스테판 목사와 가족들이 그 위협의 심각성을 전혀 의심할 수 없을 만큼 충분히 많은 수단의 기독교 지도자들이 이미 죽임을 당했습니다. 하지만 그들은 계속해서 복음을 전했고 사역을 쉬지 않았습니다. 2018년 3월 2일, 아직 어둠이 채 가시지 않은 이른 새벽, 가족들로부터 의절 당한 100여 명의 개종자들이 함께 모여 있던 교회당에 무슬림들이 불을 지른 후에, 스티브 목사와 그의 아내, 그리고 두 딸은 자신들의 집에서 (기사에 따르면 "마치 소들처럼") 도살당한 채 발견되었습니다.[6]

그들은 부활 신앙을 가졌던 것이 분명합니다. 그들은 영원히 살 사람들처럼 살았습니다. 그들에게 죽음은 약간의 우려가 될 수 있을지 모르지만, 두려움의 대상은 아니었습니다. 죽음은, 그들을 사랑하고 그들을 위해 목숨을 버리신 예수님을 증거하는 그들의 목소리를 침묵시킬 지경까지, 그들에게 위협을 가하지 못했습니다. 저는 지구촌 곳곳에서 우리의 형제자매들이 겪는 이러한 이야기들을 들을 때마다 이렇게 생각하곤 합니다. '그런 안타까운 소식에 대한 우리의 합당한 반응은 과연 무엇일까?' 어떤 이들은 말합니다. "어휴, 나는 그런 끔찍한 일이 일어나지 않는 평화로운 나라에 살고 있으니 정말 다행이야." "오, 하나님, 우리는 그런 고난을 당하지 않게 해주셔서 참으로 감사합니다." 분명 이러한 반응들은 아니어야 할 것입니다. 저는 하나님께서 어느 특별한 가정과 특별한 사람에게는 아주 강인한 부활 신앙으로 부르시고, 또 다른 가정과 또 다른 사람에게는 그보다 훨씬 미약한 수준의 부활 신앙으로 불러 소명을 주신다고 생각하지 않습니다. 결코 그렇지 않습니다. 제 속에서는 이러한 질문이 올라옵니다. "그들이 부활 신앙을 품은 채 잔인한 죽음을 맞이했다면, 우리 역시 그와 동일한 부활 신앙으로, 그에 합당한 삶을 살아야 하지 않을까? 그렇다면 어떻게 살아야 하는가?" 그들이 예수 그리스도를 증거하는 사명을 감당하기 위해 죽음의 이편에서 저편으로 기꺼이 건너가고, 다르푸르에서 주님의 뜻을 성취하는 도중에 자신들의 전부를 기꺼이 내려놓았다면, 오늘 우리는 죽음의 이편에서, 온 세상에 주님의 뜻을 성취하기 위해 과연 어떤 모습으로 살아가야 합니까? 나의 신앙 여정에는 남들이 치러야 했던 그 정도의 희생까지 요구되지 않기에, 운이 좋았다고 생각해야 하는 것일까요? 그래서 나의 평범한 일상으로 돌아가 나에게 허락된 모든 즐거움과 안락함을 감사하면서 누리면 되는 것일까요? 아니면 이 땅에서의 나의 평범한 일상을 조금 더 급진적으로 재편해야 하는 것일까요? 그렇게 해서 그 수단 땅의 그리스도인 형제자매들이 자신들의 죽음으로 증거했던 부활 신앙과 다르지 않은 신앙을 우리의 변화된 삶으로 증거해야 하는 건 아닐까요? 부활절을 맞는 우리에게 던지는 근본적인 질문은 이렇습니다. '우리는 이 세상의 즐거움을 얻고 누리기 위해 죽음의 권세를 증거하며 살아갈 것인가? 그렇지 않다면, 우리는 영생을 소유한 사람처럼, 용기 있는 증언과 이타적인 행동으로 부활의 권세를 증거하며 살아갈 것인가?' "사망아 너의 승리가 어디 있느냐 사망아 네가 쏘는 것이 어디 있느냐?"(고전 15:55)

부활절의 기쁜 소식은 예수님의 이야기가 단순히 해피엔딩으로 마무리되는 것에 있지 않습니다. 오히려 부활절의 기쁜 소식은 예수님의 부활이 곧 우리 수많은 그리스도인도 그와 같이 맞게 될 부활의 첫 사례라는 확신에 있습니다. "그러나 이제 그리스도께서 죽은 자 가운데서 다시 살아나사 잠자는 자들의 첫 열매가 되셨도다"(고전 15:20). 첫 열매의 수확이 있으면, 추수는 멀지 않았습니다. 그리스도의 부활은 무덤을 요람으로 바꿔놓았습니다. 매번 죽음의 순간마다 무덤은 부풀어 오를 수 있지만, 구원의 때가 이르면 그 속에서, 하나님의 명령에 따라 새로운 생명들이 터져나올 것입니다(계 20:13). 우리가 살펴본 고린도전서 본문의 핵심은 우리가 나 자신의 부활을 믿지 않으면서 예수님의 부활을 믿을 수는 없다는 것입니다. 저와 여러분이 우리 자신의 부활을 진정으로 믿고 이를 확신할 때, 비로소 우리는 마치 끝없는 생명의 자원을 공급받고 있는 사람들처럼, 다른 사람들의 유익을 위해 우리 자신을 완전히 자유롭게 내어줄 수 있을 것입니다. 마음속에서 '나는 영원히 살게 될 사람이다'라는 사실을 이미 믿고 고백하는 여러분 모두에게 하나님이 주시는 삶의 은혜와 기쁨이 늘 충만하시길 간절히 소망합니다. 아멘.

12 우리의 영원한 대제사장, 예수 그리스도

주님승천일
사도행전 1:1-12; 히브리서 9:11-14, 24-28

최근 들어 TV 프로그램들이 다양해지면서, 저는 "스토리 아크"(TV 드라마, 연속극 등에서 여러 회차의 에피소드를 통해 길게 전개되고 연장되는 이야기의 줄거리)라는 새로운 표현을 하나 배우게 되었습니다. 이런 용어의 등장은 우리가 시청하는 TV 프로그램들이 점점 더 복잡해지고 정교해지는 상황을 반영합니다. 가령 하나의 에피소드 안에서도 여러 개의 이야기가 전개되고 얽히다가 결론을 맺지만, 그러한 에피소드 여러 개가 시즌 1이라는 커다란 흐름 속에서 또다시 여러 이야기로 전개되고 얽히다가 결론을 맺는 식으로 구성되는 것입니다. 시청자의 반응이 좋으면 또 그런 시즌 여러 개가 꼬리를 물고 이어지며 복잡함을 더합니다. 오늘 저는 여러분과 함께 예수님 이야기의 '스토리 아크'에서 한 가지 매우 중요한 에피소드를 살펴보고자 합니다. 많은 면에서 만족스러운 방식으로 결론을 맺는 에피소드이기도 합니다.

누가복음 또는 마태복음을 읽을 때, 우리는 단순히 이 세상에 속한 평범한 아이가 아니라, 소위 '신의 영역'에서 이 세상 속으로 들어온 특별한 아이의 탄생 기사를 보게 됩니다. 요한복음을 펼치면, 그러한 사실이 훨씬 더 명료하게 제시되고 선명하게 그려지는 것을 보게 됩니다. '하나님의 아들, 영원하신 그 말씀이 원대한 사명을 이루기 위해 우리의 세상으로 내려오시고 우리의 이야기 속으로 들어오셨다.' 우리는 그 아들이 자신의 사명을 추구하는 동안 도처에서 발생하는 복잡한 갈등 상황들을 읽게 됩니다. 아이러니하게도 대적들은 그 아들의 사명 성취에 자신들도 모르게 일조하게 됩니다. 즉, 그들의 부당한 박해 한가운데서 그 아들은 십자가에 자신을 제물로 드리고 부활을 통해 하나님의 인정하심과 영광을 받으심으로 궁극적인 목표를 이루게 됩니다. 오늘 주님의 승천을 기억하는 주일을 맞이하여, 우리는 이 스토리 안에 감동적으로 펼쳐진 "리얼 액션"의 한 결과로, 그분이 다시 '신의 영역'으로, 하늘로 올라가신 사건을 기념하려 합니다.

누가복음이 결론을 맺는 방식도 이와 다르지 않습니다. 시즌 1의 대단원이 멋지게 마무리됩니다. "예수께서 그들을 데리고 베다니 앞까지 나가사 손을 들어 그들에게 축복하시더니 축복하실 때에 그들을 떠나 [하늘로 올려지시니] 그들이 [그에게 경배하고] 큰 기쁨으로 예루살렘에 돌아가 늘 성전에서 하나님을 찬송하니라"(눅 24:50-53). 드라마의 '타이틀 곡'이 흐르고 '엔딩 크레딧'이 자막으로 올라갑니다.

사도행전은 누가복음의 '후속편'입니다. 달리 표현하면, '시즌 2'라고도 할 수 있습니다. 그리고 사도행전은 이제는 시즌 2 오프닝의 전통처럼 되어버린 (시즌 1의 마지막 장면으로 되돌아가 그것을 재연하는) 방식으로 그 막을 열고 있습니다. 하지만 마지막 장면을 단순히 되풀이하는 것이 아니라 중요한 반전이 시작됩니다. 시즌 1의 마지막에서 예수님을 중심으로 흘러가던 스토리 아크가 마무리되는데, 예수님은 원래 계시던 하늘의 하나님께로 올라가시고 제자들은 예수님의 승천을 바라보는 것으로 끝납니다. 우리는 그때 제자들이 어떤 생각을 하고 있었을지 상상할 수 있습니다. "아, 예수님이 정말 그리울 거야. 그분과 함께 어울린 시간들은 정말이지 대단했어. 그분이 부활하셨을 때는… 우리 모두 진짜 깜놀했지. 특히 엠마오에서 우리와 함께 계시다가 갑자기 사라지시고, 문을 걸어 잠근 방에 갑자기 나타나실 때 말이야. 지금도 그때를 생각하면 소름이 돋네." 이런 생각을 하며 하늘을 응시하는 제자들 장면을 읽으면서 우리는 궁금해지기 시작합니다. '이것이 예수님을 중심으로 흘러가는 스토리 아크의 진짜 마지막일까? 우리가 그토록 좋아했던 주인공이 더 이상 드라마에 나오지 않는단 말인가?' 하지만 시즌 2 오프닝에선 천사가 나타나 이렇게 선포합니다. "천만에! 결코 그렇지 않아!" 그렇게 이야기는 또 다시 이어집니다. 그 이야기는 약속된 성령을 기다리기 위해 성읍으로 돌아가는 제자들만의 이야기가 아니라 또 하나의 예수님의 이야기입니다. "이르되 갈릴리 사람들아 어찌하여 서서 하늘을 쳐다보느냐 너희 가운데서 하늘로 올려지신 이 예수는 하늘로 가심을 본 그대로 오시리라 하였느니라"(행 1:11).

이처럼 시즌 1의 마지막이었던 예수님의 승천은 대단원의 끝이 아니라 시즌 2, 예수님의 두 번째 '스토리 아크'를 시작하는 중요한 사건입니다. 하늘에서 내려와 사람의 몸을 입으셨다가 하늘로 올라가셨지만, 그분은 여전히 우리와 같은 몸을 입고 계시며, 올라가신 것처럼 언젠가 '다시 내려오셔서' 결코 잊지 못할 방식으로 대단원의 피날레를 장식하실 것입니다. 히브리서는 이 사실을 환기하고 있습니다. "이와 같이 그리스도도 많은 사람의 죄를 담당하시려고 단번에 드리신 바 되셨고 구원에 이르게 하기 위하여 죄와 상관 없이 자기를 바라는 자들에게 '두 번째' 나타나시리라"(히 9:28). 예수님의 스토리는 아직 끝나지 않았습니다. 그리고 우리는 교회가 새로운 배경이 되는 그 시즌 2에서 등장인물로 함께 참여하고 있습니다.

* * *

"연중시기"(비절기 기간)는 교회력에서 '오순절'과 '왕이신 그리스도 주일' 사이의 긴 시간을 아우르는 시기입니다. '왕이신 그리스도 주일'이란, 그 다음 대림절 직전 주일로, 마침내 "하늘에 있는 자들과 땅에 있는 자들과 땅 아래에 있는 자들로 모든 무릎을 예수의 이름에 꿇게 하시고 모든 입으로 예수 그리스도를 주라 시인하여 하나님 아버지께 영광을 돌리게 [하실]"(빌 2:10-11) 그리스도의 만유의 주 되심을 기념하는 주일입니다. 연중시기 기간은 우리의 시간입니다. 그것은 교회의 머리이신 그리스도와 연결되어 그리스도의 명령으로 행해지는 교회의 세상 속 모든 활동과 사역을 대변하는 시기입니다.

그러나 왕으로서, 기름부음 받은 자로서 보좌에 앉으신 주 예수 그리스도는 우리의 이 긴 시간(단지 교회력의 6월부터 11월까지의 이 기간이 아니라, 승천하신 후로 지금까지 2천 년이 조금 안 되는 모든 시간) 동안에도 여전히 그분의 장엄한 스토리를 이어가십니다. 예수님은 하늘로 올라가셨지만, 그분의 승천으로 지상에 남겨진 하나님 백성의 삶에 예수님이 더 이상 계시지 않는다는 의미가 아님을 우리는 알게 되었습니다. 예수님은 시즌 2에서도 계속해서 모습을 드러내십니다. 예수님을 증거하다가 죽임을 당한 첫 순교자, 스데반 집사는 하나님 우편의 영광 가운데 계신 예수님을 보았습니다. 영화롭게 되신 예수님은 다소의 사울에게 나타나 그의 일생, 사울의 스토리 아크 전체를 극적으로 바꿔놓으셨습니다. 교회를 박해하던 사울을 예수님은 부활하신 그리스도를 증거하는 사도 바울로 변화시키셨습니다. 우리는 영화롭게 되신 예수님을 밧모 섬의 사도 요한 곁에서 다시 만나게 됩니다. 기독교 정경의 마지막 책, 요한계시록은 지금도 주님의 교회들을 향하여 살아계신 예수 그리스도의 명령과 경고의 말씀을 전하고 있습니다.

예수님의 승천, 곧 주님이 물리적으로 제자들 곁에서 떠나 하늘로 오르신 그 사건은, 오히려 더 신비한 방식으로, 그분의 성령을 통하여, 예수님과의 만남을 열방의 모든 제자들에게 가능케 했습니다. 그래서 새로운 스토리가 펼쳐지는 각 교회의 모든 에피소드마다, 그 모든 시즌이 완전히 종료될 때까지, 예수님의 지속적인 임재, 그분의 등장과 출현이 언제나 가능해졌습니다. 시즌 1이 시작할 때, 하나님의 아들은 우리를 위해 자신을 기꺼이 몸으로 (처음에는 성육신하신 몸으로, 그리고 부활 후에는 신령한 몸으로) 제한하셨습니다. 예수님이 그 몸의 제한을 우리를 위해 완전히 초월하시기 위하여, "아버지께로", 하나님의 영역으로 돌아가는 것은 매우 중요한 사안이었습니다(비교. 요 16:7-11). 예수님은 그분의 성령 (곧 하나님의 영이자 또한 그 아들의 영)을 모든 세대의 제자들과 교회들에게 보내심으로 우리에게 약속하신 모든 것을 그대로 이루셨습니다. 그리하여 하나님의 아들은 전 세계 곳곳에서 성장 중에 있는 (그분의 몸 된) 교회의 머리로서, 그리스도를 따르는 모든 제자들과 지금도 연결되어 있습니다. 이곳에 남아 있는 우리 모든 주님의 제자들은 이 긴 중간기 동안 하나님 아들의 통치를 이 땅에서 수행하는 대리자들인 것입니다. 오늘 이곳에 모인 저와 여러분 모두, 한 사람도 빠짐없이, 여기 이 땅에서 지금도 살아계시고 역사하시는 예수님의 임재를 개인적으로 깊이 경험하고 확신하게 되길 간절히 소망합니다. 우리가 "죄짐 맡은 우리 구주 어찌 좋은 친군지"를 찬송할 때, 그것은 이제는 우리 곁을 떠난 어느 그리운 중보자에 대해 노래하는 것이 아니라, 지금 바로 우리 곁에서, 친구처럼 임재하신 주님을 바라보며 노래하는 것입니다. 그렇습니다. 그래서 우리는 날마다, 매일, 매년마다 이렇게 고백할 수 있는 것입니다. "부질없이 낙심 말고 기도드려 아뢰세." "예수 품에 안기어서 참 된 위로 받겠네."

* * *

신약의 히브리서는 예수님의 승천이 우리에게 주는 의미에 관한 깊고 풍성한 통찰들을 담고 있습니다. 여기서 우리는 한 가지 기본 사실을 언급해야 합니다. 승천하시는 예수님이 구름으로 가리고 제자들의 시야에서 벗어난 이후, 예수님과 그분의 사역은 더 이상 제자들의 눈으로는 볼 수 없는 현실이 되고 말았습니다. 그렇다면 히브리서 기자는 예수님이 "하늘을 가로지르시고," 하나님의 영원한 처소인 "하늘"로 들어가신 이후에 행하신 일들을 어떻게 증언할 수 있었을까요? 그 해

답은 구약에서 찾을 수 있습니다. 초대 교회의 여러 그리스도인 교사들이 예수님과 그분의 사역의 중요한 의미에 대해 숙고해 왔던 그 방식처럼, 히브리서 기자에게 있어서 구약성경은, 그리스도가 우리의 구원을 위해 취하는 긴 여정에 대한 도해를 제공하는 일종의 지도와도 같은 것이었습니다. 지나고 나서 보니, 구약 시대에 있었던 하나님의 신탁과 예언들은, 제자들이 예수님의 사역 속에서, 그분의 기적 속에서, 그분의 고난과 죽음 속에서, 그리고 그분의 부활 속에서 목격한 사실들과 놀랍도록 잘 들어맞았습니다. 따라서 그들은 자신들이 지금 직접 눈으로 볼 수 없는 예수님의 배후 이야기(성육신 이전에 선재하신 하나님 아들의 활동, 또는 승천 이후 그분의 활동 등), 또는 자신들이 아직까지 기다리고 있는 예수님의 남은 이야기(산 자와 죽은 자를 심판하러 오시는 그분의 재림 등)들도 모두 구약과 잘 맞아떨어진다고 확신할 수 있었습니다.

히브리서 기자는 특히 레위기 16장을, 예수님의 십자가로 향하는 성문 밖 여정과 하늘로 오르시는 여정 모두를 조명하는 특별한 지도로 주목했습니다. 레위기 16장은 일 년에 한 번 있는 대속죄일에 이스라엘의 대제사장이 엄숙한 규례로 치르는 희생제사 의식을 소개하고 있습니다. 백성과 지성소에 한 해 동안 축적된 죄의 오염을 제거하기 위해 속죄를 행하는 것입니다. 여기서 우리는 이 속죄일 의식에 등장하는 두 염소의 운명이 관심 대목입니다. 대제사장은 한 염소의 머리에 안수하여 온 백성이 범한 모든 죄를 아뢰고, 그리하여 그 죄를 염소에게 전가한 후, 진영 밖 광야로 보냅니다. 그렇게 백성들의 죄가 그들에게서 떠나가게 합니다. 또 다른 염소는 도살하여, 그 피를 대야에 담아, 대제사장이 휘장 안의 지성소로, 하나님의 임재가 밝게 빛나는 성전의 가장 안쪽에 있는 방으로, 그것을 들고 가서, 백성들의 죄로 인해 더럽혀진 그곳을 씻어냅니다. 성소 안 하나님의 임재 앞에서 백성들의 죄에 대한 모든 기억을 제거하는 의식입니다.

히브리서 기자는 예수 그리스도를 우리의 영원한 대제사장으로 제시하고 있습니다. 예수님은 아론의 반차를 따르는 모든 제사장들의 참된 원형이 되시는 위대한 대제사장입니다. 예수님의 죽음과 부활과 승천은 대속죄일의 의식에 전우주적인 영향을 주었습니다. 옛 언약 아래 끝없이 지속해서 행해지는 희생 제사와는 대조적으로, 그리스도의 희생은 규모와 범주에 있어서 전우주적이고, 그 성취 면에서는 최종적이고 결정적인 완전한 희생 제사였습니다. 자기 몸을 제물로 단번에 드린 대제사장이신 예수님은 "자기 피로써 백성을 거룩하게 하려고"(히 13:12), 기꺼이 성문 밖으로 (진영 밖으로) 나가 고난을 받으셨습니다. 예수님은 자신의 죽음의 증거를 가지고 하나님의 임재 앞으로 들어가 그분 앞에서 우리 죄에 대한 모든 기억을 지우시고, 우리의 죄로 말미암은 그 모든 오염들을 정하게 씻기시는 대제사장입니다.

> 그리스도께서는 장래 좋은 일의 대제사장으로 오사 손으로 짓지 아니한 것 곧 이 창조에 속하지 아니한 더 크고 온전한 장막으로 말미암아 염소와 송아지의 피로 하지 아니하고 오직 자기의 피로 영원한 속죄를 이루사 단번에 성소에 들어가셨느니라…그리스도께서는 참 것의 그림자인 손으로 만든 성소에 들어가지 아니하시고 바로 그 하늘에 들어가사 이제 우리를 위하여 하나님 앞에 나타나시고(히 9:11-12, 24).

예수님은 이 전우주적이고 최종적인 대제사장의 사역을 완수하신 후에, 하나님의 보좌 우편에 앉으셨습니다. 그것은 히브리서의 저자가 직접 본 것은 아니지만, 예수님이 공생애 기간, 그리스도 자신과 관련해 사람들에게 환기하셨던 시편 110편의 내용을 통하여, 생생히 그려볼 수 있는 장면입니다. "여호와께서 내 주에게 말씀하시기를 내가 네 원수들로 네 발판이 되게 하기까지 너는 내 오른쪽에 앉아 있으라 하셨도다"(시 110:1; 막 12:35-36).

예수님은 단순히 부활 승천하셨기 때문에 그 후로 영원히 하나님 우편에 앉아 쉬시는 것이 아닙니다. 우리는 본문의 표현을 그런 식으로 상상해서는 안 됩니다. 오히려 예수님이 앉으셨다는 표현은 예수님이 우리의 영원한 대제사장으로서 우리를 위한 그 모든 속죄의 사역을 '마침내 모두 다 이루시고 완성하셨다'는 의미의 표현인 것입니다.

> 제사장마다 매일 서서 섬기며 자주 같은 제사를 드리되 이 제사는 언제나 죄를 없게 하지 못하거니와 오직 그리스도는 죄를 위하여 한 '영원한 제사를 드리시고 하나님 우편에 앉으사'… 그가 거룩하게 된 자들을 한 번의 제사로 영원히 온전하게 하셨느니라(히 10:11-12, 14).

또한 그것은 예수님이 우리를 위해 하나님 앞에서 중보하시면서 하나님의 곁에 가까이 계신다는 의미의 표현입니다. 이처럼 예수님이 하나님 곁에 가까이 계신다는 것은, 우리를 위해 중보하시는 우리 주님, 그분의 간구로 인하여, 하나님께서 우리를 언제나 한량없는 은혜와 자비와 신실하심으로 대하여 주실 것이란 사실을 확신하게 하는 표현인 것입니다. 저와 여러분에게 큰 위로가 되는 말씀이 아닐 수 없습니다. 이 모든 것이 우리의 영원한 대제사장 예수 그리스도께서 하나님의 우편에 계시기 때문에 가능해졌습니다. (물론 이 말은 그분이 항상 우리가 바라고 요구하는 그대로 허락하신다는 의미는 아닙니다. 그러나 그분이 항상 우리를 도우시며, 계속해서 도우실 것이라는 의미입니다.)

* * *

예수님이 하나님 우편에 앉아 계신다는 표현은 또한 그리스도께서 지금도 우리 가운데 다스리고 통치하신다는 의미입니다. 그것은 우주 전체 그리고 이 땅 전체에 대한 하나님의 주권적 통치에 우리 주님이 동참하고 계시며, 특히 땅의 모든 백성들을 다스리고 계신다는 의미입니다. 예수님은 하나님 곁에 앉으셔서, "그 후에 자기 원수들을 자기 발등상이 되게 하실 때"를 기다리고 계십니다(히 10:13; 시 110:1). 그리고 이제 그 주님의 부르심이 열방 만백성에게 전해져 오늘 그분의 통치 앞에 기꺼이 복종할 것을 요구하고 있습니다. 그렇지 않으면 그들은 그분이 다시 오시는 그날, 주님의 통치 앞에 마지못해 굴복 당하게 될 것입니다. 주님의 승천과 오순절 사건은 '왕이신 그리스도 주일'의 본문과 그 주제를 향하고 있습니다. 이 세상에서 그리스도의 통치는, 우리 삶의 지침으로서 그 말씀에 대한 우리의 순종 안에 그리스도의 통치가 자명하게 드러나는 만큼, 실제적이고 가시적으로 나타나게 되어 있습니다. 그리스도의 주님되심은, 마찬가지로, 그렇게 우리에게 부인할 수 없는 현실인 것입니다.

히브리서 기자의 여러 차례 지적대로, 예수님의 승천은 이 땅에서의 우리의 긴 여정, 우리의 '스토리 아크'에서도 궁극적으로 중요한 함의가 있습니다. 예수님은 우리를 위하여 하늘로 곧장 우리보다 앞서 들어가셨습니다(히 6:19-20). 영광 가운데 들어가신 하나님 아들께서 또한 "수많은 아들들과 딸들을 그 영광으로 이끄실" 것입니다(히 2:10). 교회가 오랫동안 간직해 온 고대의 한 기도문은 이렇게 간구하고 있습니다. "십자가의 길을 걷는 우리가 이것을 다름 아닌 생명과 평안의 길로 여기게 되도록 우리에게 자비를 베풀어 주소서."[7] 실로 예수님의 승천은 십자가에 못 박히신 메시아의 길을 따르게 하는 견고한 확신과 강력한 동기를 제공해 줍니다. 그 주님은 이제 지극히 높은 곳에서 하늘의 영광 가운데서 우리를 다스리고 계십니다. 아멘.

13 그분을 받아들이겠습니까?

오순절 성령강림주일
에베소서 3:14-21; 요한복음 16:7-15

주기적으로 예배에 참석하여 온갖 에너지를 쏟아내는 우리의 교회 생활 리듬을 고려하면, 교회력에서 부활절이 가장 정점에 이르는 시기가 아닐까 생각합니다. 이 부활절을 기점으로 우리는 여름의 긴 정체기를 향해 서서히 내리막을 타곤 하니까요. 그러나 교회력의 정점은 아직 오지 않았습니다. 예상하건대, 숫자로만 보면 부활절에 모이는 성도가 그날 모이는 성도보다 훨씬 많을 것입니다. 그렇다 하더라도, 그 날은 여전히 가장 중요한 날입니다. 네 그렇습니다. 저는 성령강림주일(오순절)을 말한 것입니다. 성령강림주일은 예수님의 죽음과 부활이 있었던 그 기념비적인 사건 이후로 함께 모여 있던 120명의 제자들에게 일어난 성령의 기름 부으심을 우리가 기뻐하는 날입니다. 교회의 생일이기도 하기에 우리가 축하해야 마땅한 날입니다.

제자들은 "위로부터 능력으로 입혀[진]"(눅 24:49) 바로 그날부터, 담대하게 예수님의 죽음과 부활을 증거하기 시작했고, 수천 명의 사람들에게 회개를 촉구하며, 성령을 통한 그리스도와의 사귐으로 그들을 인도했습니다(행 2:41). 그 후로 "주께서 구원 받는 사람을 날마다 더하게"(47절) 하시는 놀라운 일이 계속되었습니다.

저는 올해 성령강림주일이 우리를 불시에 덮치는 날이 되지 않길 바랍니다. 그날이 우리에게 제공하는 모든 풍성한 선물을 미처 받을 준비가 하나도 안 되어 있다면, 그런 상태에서 그날을 맞는다면, 우리에겐 너무나도 안타까운 일입니다. 예수님은 제자들이 오순절의 성령강림을 맞이할 수 있도록 그들을 준비시키는 데 신중을 기하셨습니다. 예수님은 제자들과의 고별 담화에서 그가 장차 보내실 성령에 관해 네 차례에 걸쳐 언급하신 바 있습니다. 고별 담화란, 고난 받으시고 죽으시기 전날 밤, 예수님이 제자들에게 특별히 말씀하고 가르치신 요한복음의 기사를 가리킵니다. 오늘 우리가 읽은 말씀이 요한복음에서 해당 장면에 실린 본문입니다. 아마도 예수님은 부활 후에도, 그리고 지상에서 제자들 곁을 떠나 하늘로 승천하실 때까지, 곧 그들에게 임하실 성령에 대해 계속 가르치고 준비시키셨을 것입니다.

* * *

고난과 죽음을 앞둔 (그러나 또 한편으론 아버지께로 돌아갈 그날을 고대하시던) 시점에서 예수님은 제자들에게 확신을 주십니다. "내가 너희에게 실상을 말하노니 내가 떠나가는 것이 너희에게 유익이라 내가 떠나가지 아니하면 보혜사가 너희에게로 오시지 아니할 것이요 가면 내가 그를 너희에게로 보내리니"(요 16:7). 저는 예수님께서 그런 말씀으로 제자들을 설득하는 것이 얼마나 힘드셨을지 상상해 봅니다. 사실 예수님과 함께 생활하고 함께한다는 것은 굉장한 일이었을 것입니다. 예수님의 임재(그리고 동반되는 하나님의 임재) 그 자체가 주는 엄청난 영향력, 그분의 말씀이 곧 진리라는 확신 가운데 듣게 되는 가르침, 현장에서 두 눈으로 직접 목격하는 치유와 표적, 자신들과 함께하시는 예수님으로부터 일어나는 하나님의 가시적인 역사, 몸과 몸을 부딪히며 주님을 알아가는 친밀함 등은 얼마나 경이롭고 대단한 경험이었을까요? 그들과 함께 '나도 거기에 있었으면', '나도 예수님을 직접 만나 그분이 행하시는 일을 두 눈으로 보았더라면' 하고 바라지 않는 사람이 누가 있겠습니까? 의심 많았던 도마를 우리 중에 오히려 부러워하지 않을 사람이 있을까요? 자신의 손을 뻗어, 부활하신 예수님의 몸에 남은 상흔을 만져보고, 의심의 안개 너머로, 주님이 말씀하신 모든 것이 진리임을 깨달아, 예수님의 모든 가르침이 굳건한 반석이었음을 확신하게 된 사도 도마를 말입니다. 정말로 그들처럼 두 눈으로 직접 볼 수만 있다면, "너는 나를 본 고로 믿느냐 보지 못하고 믿는 자들은 복되도다!"(요 20:29)라는 예수님의 꾸지람조차, 저는 무척 달게 받을 수 있을 것 같습니다. 지금 여기서 예수님을 실제로 보고 함께할 수만 있다면, 그보다 좋은 것이 어디 있겠습니까?

하지만 예수님은 우리의 그런 기대와는 정반대되는 말씀을 제자들에게 하십니다. "그러나 내가 너희에게 실상을 말하노니"(요 16:7). 예수님이 제자들 곁을 떠나시는 게 오히려 그들에게 더 나으며, 제자들은 전보다 더 큰 유익을 얻을 것이란 말씀입니다. 그 이유는 그렇게 함으로써 예수님이 그들에게 "보혜사"를 보내실 것이기 때문입니다. 오늘 본문의 이 담화를 그 앞에서부터 본다면, 우리는 예수님이, 우리의 첫 보혜사이신 예수님 자신보다, 심지어 더 큰 유익을 위해, 그들과 (그리고 우리와) 영원히 함께하실 "또 다른 보혜사"(요 14:16)를 소개하시는 장면을 보게 됩니다. 물론 이 두 번째 보혜사의 정체는 "곧 아버지께서 (예수님의) 이름으로 보내실 성령"이자(14:26) "아버지께로부터 나오시는 진리의 성령"입니다(15:26).

그렇다면 우리에게 던져진 질문은 이렇습니다. 우리는 지금 예수님이 말씀하신 "더 나은" 그것을 경험하고 있습니까? 우리는 성령과의 친밀한 사귐을 누리고 성령을 통해 살아계신 예수님을 만나고 있습니까? 그래서 우리는 예수님이 이제 더 이상 육신으로, 이 땅에서 우리 곁에 계시지 않아도 충분히 더 기쁘게 살아가고 있습니까?

* * *

바울은 자신이 복음을 증거한 에베소의 그리스도인들이 그러한 신령한 복을 누릴 수 있길 기도했습니다. 자신의 개인적인 기도 생활에 대해 공개적으로 언급하는 본문에서, 바울은 에베소의 (그리고 우리를 포함한) 그리스도인들이 하나님의 성령과의 깊고 풍성한 경험 속으로 들어갈 수 있기를 간절히 기도하고 있음을 밝힙니다.

> 이러므로 내가 하늘과 땅에 있는 각 족속에게 이름을 주신 아버지 앞에 무릎을 꿇고 비노니 그의 영광의 풍성함을 따라 그의 성령으로 말미암아 너희 속사람을 능력으로 강건하게 하시오며 믿음으로 말미암아 그리스

도께서 너희 마음에 계시게 하시옵고 너희가 사랑 가운데서 뿌리가 박히고 터가 굳어져서 능히 모든 성도와 함께 지식에 넘치는 그리스도의 사랑을 알고 그 너비와 길이와 높이와 깊이가 어떠함을 깨달아 하나님의 모든 충만하신 것으로 너희에게 충만하게 하시기를 구하노라(엡 3:14-19).

존 웨슬리는 '열광주의'를 결코 좋아하지 않았습니다. 웨슬리는 열광주의란 "일부 잘못 오해된 하나님으로부터의 감응 또는 감화에서 비롯되는 종교적 광기; 최소한 하나님에게서 기대해서는 안 되는 어떤 것을 하나님에게서 기대하는 행위"[8]라고 규정했습니다. 우리도 실상은 그렇지 않은데도, 마치 나 자신이 하나님의 감동을 받은 것처럼 오해하거나 상상하는 오류에 빠지지 않도록 신중할 필요가 있습니다. 또한 우리는 "하나님에게서 기대해서는 안 되는 어떤 것을 하나님에게서 기대하는" 잘못을 저질러서도 안 됩니다. 하지만 한편으로 저는, 우리가 하나님에게서 "마땅히 기대할 것을 너무 적게 기대하지 않도록" 경계할 필요도 있다고 생각합니다. 이치에 맞는 '합리적인 종교'에서 벗어나지 않으려 지나치게 얽매이지 말아야 합니다. 하나님을 가까이 함으로 발현되는 친밀한 지식, 우리 삶에 하나님의 능력이 차고넘치게 하시는 은혜로부터 우리 스스로를 차단시켜서는 안 됩니다. 하나님이 그러한 풍성한 은혜를 우리에게 베풀기 원하신다는 사실을, 적어도 바울은 확신한 것으로 보입니다(바울이 실현되지도 않을 것을 일부러 헛되게 기도할리는 없겠지요).

에베소의 그리스도인들을 위한 바울의 기도는 '경험'을 구하는 기도였습니다. (2천 년이 지나고 나서도 여기 우리가 이처럼 예수님의 이름으로 모일 것을 만일 바울이 예상했다면, 그는 우리를 위해서도 그와 똑같은 기도를 드렸을 것이라 생각합니다). 그것은 하나의 시작이지만 끝은 아니라고 할 수 있는, 어떤 신성한 만남, 하나님과의 조우를 위한 기도였습니다. 그것은 하나님의 성령으로 말미암아 우리의 가장 내밀한 자아가 침투되는 경험이고, 그분의 권능과 인격으로 우리 자신이 흘러넘치게 되는 경험입니다. 그 능력은 우리가 원하는 것을 할 수 있게 하는 어떤 힘이 아니라, 성령 하나님의 인격 안에서 임하는 능력이며, 우리 안에, 우리 가운데, 우리를 통해 그분이 원하시는 것을 이루는 능력입니다. 바울이 말한 두 번째 간구는 첫 번째 것이 성취된 하나의 결과처럼 보입니다. 즉 그리스도께서 우리 각 사람 안에, 우리와 함께, 우리 가운데 거하시고, 그와 동시에, 측량할 수 없는 하나님의 위대한 사랑이 매우 충만하게, 매우 실제적으로 체험된 결과로, 우리가 그 광대하고 무한한 사랑의 능력을 맛볼 수 있게 되길 바라는 것입니다. 세 번째 간구는 가장 역설적인 특징을 갖습니다. 그 모든 충만하심 가운데 계신 하나님의 무한하심과 광대하심이, 어떤 신비로운 방식으로, "나" 또는 "우리"라고 하는 이 미세한 공간 안에 임하여 채워지게 되길 바라는 것입니다. 하나님이 친히 우리 안에 그분의 성령으로 함께 거하기로 작정하시지 않는다면, 그러한 일이 과연 가능하겠습니까? 이런 표현들이 어쩌면 마치 '신들림', 또는 '사로잡힘'과 유사한 개념처럼 들린다면, 어느 정도는 제대로 짚었다고 말할 수 있겠습니다.

'그분을 받아들이시겠습니까?'

만일 우리가 그분을 받아들이면, 그분은 우리의 모든 것을 뒤엎으실 것입니다. 하지만 "측량할 수 없는 그리스도의 사랑을 헤아려 알고", 우리 안에 내주하시는 성령의 능력을 깨닫고 하나님의 충만하심을 직접 체험하며 그분을 내 안에 소유함으로, 내가 모든 것을 이미 다 가졌음을 깨달아 아는 것보다, 그리하여 완전한 기쁨과 충만한 은혜로 채워지는 것보다, 우리가 붙잡아야 할 더 크고 가치 있는 위대한 일이 과연 무엇이겠습니까? 우리가 일생 동안 경건의 어떤 모양은 따르면서 그 능력에서 끊어진 채 살아간다면, 그보다 더 큰 비극은 없다고 생각합니다. '여러분, 그분을 받아들이시겠습니까?'

* * *

그분을 받아들인 한 교회에 대해 간단히 소개하고자 합니다. 그 교회의 목사님은 (감독교회이니 만큼, 그분을 "교구담임사제"로 지칭해야 할 것 같습니다만) 성령의 충만을 받아들인 또 다른 감독교회를 방문했고 그곳의 목사님과 한동안 교제를 나눴습니다. 얼마 동안의 연구 끝에, 그 목사님은 자신의 교회에서 성령에 대해 증언하는 성경 본문들을 공부하고, 성령 충만한 삶과 성령 충만한 교회에 대한 성경의 비전을 탐구하는 설교 시리즈를 진행했습니다. 이 여정의 어느 시점에서, 교인들은 함께 기도했고 그들 안에 성령의 임재가 나타났습니다. 하나님과 서로를 향하여, 그리고 외부 사람들을 향하여, 교회 성도들은 전보다 더 깊은 사랑으로 새롭게 충만해졌습니다. 그들은 더 자주 모임을 갖기 시작했고, 스스럼없이 새로운 소그룹을 형성했으며, 서로를 위해 함께 기도했고, 하나님의 도우심과 은혜, 그리고 성령의 기름 부으심과 인도하심이 서로에게 임하시기를 위해 함께 부르짖었습니다. 또한 그들은 하나님을 향한 새로운 열정을 품고 예배하기 시작했습니다. 성공회의 옛 찬송가들이 찬미와 경배와 기도의 도구들로 새롭게 태어났습니다. 당연히 예상할 수 있듯, 새로운 찬양 곡들도 찬송가 목록에 추가되어 예배에 활력을 불어넣었습니다. 옛 기도문에도 새 생명이 입혀졌습니다. 바뀐 표현은 없었지만 성도들 각자가 변했던 것입니다. 회중 기도 시간이 되면, 성도들은 확신 가운데 소리 내어 기도하길 주저하지 않았습니다.

제가 그 회중에 합류할 무렵에는 이미 어느 정도 일상적인 일로 자리잡기는 했지만, 단연컨대, 다소 특이한 일이 일어나기도 했습니다. 주일 오전 예배 또는 수요일 저녁 예배, 또는 소그룹 모임에서 (물론 이러한 간증을 위해 정해진 시간에) 누군가 자리에서 일어나 주님이 자신에게 깨닫게 하신 것이라 스스로 확신하는 어떤 것을 공동체 앞에서 함께 나눴습니다. 대개 그러한 간증 내용은 해당 주간 동안 그 진위가 가려졌고, 확인 또는 폐기되기도 했습니다. 어떤 성도들은 알아듣지 못하는 언어, 소위 "방언"으로 기도하기 시작했습니다. 사실 저는 개인적으로 그러한 현상에 대해 심각한 의문을 가진 사람입니다. 저는 그 성도들을 사랑했고, 그분들의 하나님을 향한 열심과 참된 제자도를 추구하는 마음을 존중했지만, 그런 현상만큼은 조금 지나친 것이 아닌가 싶었습니다. 그런데 어느 은퇴한 초등학교 수학 교사가 저를 위해 헬라어로 기도하기 시작하면서 그러한 저의 생각도 달라지게 만들었습니다. 저는 지금도 그 성도님이 기도했던 한 문장을 기억하고 있습니다. "카이레인 엔 테 아르테 투 퀴리우"(chairein en tē aretē tou kyriou), "주의 탁월하심에 그가 기뻐하길."[9]

그러나 신자들 개인과 그 공동체의 삶에 임한 성령의 충만한 은혜에서 가장 두드러진 특징은 그 은혜로부터 발현된 서로를 향한 그리고 이웃을 향한 '사랑의 실천'이었습니다. 저는 그 교회에 사람들을(정말 여러 사람들을) 열심히 초대하고자 했습니다. 왜냐하면 그곳에는 분명히 일상에서는 찾아볼 수 없는 어떤 것이 있었기 때문입니다. 그 공동체에서는 나와 우리가 하나님과 연결된다는 실제적인 인식이 공유되었습니다. 제가 당시 초대했던 사람들 중에 회중 가운데서 확인되는 뜨거움과 매우 특별한 경험에 감화를 받지 않은 사람이 하나도 없었습니다. 그러면서 저는 그리스도인의 예배와 회중 가운데서 성령의 나타나심에 대한 바울의 비전을 현실로 목도할 수 있었습니다. "그러나 다 예언을 하면 믿지 아니하는 자들이나 알지 못하는 자들이 들어와서 모든 사람에게 책망을 들으며 모든 사람에게 판단을 받고, 그 마음의 숨은 일들이 드러나게 되므로 엎드리어 하나님께 경배하며 '하나님이 참으로 너희 가운데 계신다' 전파하리라"(고전 14:24-25).

* * *

저는 우리 모두 그런 종류의 교회가 되었으면 합니다. 저는 성령이 나타나 임재하시는 것에 있어서 오직 특정한 방식들만 존재한다고 생각하지는 않습니다. 하지만 성령의 임재는 명백한 것이라고 생각합니다. 저는 살아계신 하나님의 임재와 그 강권하시는 은혜가 지금 저와 여러분이 예배하는 이곳에서도 모두가 알도록 선명하게 드러나기를 간절히 소망합니다. 그것은 하나님의 성령이 친히 우리 안에 거하시고, 우리를 통해, 우리 가운데 충만한 생명으로 나타나시기 때문에 가능한 일입니다. 우리 교회를 방문하는 분마다, "정말 진심으로 환대해 주는 사람들이구나"라는 생각에 그치지 않고 (물론 교회에 오신 모든 분들이 꼭 그런 인상을 받았으면 좋겠습니다!) 우리의 실제 모습을 보고, "정말 하나님이 이들 가운데 계시는구나!"라고 감탄하게 되길 바랍니다.

예수님의 제자들에게 첫 부활절 이후의 시간은 "위로부터 오는 능력", 즉 예수님이 약속하신 성령의 기름 부으심을 기다리며 기도하는 시간이었습니다. 오순절의 성령강림주일이 곧 다가옵니다. 바울의 기도가 우리에게 가리켜 보인 그 특별한 경험에 매료된 분이 이 자리에도 있다면, 저는 앞으로 몇 주 동안 우리가 예수님의 제자들과 같은 방식으로 이 시기를 보내길 권합니다. 예수님과 육신으로 함께하는 것보다 더 나은 약속이 정말 무엇인지 우리가 직접 맛보게 되길 바랍니다.

우리만의 다락방에서, 위로부터 오는 능력으로 덧입혀지길 기대하면서 기다림의 시간을 가져보길 권합니다. 우리 가운데 하나님의 영이 충만히 임하시길 간절한 심령으로 하나님께 기도하기 바랍니다. 이것은 하나님이 응답하실 것을 우리가 확신하는 가운데 드릴 수 있는 기도제목입니다. 예수님의 말씀을 기억하길 바랍니다. "너희가 악할지라도 좋은 것을 자식에게 줄 줄 알거든 하물며 너희 하늘 아버지께서 구하는 자에게 성령을 주시지 않겠느냐"(눅 11:13).

우리 주 예수 그리스도께서 하늘로 오르시기 전에 굳게 약속하신 성령의 충만한 임재와 그로부터 비롯되는 놀라운 축복이 우리 교회 모든 성도 안에서도 일어나도록 간구하는 저와 여러분 되시길 간절히 소망합니다. 아멘.

14 새 영, 새 마음

오순절 성령강림주일
에스겔 36:24-28; 로마서 8:1-17

PENTECOST

에스겔은 이스라엘이 안고 있는 문제의 핵심이 그들의 마음에 있음을 알았습니다. 이스라엘 백성들은 하나님을 향한 마음을 잃고 하나님과의 언약을 저버렸습니다. 이스라엘 백성들은 하나님이 그들에게 베푸신 은혜를 잊은 채 살았습니다. 하나님이 그들을 이집트에서 구원해내신 일, 조상 아브라함에게 약속하신 젖과 꿀이 흐르는 땅으로 그들을 인도하여 차지하게 하신 일, 하나님의 백성으로 살아가는 데 필요한 제반 환경과 자원을 공급하신 일 등에 대한 기억이 모두 사라졌습니다. 오히려 그들은 자신들의 유일한 보호자이자 공급자이신 하나님을 거부하고 이방인처럼 강력한 왕권 아래 살아가길 선호했습니다. 하나님과 맺은 언약이 제공하는 것 이상으로 많은 것을 원했습니다. 그러다보니 가난한 자를 위해 들판에 이삭을 남겨두어야 하는 일에서까지 자신들의 욕심을 따랐습니다. 이웃한 나라들의 영토를 노리고 끊임없이 기회를 엿보았습니다. 십일조와 제물을 드려 하나님을 인정하고 하나님의 성전을 거룩하게 하기보다 나라 곳곳에 자신들을 위한 신전과 사당을 세우고 어떤 우상이든 자신들의 눈에 보기 좋은 것을 섬겼습니다. 하나님의 율법이 요구하는 것을 따르기보다, 자신들의 분노, 증오, 원한, 당파싸움, 권력투쟁, 혼외 음욕, 또는 탐욕 등을 자제하지 않았습니다. 물론 이스라엘의 전반적인 어두운 분위기에도 불구하고 언제나 신실한 하나님의 사람들이 있었습니다. 그러나 불충한 사람들의 불순한 삶의 악취는 신실한 자들의 향기를 압도했습니다. 하나님의 백성 가운데 가득한 온갖 더러운 것과 오염된 것을 제거하기 위해 하나님께서 친히 개입하셔야 했습니다.

하나님은 자기 백성과 맺으신 언약에 대한 신실하심을 입증해 보이셨습니다. 이스라엘도 언약을 신실하게 지킴으로 하나님을 기억하고 영화롭게 한다면, 하나님은 그들에게 대대손손 복을 더해 주실 것을 약속하셨습니다. 만일 이스라엘이 언약을 잊고 하나님의 영광을 모독할 경우에는, 그들에게 저주가 임하게 될 것을 경고하셨습니다. 구약의 선지자 대부분이 이스라엘 백성에게 이 같은 결과를 미리 경고하고 알렸습니다. 선지자들은 백성들을 향해 하나님의 언약이 요구하는 신실한 삶으로 속히 돌아올 것을 촉구했습니다. 하지만 이스라엘 백성의 마음은 이미 돌같이 굳어버렸습니다. 결국 주전 722년, 북이스라엘 왕국은 앗수르의 침공으로 무너져 내렸고 백성들은 뿔뿔이 흩어졌습니다. 그리고 주전 586년, 남유다 왕국 역시 바벨론의 침공으로 비참한 최후를 맞았습니다.

에스겔 선지자는, 그럼에도 불구하고, 하나님께서 자기 백성을 위하여 선하신 뜻을 포기하지 않으실 것을 알고 있었습니다. 복과 생명을 약속하는 하나님과의 언약에 이스라엘이 불성실했음을 그들 스스로가 입증했다고 한다면, 이제 하나님께서 그 다음 단계로, 필요한 조치를 취하실 때가 왔다는 것입니다. 즉, 하나님께서 친히 하나님 백성들의 마음을 그 기저에서부터 변화시킴으로 언약에 신실한 자들이 되게 하고, 그들이 약속에 따른 풍성한 복을 누리게 하시는 것입니다. 이스라엘이 자기 힘으로는 도저히 할 수 없었던 그 일을, 이제는 그들이 행할 수 있도록 하나님이 그들에게 능력을 입히시는 것입니다. 우리는 하나님의 이름으로 선포되는 이러한 놀라운 약속의 말씀을 보게 됩니다.

내가 너희를 여러 나라 가운데에서 인도하여 내고 여러 민족 가운데에서 모아 데리고 고국 땅에 들어가서 맑은 물을 너희에게 뿌려서 너희로 정결하게 하되 곧 너희 모든 더러운 것에서와 모든 우상 숭배에서 너희를 정결하게 할 것이며 또 새 영을 너희 속에 두고 새 마음을 너희에게 주되 너희 육신에서 굳은 마음을 제거하고 부드러운 마음을 줄 것이며 또 내 영을 너희 속에 두어 너희로 내 율례를 행하게 하리니 너희가 내 규례를 지켜 행할지라 내가 너희 조상들에게 준 땅에서 너희가 거주하면서 내 백성이 되고 나는 너희 하나님이 되리라(겔 36:24-28).

이스라엘에게는 마음의 근본적인 변화가 필요했습니다. 그들에게는 부드러운 마음, 하나님께 민감하게 반응할 수 있는 마음이 필요했습니다. 그러한 마음으로, 그들은 하나님과의 관계, 하나님 앞에서의 자신들의 삶을 돌아보고, 자신들의 행위가 하나님을 향한 사랑과 언약으로의 헌신을 어떻게 반영하고 있는지를 깊이 자각해야 했습니다. 그런데 에스겔의 말에 따르면, 하나님은 그들에게 심지어 더 많은 것이 필요하다는 사실을 아셨습니다. 하나님의 백성에게는 그들 안에 하나님 영이 필요했습니다. 하나님의 영이 하나님 백성 안에 들어가, 그들과 함께 숨쉬고, 그들의 발걸음을 이끌며, 그들이 하나님께 언약에 합당한 반응을 보일 수 있도록 그들에게 권능을 입혀야 했습니다. "새 영을 너희 속에 두고." 그것은 곧 그들에게 "새 마음"의 탄생이 가능하게 하는 "새 영"을 두시겠다는 의미입니다. 그것은 하나님과의 새로운 미래 또한 가능하게 만드는 "새 영"이었습니다. 이제 하나님의 백성은 하나님의 영을 받고 더 이상 불순종의 저주가 아닌 순종의 복을 누릴 수 있게 되는 것입니다.

* * *

마찬가지로 바울도 그 문제를 이 같은 방식으로 이해했습니다. 예수 그리스도의 죽음과 부활을 통해, 하나님은 이스라엘에게로 집중돼 있던 시선을 전 세계 백성들에게로 넓히시고, 그리스도 안에서 언약을 완성해 가십니다. 바울은 그것을 갈라디아서에서 이렇게 표현합니다.

> 그리스도께서 우리를 위하여 저주를 받은 바 되사 율법의 저주에서 우리를 속량하셨으니 기록된 바 나무에 달린 자마다 저주 아래에 있는 자라 하였음이라 이는 그리스도 예수 안에서 아브라함의 복이 이방인에게 미

치게 하고 또 우리로 하여금 믿음으로 말미암아 성령의 약속을 받게 하려 함이라(갈 3:13-14).

바울은 하나님이 이스라엘과 맺으신 언약의 차원을 넘어, 예수 그리스도 안에서, 아브라함에게 주셨던 그 약속을 모든 민족을 위하여 완전히 이루셨음을 믿고 있습니다. '아브라함과 그 후손을 통해 모든 민족이 하나님이 약속하신 복을 받을 것이다.' 바울에게 있어서 그 최고의 후손은 바로 예수 그리스도였습니다. 그리고 바울은 그 약속의 복이 곧 성령 하나님이심을 분명하게 선포합니다.

바울은 로마의 그리스도인들에게 자신이 전하려는 메시지를 담아 편지를 보낸 적이 있습니다. 로마에 있는 신실한 그리스도인 상당수에 대해 바울이 잘 알고 있긴 했지만, 바울 자신은 아직 로마 교회를 방문하지 못했고 그들과 더불어 친분을 쌓지 않은 상태였습니다. 로마서는 일종의 후원 관리를 위한 설교였다고도 볼 수 있습니다. 바울은 로마의 그리스도인들이, 지중해 동부 달마디아를 통해 수리아에서 이달리야(이탈리아) 서쪽 특히 서바나(스페인)로 순회하는 자신의 계속되는 선교 사역을 후원해 주길 바라며 이 편지를 썼습니다. 그래서 바울은 복음에 대한 자신의 이해를 매우 신중하게 체계적으로 제시하고 있습니다. 바울이 이렇게 편지함으로써, 로마의 그리스도인들은, 그들이 만일 바울과 동역하게 될 경우, 자신들이 무엇을 그리고 왜 후원하는지를 깊이 생각해 볼 수 있을 것이기 때문입니다.

바울은 특히 예수 그리스도의 십자가 복음이 사람들을 삶의 변화로 이끌어낸다는 사실을 편지에서 강조하고 있습니다. 바울은 일부 사람들에게, 신자의 삶에서 은혜를 구실로 계속 죄를 지을 여지를 남게 하는 말씀을 전한다는 오해를 받았습니다(롬 3:8; 6:1, 15). 따라서 바울은 결코 그렇지 않다는 점을 분명히 밝히고 있습니다. 오늘 우리가 읽은 본문 두 장 앞으로 가시면, 바울이 이렇게 선언하는 것을 볼 수 있습니다.

> 그런즉 우리가 무슨 말을 하리요 은혜를 더하게 하려고 죄에 거하겠느냐 그럴 수 없느니라 죄에 대하여 죽은 우리가 어찌 그 가운데 더 살리요 무릇 그리스도 예수와 합하여 세례를 받은 우리는 그의 죽으심과 합하여 세례를 받은 줄을 알지 못하느냐 그러므로 우리가 그의 죽으심과 합하여 세례를 받음으로 그와 함께 장사되었나니 이는 아버지의 영광으로 말미암아 그리스도를 죽은 자 가운데서 살리심과 같이 우리로 또한 새 생명 가운데서 행하게 하려 함이라(롬 6:1-4).

> 그러므로 너희는 죄가 너희 죽을 몸을 지배하지 못하게 하여 몸의 사욕에 순종하지 말고 또한 너희 지체를 불의의 무기로 죄에게 내주지 말고 오직 너희 자신을 죽은 자 가운데서 다시 살아난 자 같이 하나님께 드리며 너희 지체를 의의 무기로 하나님께 드리라(롬 6:12-13).

복음은 이렇게 약속합니다. "이제 우리의 옛 사람이 예수와 함께 십자가에 못 박혔다. 이는 죄의 몸이 죽어 다시는 우리가 죄에게 종 노릇 하지 않게 하려는 것이다"(롬 6:6). "더 이상 죄가 너희를 주장하지 못할 것이다. 이는 너희가 법 아래에 있지 아니하고 은혜 아래에 있기 때문이다"(롬 6:14).

이것은 놀라운 약속의 말씀입니다. 하지만 저는 이 위대한 약속의 말씀이 실제 우리가 살아가는 현실에서 얼마나 그 효력을 발휘하고 있는지, 우리가 이 약속의 성취를 얼마나 충만하게 누리고 있는지 의문이 들 때가 많습니다. 저와 여러분은 죄에 대해 승리를 쟁취한 삶을 살고 있습니까? 우리는 참 그리스도인답지 못한 태도와 언행들을 모두 극복해 내고 있습니까? 아니면 여전히 죄가 우리의 주인이 되어 다스리고 있습니까? 아직도 마음 어딘가에서 분노와 화가 치밀고, 상처 입은 감정들이 올라오고 있습니까? 죄의 공격에서 비롯되는 영혼 깊은 곳의 공허함과 외로움을 달래기 위해 다양한 방식으로 나의 이기적인 욕구를 채우고 있지는 않습니까? 우리는 나 자신을 죄의 충동에 이끌리는 대로 살도록 내버려두고 있지는 않습니까? 하나님께 나 자신을 꾸준히 내어드림으로써 하나님의 뜻이 내 안에서 나를 통해 이루어지게 하는 것이 아니라, 오히려 죄에게 나를 계속 내어줌으로써 죄가 나의 모든 관계와 현실에서 그 참담한 결과를 이루어내게 하고 있지는 않습니까? 우리는 나를 붙들고 승리하게 하는 그리스도의 십자가와 부활의 능력을 매순간 누리고 있지 못하는 자신의 모습을 보게 될 때가 많습니다. 심지어 우리는 나를 향한 하나님의 사랑과 돌보심에 대해서도 나의 마음이 마치 돌처럼 굳은 것을 볼 때가 있지 않습니까? 과거, 나 자신이 한때 그러했던, 그 옛 사람의 모습이 여전히 내 안에 비슷하게 남아 있지는 않습니까?

바울은 복음의 위대한 약속뿐만 아니라, 인간이 실제로 처한 상태, 인간의 그 본질적 문제에 대해서도 명확히 인지하고 있습니다. 문제는 우리가 머리로는 무엇이 옳은지를 알면서도 현실에서는 그것을 행하지 못한다는 것입니다. 그리고 무엇이 잘못되었는지 알면서도 그것을 거부하지 못한다는 것입니다. 오늘 본문 바로 앞 단락에서 바울은 이같이 말하고 있습니다.

> 내가 원하는 바 선은 행하지 아니하고 도리어 원하지 아니하는 바 악을 행하는도다 만일 내가 원하지 아니하는 그것을 하면 이를 행하는 자는 내가 아니요 내 속에 거하는 죄니라(롬 7:19-20; 참고. 7:15, 17).

여기서 바울은 하나님과의 언약을 지키는 일에 실패하여 멸망을 목전에 두었던 이스라엘 백성들처럼, 그리고 또 다시 언약에 따라 신실하게 행하지 않고 그 마음이 돌처럼 굳어버린 유대인처럼, 그러다 결국 이방인들의 지배를 받으며 주후 70년, 로마 제국에 의해 예루살렘과 성전의 파괴를 지켜봐야 했던 그 백성처럼, 율법의 언약 아래 살아가는 사람들의 관점에서 진술하고 있습니다. 그리고 지금도 수많은 그리스도인들이 바울이 묘사하는 그러한 곤경과 난감한 상황에 빠져 있습니다. 하나님께서 나에게 원하시는 복음에 합당한 의로운 삶이 무엇인지 잘 알면서도, 여전히 이기적인 생활과 죄악된 본성에 천착하고 있는 나 자신의 모습이 그렇습니다. 여기 모인 저와 여러분 모두, 한 사람의 예외도 없이, 삶의 어느 시점에서, 어쩌면 자주, 그런 비슷한 일을 경험했습니다. 그러나 죄의 권세 아래 있으면서 우리의 거룩한 갈망과 염원이 계속 무너지는 절망적이고 무기력한 상태로, 하나님이 우리를 그냥 내버려두지 않으신다는 사실을 대다수 그리스도인들이 충분히 모르고 있는 것 같습니다.

만일 우리가, "오호라 나는 곤고한 사람이로다 이 사망의 몸에서 누가 나를 건져내랴"(롬 7:24), 이 고백만 외치고 멈춰 있는 상태라면, 저와 여러분은 아직 그리스도께서 우리를 위해 이루신 모든 것을 다 누리지 못하고 있는 것입니다. 그래서 바울은 이 비참한 고백 직후에 즉시 이렇게 선포합니다. "그러나 우리 주 예수 그리스도로 말미암아 하나님께 감사하리로다"(롬 7:25). 바울은 인간의 본질적 문제에 대한 하나님의 근본적 해법을 바라보았습니다. 그것은 바로 우리에게 하나님의 성령을 공급해 주시는 것입니다.

> 이는 그리스도 예수 안에 있는 생명의 성령의 법이 죄와 사망의 법에서 너를 해방하였음이라…육신을 따르지 않고 그 영을 따라 행하는 우리에게 율법의 요구가 이루어지게 하려 하심이니라(롬 8:2, 4).

바울이 보여주는 대비는 명확합니다. 우리 안에 하나님의 역사가 이루어지기 전에는, 죄가 우리 안에서 그 능력으로 우리를 지배했습니다. 하지만 복음은, 하나님이 우리 안에 새로운 능력을 불어넣으셔서 우리를 사로잡게 하시고 우리를 이끌게 하신다는 사실을 분명히 약속하고 있습니다.

> 육신에 있는 자들은 하나님을 기쁘시게 할 수 없느니라 만일 너희 속에 하나님의 영이 거하시면 너희가 육신에 있지 아니하고 영에 있나니 누구든지 그리스도의 영이 없으면 그리스도의 사람이 아니라…예수를 죽은

자 가운데서 살리신 이의 영이 너희 안에 거하시면 그리스도 예수를 죽은 자 가운데서 살리신 이가 너희 안에 거하시는 그의 영으로 말미암아 너희 죽을 몸도 살리시리라(롬 8:8-9, 11).

그리스도는 복음의 약속을 가능하게 하는 두 가지 선물을 우리에게 주셨습니다. 첫째는 예수님 자신의 죽음과 부활입니다. 그리스도의 죽음은, 우리의 불순종의 기록을 지우고 우리를 하나님과 화목하게 만드는 최고의 순종의 행위일 뿐만 아니라, 우리가 날마다 영적인 능력으로 소통하게 하는 행위입니다. 예수님의 죽음과 부활은 우리 앞에, 주님과 함께 우리가 나의 옛 사람에 대해 죽고 하나님을 위해 다시 살아갈 수 있는 새로운 삶의 기회와 당위를 제시해 놓습니다. 오직 옛 자아에 대해 죽고, 하나님을 위해 살기로 작정한 사람만이 영원한 생명을 누릴 것이기 때문에, 그리고 예수님이 나를 위해 그러한 삶의 가능성을 새롭게 열어주셨기 때문에, 우리 앞에 하나의 기회가 주어진 것입니다. 또한 "그리스도께서 모든 사람을 대신하여 죽으심은 살아 있는 자들로 하여금 다시는 그들 자신을 위하여 살지 않고 오직 그들을 대신하여 죽었다가 다시 살아나신 이를 위하여 살게 하려 함"이기 때문에(고후 5:15), 그것은 우리 앞에 하나의 당위가 주어진 것이기도 합니다. 우리는 모두 은혜에 "빚진 자들"로서, 그리스도께서 자기 목숨을 버리시기까지 우리를 사랑하신 그 사랑과 우리의 삶에서 이루고자 하신 그 뜻대로, 살아가야 할 당위가 있습니다. 로마서 8장 12절에서 바울은 이렇게 말합니다. "그러므로 형제들아 우리가 빚진 자로되 육신에게 져서 육신대로 살 것이 아니니라."

복음의 약속을 가능하게 만드는 두 번째 선물은 성령의 놀라운 임재입니다. 이 성령의 선물은 곧 하나님이 우리와 함께, 우리 안에 계시는 것입니다. 또한 그것은 로마서 6장 14절에서 바울이 설명하는 복음의 약속("죄가 너희를 주장하지 못하리니 이는 너희가 법 아래에 있지 아니하고 은혜 아래에 있음이라")이, 살아계신 하나님의 성령이 우리와 함께하심으로 마침내 현실화하는 것이기도 합니다. 그러한 하나님의 최고의 선물, 최고의 은혜이신 성령이 이제 우리의 삶을 주관하고 이끄시는 원동력이 되었다는 것입니다. 바울은 자신이 복음을 전했던 갈라디아 교회의 성도들에게도 이같이 말한 바 있습니다. "내가 이르노니 너희는 성령을 따라 행하라 그리하면 육체의 욕심을 이루지 아니하리라"(갈 5:16). 복음은 '성령이 우리 안에서 일하실 것이며, 우리를 죄에서 승리하게 하실 것이다'라는 놀라운 약속의 말씀을 선포합니다. 우리 안에 내주하시는 살아계신 성령 하나님의 그 은혜로운 사역으로 말미암아 결국 우리는 하나님을 기쁘시게 하는 모습으로 하나님을 위한 삶을 영위하게 될 것입니다.

사도 바울은 성령의 능력으로 이렇게 우리의 삶이 변화되는 것뿐만 아니라, 성령의 능력으로 하나님과 우리 사이의 관계가 변화될 것 또한 선포하고 있습니다.

무릇 하나님의 영으로 인도함을 받는 사람은 곧 하나님의 아들이라 너희는 다시 무서워하는 종의 영을 받지 아니하고 양자의 영을 받았으므로 우리가 아빠 아버지라고 부르짖느니라 성령이 친히 우리의 영과 더불어 우리가 하나님의 자녀인 것을 증언하시나니(롬 8:14-16).

성령은 하나님 앞에서 내가 누구인지, 그리고 하나님은 나에게 어떤 분이신지를 말해 주십니다. 우리 안에 계신 그분은 하나님의 가족과 하나님의 사랑 안에서 우리 각 사람에게 내가 서 있는 그 자리를 확신시켜 주십니다. 성령은 예수님이 제자들에게 주신 위로의 말씀을 우리에게 깊이 생각나게 하시고 그 말씀을 신뢰하게 하십니다. "적은 무리여 무서워 말라. 너희 아버지께서 그 나라를 너희에게 주시기를 기뻐하시느니라"(눅 12:32). 우리로 하여금 하나님을 바라보게 하시고, 하나님을 신뢰하도록 계속해서 붙드시는 분이 바로 성령 하나님이십니다. 그렇게 함으로써 우리는 나의 옛 자아, 그 옛 사람의 모든 욕망과 요구와 필요들을 내려놓게 되고, 하나님이 나에게서 원하시는, 그리스도의 장성한 분량에 이른, 성숙한 인격, 그리스도 안에 있는 새로운 피조물, 새 사람의 모습을 갖추게 됩니다.

* * *

하나님을 단지 그 아버지가 아니라, 우리의 아버지, 나의 아버지로서, 더 깊이 더 친밀하게 알기 원하십니까? 정말로 나의 삶에서 죄에 대한 완전한 승리를 맛보길 원하십니까? 나의 옛 사람이 그리스도 안에 있는 나의 새로운 삶을 더 이상 무너뜨리거나 방해하지 못하는 성령 충만한 삶을 원하십니까? 죄악으로 깨지고 망가진, 이 세상의 상처와 아픔을 계속 부추기는 자신의 모든 말과 행동을 이제는 정말로 멈추길 원하십니까? 그리고 이제는 언제 어디서든, '나의 모든 말과 행동이 하나님의 구원 사역에 동참하고 기여하는 것'이 되길 바라십니까? 만일 그러한 마음으로 점점 기울고 있다면, 그것은 긍정적인 신호입니다.

하나님께서 우리에게 부드러운 마음을 주시는 것이기 때문에, 우리도 마음을 돌처럼 강퍅하게 하지 말고, 하나님을 향해 더 정직하게 마음을 열 수 있길 바랍니다. 마음을 강하게 하고 용기를 내십시오. 하나님께서 성령의 충만한 은혜로 우리 안에서, 우리를 통해 이 모든 일을 이루실 것입니다. 바울은 우리가 그리스도를 믿고 신뢰할 때 우리가 이미 성령의 인치심을 받은 것을 확신하고 있습니다(엡 1:13). 그러나 또한 같은 편지에서 바울은, "오직 계속해서 성령으로 충만함을 받으라"고 권면합니다(엡 5:18). 성령이 우리 안에 내주하시는 능력으로 역사하시고 우리를 분별력 있는 성령 충만한 삶으로 이끄시도록 진심으로 간구하라는 것입니다. 그리할수록 우리는 성령의 인도하심을 따라 살게 될 것입니다. 여전히 어렵다고 느껴지십니까? 내 힘으로는 내 의지로는 도저히 못따라갈 것 같습니까? 실망하지 마세요. 포기하지 마세요. 그럴수록 우리는 더욱 하나님의 약속을 바라보고, 그 약속의 말씀을 붙들어야 합니다. 하나님께서 약속하십니다. "내가 나의 영을 너희 속에 두겠노라"(겔 36:27). 아멘. 함께 기도하겠습니다.

15 무한한 자산

오순절 성령강림주일
누가복음 24:44-49; 고린도전서 12:1-14

최근에 저는 우리 교회의 모든 사용 가능한 자원과 재정 상태를 파악하기 위해 시간을 보냈습니다. 만일 제가 그 과정에서, 오래 전 우리 교회 역사의 어느 시점에 있었던 한 가지 놀라운 사실을 발견했다고 말씀드리면 여러분은 어떻게 반응하시겠습니까? 우리 교회의 개척 멤버이셨던 어느 장로님이 개인 재산의 일부를 교회 기금으로 사용하도록 유산을 남기신 것입니다. 그런데 어찌된 영문인지 그런 내용이 하나도 기록으로 남지 않았고, 세월이 흐르면서 교회 성도들도 그 일을 모두 까맣게 잊고 있었습니다. 지난 사십 년동안 예치되어 있던 이 기금에 이자가 계속 쌓여갔고, 당연히 그 이자조차 한 번도 끌어다 쓴 적이 없었습니다. 그 결과 기금은 점점 더 불어나 매년 누적 발생하는 연간 이자만 해도 우리 교회 일 년 예산의 삼분의 일을 충당할 수 있을 정도가 되었습니다(할렐루야!). 그런데 교회의 기금 관리 위원회는 이런 사실조차 알지 못했습니다. 교회 재정을 다루는 어떤 사람도 알지 못했다고 합니다. (자, 지금 제가 하는 이야기가 모두 꾸며낸 이야기라는 걸 확실하게 눈치 채셨죠? 우리 재정 담당자가 모르는 기금이나 재정이란 절대 있을 수 없으니까요!)

놀랍게도 신약의 저자들은 우리에게 이러한 막대한(실제론 무한한) 자금이 기금으로 예치돼 있다는 사실을 알려주고 있습니다. 너무 막대해서 항상 우리의 필요를 충당하고도 남는 수준입니다. 성경의 그러한 증언이 정말 신뢰할 만한 것이라면, 그것은 우리의 모든 사역에 필요한 연료를 넉넉히 공급하고, 우리가 지금 기대하는 것보다 훨씬 더 크고 위대한 일을 감당할 수 있게 만드는 엄청난 자원인 셈입니다. 그러나 안타깝게도 우리는 우리 가운데서 그리고 이 세상에서 하나님의 사역에 필요한 자원을 찾는다 하면서, 정작 우리에게 이미 주어진 그 충분한 자원을 제대로 활용하지 못하고 있습니다.

물론 저는 여기서 성령에 대해 말하고 있습니다. 지난 주 설교에서 우리는 이 자원이 우리에게 무엇을 제공해 주는지를 그리스도인 개인의 삶의 측면에서 함께 생각해 보았습니다. 우리의 옛 사람이 그리스도와 함께 십자가에 이미 못 박혀 죽었음에도 불구하고, 죽기를 거부하는 우리의 옛 자아를 따르려는 성향이 우리에게 아직 남아 있습니다. 그러나 우리는 오직 성령의 인도하심을 따라 살길 간구하며, 그러한 우리들 가운데 성령이 들어오셔서 저와 여러분을 날마다 그 충만한 길로 인도해 주십니다. 그런데 하나님은 단지 우리 개인 삶의 변화나 관계의 변화만을 위해 성령을 보내주신 것이 아닙니다. 하나님은 이 세상을 변화시키는 그분의 도구로 우리를 사용하시기 위해, 그 일을 위해 우리에게 권능을 입히시고자 성령을 보내주신 것입니다.

* * *

예수님은 곧 승천을 앞두고 제자들에게 마지막으로 이렇게 당부하십니다. "내가 내 아버지께서 약속하신 것을 너희에게 보내리니 너희는 위로부터 능력으로 입혀질 때까지 이 성에 머물라"(눅 24:49). 물론 예수님은 승천 후 열흘 후에 있을 오순절의 성령 강림을 예고하고 계십니다. 누가는 자신의 복음서 후속편인 사도행전 2장에서 그 사건을 상세히 전하고 있습니다. 먼저, 성령이 복음의 효과적인 증거를 위해 제자들에게 권능으로 임했습니다. 예수님은 성령으로 말미암아 "죄 사함을 받게 하는 회개가 예루살렘에서 시작하여 모든 족속에게 전파될 것"을 제자들에게 말씀하셨습니다(눅 24:47). 성령의 공급하시는 능력에 힘입어 베드로는 "성령으로 감화된" 오순절 설교를 전했습니다. 그리고 당시 예루살렘을 순례 중이던 삼천 명 이상의 유대인들이 복음에 반응했습니다(행 2:40-41).

우리도 천하 각국으로부터 와서 예루살렘에 머물던 유대인들을 사로잡았던 베드로의 설교와 바로 그 직전에 있었던 오순절의 기적을 잊지 말았으면 좋겠습니다. 놀랍게도 그것은 제자들이 지중해 동부의 다양한 지역 토착어로 하나님의 권능의 역사를 선포한 사건이었습니다. 사도행전을 포함한 신약의 나머지 본문을 계속 읽다보면, 우리는 오순절이 단순히 단회적으로 일어났다가 종료되는 특별한 사건이 아님을 알 수 있습니다. 그것은 새로운 시대의 도래를 알리는 사건이었습니다. 이제 후로는 예수님을 주와 그리스도로 고백하는 모든 공동체 안에서 성령이 광범위하고 강력하고 분명하게 경험될 것이었습니다. 성령은 그리스도인 공동체를 향하여 그리고 그들을 통해 권능 가운데 자신의 임재를 지속적으로 드러내실 것입니다.

* * *

오늘 본문에서 바울은 신령한 은사에 대해 다루기 시작해(고전 12:1-14) 고린도전서 13-14장에서 계속 그 주제를 전개하고 있습니다.

> 형제들아 신령한 것에 대하여 나는 너희가 알지 못하기를 원하지 아니하노니 너희도 알거니와 너희가 이방인으로 있을 때에 말 못하는 우상에게로 끄는 그대로 끌려 갔느니라 그러므로 내가 너희에게 알리노니 하나님의 영으로 말하는 자는 누구든지 예수를 저주할 자라 하지 아니하고 또 성령으로 아니하고는 누구든지 예수를 주시라 할 수 없느니라(고전 12:1-3).

여기서 우리는 바울이, "하나님의 영으로 말하는 자는 누구든지 예수를 저주할 자라 하지 아니한다"고 굳이 지적해야만 했던 당시의 상황이 매우 궁금하기도 합니다만, 우리가 다루는 주제에 계속 집중할 필요가 있습니다. 고린도의 그리스도인들은 본래 사람에게 말하지 못하는 각종 우상신(바울이 보듯이, 그들은 실재하는 것이 아니기 때문이죠)을 섬기며 살던 사람들이었습니다. 그러나 이제 그들은 말씀하시는 하나님을 만나게 되었습니다. 그리고 이 살아계신 참 하나님의 말씀을 듣는 법을 배우는 것은 그들에게 매우 중요한 사안이 되었습니다. 즉 그들은 하나님의 성령이 말씀하실 때 그것을 분명히 알아들어야 했고, 다른 영들이나 자기 내면의 소리가 신적 권위를 가장해 그들에게 자신들의 아젠다를 강요하려고 하는 경우를 분별해야 했습니다. 이것은 영적 성숙과 훈련이 요구되는, 분명 쉽지 않은 능력이기도 했지만, 하나님의 음성을 듣고 그 말씀에 따라 순종으로 반응하는 것은 그럴 만한 충분한 가치가 있는 일이었습니다. 계속해서 바울은 이렇게 말하고 있습니다.

> 은사는 여러 가지나 성령은 같고 직분은 여러 가지나 주는 같으며, 또 사역은 여러 가지나 모든 것을 모든 사람 가운데서 이루시는 하나님은 같으니, 각 사람에게 성령을 나타내심은 유익하게 하려 하심이라(고전 12:4-7).

바울은 고린도전서에서 성령의 은사와 나타나심에 따른 모든 다양한 현상들의 동등한 가치를 강조하고자 했습니다. 왜냐하면 고린도 교회 성도들이 그들 눈에 가장 화려해 보이는 현상인 방언에 매료되어 있었기 때문입니다. 그들은 성령의 보다 실천적인 은사의 가치, 즉 다른 성도들과 함께 서로를 섬기게 하고, 불신자들을 향한 복음전도와 선교에 강력하게 기여할 수 있는 여러 은사들에 대해 배울 필요가 있었습니다. 바울의 요지는 모든 다양한 성령의 은사마다 예외없이 동일하신 하나님으로부터 온 능력이 그 배후에 있으며, 각 나타나심의 현상 속에 임재해 있다는 것입니다. 그리고 누구에게 어떤 은사가 나타날 것인지의 문제 또한 하나님의 전적인 소관으로, 오직 주께서 결정하신다는 것입니다. 우리 '자신의 영적 은사', '자신의 영적 지위 또는 능력'을 드러낸다고 자부할 수 있는 그런 차원의 것이 아니란 말씀입니다. 이것은 오히려 나 자신을 하나님의 성령의 인도하심에 완전히 열어두는 차원의 일인 것입니다. 그리하여 하나님이 뜻하신 계획대로 다른 사람들의 유익을 위해 나를 이끄시고 사용하시도록 우리 자신을 성령께 맡기는 것입니다.

저는 교인들에게 소위 영적 은사 설문지를 돌려 각자 해당하는 항목을 표시하게 하는 교회도 보았습니다. 하지만 사실상 그것은 영적 은사라기보다는, 우리의 자연스러운 성향, 관심, 재능 등에 관한 목록이었습니다. 물론 그런 것들도 무시되거나 간과되어서는 안 되는 것이 맞습니다. 실제로 하나님이 기뻐하시는 일들, 우리의 삶과 이 세상에서 하나님의 선하신 뜻을 이루어가도록 우리가 행하는 데 있어서 그런 것들이 중요한 도구로 사용되기도 합니다. 그러나 그리스도의 몸된 교회의 유익을 위해 성령이 우리에게 맡기시는 은사들과 혼동되어서는 안 됩니다. 성령이 공동체의 유익을 위해 각 사람에게 덧입히시는 은사들은 우리의 태생적인 성향이나 관심 또는 재능과 상관이 없는 경우도 많습니다.

물론 본문에 따르면, 바울이 언급하는 영적 은사들을 우리의 천성이나 재능들과 헛갈릴 위험은 거의 없어 보입니다.

어떤 사람에게는 성령으로 말미암아 지혜의 말씀을, 어떤 사람에게는 같은 성령을 따라 지식의 말씀을, 다른 사람에게는 같은 성령으로 믿음을, 어떤 사람에게는 한 성령으로 병 고치는 은사를, 어떤 사람에게는 능력

행함을, 어떤 사람에게는 예언함을, 어떤 사람에게는 영들 분별함을, 다른 사람에게는 각종 방언 말함을, 어떤 사람에게는 방언들 통역함을 주시나니 이 모든 일은 같은 한 성령이 행하사 그의 뜻대로 각 사람에게 나누어 주시는 것이니라(고전 12:8-11).

하나님께서 그리스도인 공동체 안에 그분의 성령의 나타나심을 알리시는 방식에 대한 바울의 묘사에서, 개인적으로 가장 충격적인 부분은, 바울이 무심하리만치, 마치 별것 아니라는 듯, 그 은사들을 '툭-툭-' 나열하고 있다는 점입니다. 바울의 일상에서 그런 현상들은, 마치 찬송하는 습관처럼, 오전에 기도하는 습관처럼, 헌금하는 습관처럼 특별한 것이 아님을 알 수 있습니다. 바울은 다른 본문에서도 교회에게 주시는 성령의 은사에 관한 또 다른 카탈로그를 제시하고 있습니다. 따라서 우리는 오늘 본문에서 보는 항목들을 성령의 은사에 대해 남김없이 나열하는 것으로 단정해서는 안 됩니다. 하지만 우리는 여전히 그 내용에 보다 더 귀를 기울여야 합니다. 그것은 그리스도인 공동체 안에서 나타나는 하나님의 일하심에 대한 우리의 기존 경험에, 그리고 우리가 성령에 따라 행한다고 생각했던 기존의 생각과 그 정도에 있어서, 더 많은 도전을 안겨줄 것이기 때문입니다.

우리가 주목해야 할 점은, 바울이 그 모든 은사들을 신자 개인의 전유물이 되는 어떤 특정한 능력으로 규정하고 있지 않다는 사실입니다. 바울은 그것을 단지 "성령의 나타나심"이라고 표현합니다(고전 12:7). 그 은사들은 하나님께 기꺼이 순종하고자 하는 자들, 성령에 대해 민감하고, 성령의 이끄심에 열려 있는 그리스도인들을 통하여, 성령 하나님께서 공동체에게 베푸시는 선물입니다. 그러한 성령의 은사 자체가 그 받는 사람에게 달리 더 특별한 지위를 허락하지 않습니다. 그리고 어떤 사람이 특정한 은사를 바란다고 해서 그 사람에게 주어지지도 않습니다. 단지 성령께서 특정한 기회에 하나님의 정하신 뜻에 따라 행하실 뿐입니다. 신령한 성령의 은사들은 내가 원하는 어떤 사건이나 현상들을 실현해 내기 위해 나에게 주어지는 특별한 능력이 아니며, 하나님이 원하시는 일을 이루어내기 위한 하나님의 역사인 것입니다.

"지혜의 말씀", "지식의 말씀"(이것은 아마도 14장에서 바울이 언급하는 "계시"를 가리키는 것일 수 있습니다), "예언적 발화" 등 이 모든 은사들을 통하여, 성령은 각 사람의 마음, 상황, 그리고 특정 사안들을 향한 하나님의 관점 등에 대한 초자연적인 감각과 분별력을 교회 공동체에 나눠주십니다. 고린도전서 14장에서 바울은 "덕을 세우고 권면하고 위로하기" 위해 주님의 말씀을 회중에게 전하는 "예언의 은사"를 언급합니다(고전 14:3-4). 바울은 이 은사가 발현되는 공동체 안으로 들어온 "믿지 아니하는 자들"에 대해 이야기합니다. 결과적으로 예언에 의해 그들의 "마음의 숨은 일들이" 드러나게 되는데, 제 개인적으로 이것은 "지식의 말씀"을 지칭하는 것처럼 들립니다만, 어쨌든 그 믿지 아니하는 자들은 하나님의 임재와 능력에 노출되어, 강력한 회개와 회심의 경험을 하고 하나님을 경배하게 됩니다(고전 14:23-25).

예언적 발화는 어떤 진귀한 현상이 아닙니다. 사도행전에서 우리는 아가보라고 하는 사람이 여러 지역에 큰 흉년이 임할 것을 안디옥의 신자들에게 알림으로, 그 결과, 경제적으로 형편이 더 어려운 유대 땅의 그리스도인들을 원조하는, 주도적인 구호 활동을 장려하게 되는 장면을 볼 수 있습니다(행 11:27-30). 아가보라는 인물은 이후 이야기에 다시 등장하여, 바울이 예루살렘에서 결박당하고 체포될 것을 예고합니다(행 21:10-12). 디모데전서에서 우리는 디모데가 안수 받은 것(아마도 에베소 교회의 지도자로 그를 위임한 것?)과의 연결선 상에서, 그와 관련한 어떤 예언적 발화가 있었고, 구체적으로 명시되지는 않지만 디모데에게 어떤 성령의 은사가 임했음을 추론해 볼 수 있습니다(딤전 4:14). 요한계시록 2장과 3장에서 우리는 예언적 발화에 관한 일곱 가지 탁월한 사례들을 볼 수 있는데요. 이 본문에서 사도 요한은 영광 받으신 그리스도께서 여러 교회들의 강점과 약점에 대해 진단하고 평가하시는 말씀을 회중에게 전하고, 그들이 그리스도 편에 다시 설 수 있도록 회개와 변화를 촉구하고 있습니다.

아마도 우리는 그러한 현상들과의 연결선 상에서 "영들 분별함"의 은사(그 예언적 발화가 실제로 하나님에게서 온 것인지 아니면, 다른 영이나 또는 발화자 자신에게서 온 것인지를 분별하는 은사)가 차지하는 위치를 함께 감안해 볼 수 있을 것입니다(참고. 살전 5:19-21; 요일 4:1-3). 바울은 또한 성령이 신자들에게 권능을 입히사 방언하게 하실 것을 기대하고 있습니다. 그것은 오순절 사건에서처럼, 실제 타지역에서 사용하는 언어, 즉 사람의 방언일 수도 있고, 또는 고린도전서 13장 1절에서 그가 언급한 "천사의 말"일 수도 있습니다("내가 사람의 방언과 천사의 말을 할지라도 사랑이 없으면…"). 사실 고린도전서에서 바울은 대체로 이러한 방언 현상의 가치를 다소 경시하고 있는데요. 이는 고린도 교회에서 그 은사가 지나치게 과대평가되고 있었기 때문입니다. 그러나 방언 현상 자체에 대한 그의 평가는 고린도의 특정 상황을 초월한 것이었습니다. 방언으로 말하는 사람은 성령이 그 회중 안에 누군가를 통해 통역의 은사를 주시지 않는 한 (또는 그 듣는 자들이 사람의 방언, 즉 해당 외국어를 이해하게 되지 않는 한) 그것을 듣는 사람들에게 그다지 유익이 되지 않음을 알아야 했습니다.

또한 바울은 어떤 사람 또는 상황에 극적인 변화를 가져오게 하시는 성령의 권능의 역사에 대해서도 말합니다. 바울은 성령이 그리스도인들을 통해 일하셔서, 병들거나 쇠약한 자들에게 치유의 능력을 나타내시길 기대하기도 합니다. 바울은 아마도 (특히 아프리카와 아시아 같은 지구촌 곳곳에서 여전히 비일비재하게 행해지는) 축귀 사역을 포함해, 능력 행하는 일들과 복음의 수용을 조성하게 하시는 성령의 역사들을 기대한 것으로 보입니다(예를 들어 사도행전 13장에서 바울의 복음 전도를 방해한 마술사 엘루마를 쳐 맹인이 되게 하신 일). 물론 이 모든 일에는 믿음이 요구됩니다. 우리의 기도에 대한 응답으로, 하나님께서 우리 안에서 무엇을 이루길 원하시는지를 알기 위해서는 믿음이 요구됩니다. 이 또한 성령이 우리에게 맡기신 은사인 것입니다(참고. 약 5:14-18).

* * *

안타깝게도 이러한 성령의 나타나심을 개인적으로 경험하지 못하는 경우가 우리 가운데 대부분인 것 같습니다. 우리 중에는 그러한 성령의 현상을 과연 우리의 일상에서, 불신자들과의 만남 속에서, 또는 교회 공동체의 경험 안에서 환영해야 할 만한 것인지조차 확신하지 못하는 분들도 많습니다. 저는 단지 하나님의 교회에 공급해 주신 이 놀라운 영적 자산과 자원에 대한 사도들의 증언을 여러분 앞에 제시할 뿐입니다. 그리고 한 가지 질문을 제기하고자 합니다. '우리는 이 주어진 영적 자산을 (단지 나 자신의 삶을 위해서가 아니라, 우리 모든 회중을 위해, 우리 모든 사역을 위해) 더 많이 끌어다 쓸 필요가 있는가?' '그렇게 함으로써 하나님이 우리 공동체 안에 계획하신 뜻을 온전히 이루실 것을 기대할 수 있는가?' '우리는 현재 우리 공동체의 자원과 사역과 증언들이 신약 공동체의 그것들을 반영하는 모습을 보기 원하는가? 그리고 우리 자신의 관점을, 그들에게 똑같은 목적으로 주어진 그 자원과 능력에 더 온전히 맞춰볼 의향이 있는가?' '그렇지 않다면, 우리는 현재 우리 공동체의 삶이, 우리가 보았던 옛 그리스도인 공동체의 삶을 반영하지 말아야 한다는 특별한 이유를 논리적으로 설명할 수 있는가?'

우리가 고린도전서 13장을 제대로 읽는다면, 바울이 말하는 가장 본질적이고 근본적이고 영원한 성령의 은사, 즉 사랑의 능력에 이르게 될 것입니다. 우리는 하나님의 성령을 따라, 모든 관계에서 오래 참음과 온유와 인내함을 드러내고, 더 이상 헛된 시기와 자랑과 교만과 무례한 모습은 찾아볼 수 없는 그런 성령의 사람들로 서게 될 것입니다. 바울 자신도 고린도 교회의 성도들에게 이렇게 권면했습니다. "사랑을 추구하며 신령한 것들을 사모하되 특별히 예언을 하려고 하라"(고전 14:1). 그리하여 우리가 성령의 대변인들이 되라는 말씀입니다. 우리는 바울의 다른 여러 권면들은 매우 진지하게 고려하는 경향이 있습니다. 그렇다면 우리는 동일한 태도로 성령의 은사에 관한 이러한 권면을 받아들여야 하지 않을까요?

당연한 것입니다만, 이러한 새로운 성령의 물결 속으로 우리가 항해하기 위해서는 매우 신중하게 준비하고 능숙하게 흐름을 탈 수 있어야 합니다. 우리가 성령께 우리 자신을 열어두고 성장해 갈수록, 성령의 은사들을 활용할 수 있기 전에 먼저 성경 말씀 안에 우리 자신을 더 깊이 뿌리는 내리는 훈련이 매우 중요합니다. 구약과 신약의 글들은 "문학 선집"이 아니라 "정경"입니다. 헬라어에서 유래된 이 단어의 원래 의미는 '측량용 막대'입니다. 성령 안에서 그리고 성령의 은사 가운데서 우리의 성장은 전반적인 영적 성숙을 필연적으로 요구하게 됩니다. 그것은 우리가 잘못 다룰 수 있는 어떤 위험한 능력을 하나님께서 우리에게 맡기시기 때문이 아닙니다. 우리는 나 자신의 내면의 소리와 성령의 음성, 나 자신의 충동과 성령의 강권하심, 영적 은사와 유사한 나의 재능과 진정한 성령의 나타나심을 서로 분별할 수 있도록, 말씀 안에서 건전하고 성숙한 자기이해와 자기인식으로 겸비되어야 합니다. 그러나 모든 이유와 상황을 막론하고, 성령의 능력 안에서 자라가는 일은 매우 귀한 일이고 심지어 그리스도인의 삶에서 필수적인 것입니다. 그래서 결론적으로 저는 여러분 모두에게 한 가지 질문을 남겨드리고자 합니다. 하나님께서 우리에게 맡겨주신 이 놀라운 영적 자산, 우리 자신이 아닌 하나님의 뜻과 목적 실현을 위해 맡겨주신 그 위대한 영적 자산을 가지고 우리는 과연 무엇을 어떻게 해야 할까요? 하나님의 뜻을 구하며 함께 기도하겠습니다.

16 새로운 오순절

오순절 성령강림주일
사도행전 2:1-21, 38-39; 에베소서 5:15-20

"버킷 리스트"(죽기 전에 해보고 싶은 일들을 적은 목록)라는 표현을 한 번쯤은 들어보셨을 겁니다. 잭 니콜슨이 모건 프리먼에게 버킷 리스트를 새로 만들어 항목을 하나씩 체크하도록 도와주는 영화를 떠올리시는 분들도 계실 것 같습니다. 어쩌면 우리 가운데 자기만의 버킷 리스트를 직접 적어보신 분들도 계시겠지요. 저는 50번째 생일을 맞이할 계획을 세워본 적은 있지만, 아직 버킷 리스트를 적어보지는 못했습니다. 제 생각에는, 저도 곧 남은 소원들을 적어보게 될 때가 올 것 같습니다. 사실 버킷 리스트는 우리가 피할 수 없는 죽음의 운명에 직면할 때 보다 더 실감하게 만드는 장치인 것 같습니다. 나의 삶에 앞으로 시간이 그렇게 많이 남지 않았음을 깨닫는 순간, 우리는 "오 이런! 살면서 내가 소원했던 것들을 아직 이루지 못했다니. 아직도 나는 하고픈 일들이 많이 남았는데" 하고 아쉬워하게 됩니다. 그래서 마지막 종이 울리기 전, 아쉬움을 넘어 후회하지 않도록, 앞으로 내가 해야 할 일과 하지 말아야 할 일을 진지하게 고려해 보고, 인생이라는 노트의 마지막 페이지에 나의 우선순위들을 정리해 놓게 됩니다.

하지만 삶의 마지막 소원을 갑작스럽게 버킷 리스트로 만드는 분 중에 다음 항목들을 포함시키는 경우는 별로 없을 것 같습니다. "나 자신과 나의 삶을 하나님께로 더 향하기", "그리스도 안에서 형제 자매된 이들을 격려하고 후원하는 일에 더욱 힘쓰기", "다른 사람들과의 모든 기회를 그리스도를 전하는 기회로 삼기" 그리고 "사람들의 마음에 영생의 씨앗을 심기." 그런데 사도 바울은 이러한 중요한 사안들을 버킷 리스트 목록에 적어넣는 것에 그치지 않고, 지금부터 그러한 삶을 온전히 살아갈 것을 권하고 있습니다. 우리 인생을 매순간 그렇게 최선으로 살아간다면, 사실 우리는 버킷 리스트가 필요없을지도 모릅니다.

> 그런즉 너희가 어떻게 행할지를 자세히 주의하여 지혜 없는 자 같이 하지 말고 오직 지혜 있는 자 같이 하여 세월을 아끼라 때가 악하니라 그러므로 어리석은 자가 되지 말고 오직 주의 뜻이 무엇인가 이해하라 술 취하지 말라 이는 방탕한 것이니 오직 성령으로 충만함을 받으라 시와 찬송과 신령한 노래들로 서로 화답하며 너희의 마음으로 주께 노래하며 찬송하며 범사에 우리 주 예수 그리스도의 이름으로 항상 아버지 하나님께 감사하라(엡 5:15-20).

여기서 바울은 극도로 중요한 사안에 대해 언급하고 있습니다. 어리석은 사람으로 살아가는 삶과 지혜로운 사람으로 살아가는 삶, 허송세월로 인생을 허비하는 삶과 인생의 제한된 시간을 최선으로 선용하는 삶, 그 둘의 차이를 다루고 있습니다. 지혜로운 삶을 살기 원하십니까? 그렇다면 "주의 뜻이 무엇인지" 즉, "주가 원하시는 것이 무엇인지" 깨달아야 합니다. 그런 후에 내가 할 수 있는 최선의 방식으로 주님이 원하시는 그 일에 나의 삶을 쏟아부어야 합니다.

여기서 "술 취하지 말라"는 바울의 권면을 좋은 예로 들 수 있습니다. 우리는 이 말씀을 모든 종류의 알코올 음료로 확대 적용할 수 있습니다. 하지만 당시 고대 세계의 유일한 선택지는 포도주와 맥주였습니다. 특히 바울 당시 지중해 대부분 지역에서는 포도주가 일반적인 음료였습니다. 따라서 바울이 여기서 절대적으로 금주를 권하고 있는 것은 아닙니다. 하지만 바울은 포도주 사용 방식에 대해 분명하게 경고하고 있습니다. 일반적인 식음료 이상의 용도로 포도주를 남용하지 말라는 것입니다. 삶의 고민을 잠시 잊기 위해, 혼미하고 알딸딸한 상태를 즐기기 위해, 또는 하루 끝에 남는 공허함을 달래고 허전함을 채우기 위해, 술의 마법 같은 힘을 빌어 자신으로부터 탈출하기 위해 포도주를 사용하는 잘못된 관행들에 대해 경고하고 있습니다.

그러나 여기서 말하는 포도주란 실제로는, 우리의 시간을 허비하고 스스로를 무감각하게 만들고 허전함을 달래기 위해 우리가 사용하는 무가치한 많은 습관들 가운데 하나일 뿐입니다. 우리 세계에서 이런 습관들은, 과도한 쇼핑, 무절제한 TV시청과 게임 등이 있을 겁니다. 요즘은 소셜 미디어 중독도 사회적 이슈가 되고 있습니다. 뭔지 모를 허전함을 달래기 위해 우리가 시간을 보내는 모든 것이 바로 '술 취하지 말라'고 바울의 지적하는 바로 그것입니다. 잠시 근심을 잊게 하고 즐겁게 하는 것들을 행하고 나면, 원래의 자리로 돌아옵니다. 그러한 것들은 우리를 이전의 텅 빈 공간으로, 아니면 전보다 더 허무한 자리로 인도해 줄 뿐입니다. 기분전환을 위한 약물이나 오락 같은 누구나 알 만한 것들만 가리키는 게 아닙니다. 하루가 너무 분주하여 잠시 멈출 줄 모르는 일상이 있습니다. 자신과는 별 상관없는 허접하고 가벼운 주제로 대부분의 대화를 채우는 만남이 있습니다. 만일 그러한 삶을 살고 있다면, 우리도 인생의 주어진 시간을 '술에 빠져' 온전히 살아내지 못하는 어리석은 자들과 다를 바 없습니다.

우리가 지금 "악한 시대에 살고 있다"('때가 악하니라')는 사실을 자각하지 못하도록 우리의 주의를 산만하게 하는 이 세상의 염려와 쾌락, 그 소용돌이 속으로 휘말려 들어가는 것에 대해서도 바울은 강력하게 경고하고 있습니다. 바울은 그러한 삶의 방식을 인생을 "낭비"했다는 의미에서 "방탕한" 삶으로 결론짓습니다. 그것은 자신에게 주어진 시간과 자원 및 에너지가 아무렇게나 낭비되고 증발하도록 방치한 삶입니다. 헛되고 무책임한 인생입니다. 우리는 그렇게 되지 않도록 경계를 게을리하지 말아야 합니다. 바울에 따르면, 우리가 이 땅에서 어리석게 살았는지 아니면 지혜롭게 살았는지, 또는 우리가 "시간을 최대한 선용하고"('세월을 아끼고') 살았는지 아니면 허비하고 살았는지, 그 모든 판단은 마지막 날에 우리가 다음 질문에 답하는 것을 통해 드러날 것입니다. '내 인생의 주어진 시간 동안 지금까지 내가 행해온 것들은 주님이 나에게 원하시는 것과 얼마나 밀접한 관련이 있는가?

그동안 내가 전심을 다하여 시간을 쏟아온 삶의 내용은 주께서 나에게 원하시는 삶이 무엇인지에 대한 깊은 깨달음 가운데 확신에 따라 행해진 것들인가'(엡 5:17).

바울은 우리에게 좋은 대안을 제시합니다. '다시는 허망한 것들로 너의 인생을 채우지 말고, 대신 성령의 충만함으로 너 자신을 온전히 채우라.' '너의 머릿속에서, 혼잣말에서, 모든 대화 속에서 무엇인가를 갈망하고 있는 그 빈 공간들을 오직 영원한 것들로 채우라.' '너의 마음을 하나님으로 채우라.' '하나님이 너를 위해 행하신 그 일, 하나님이 너를 위해 곧 이루실 그 일을 기억하라. 그리하여 너의 마음이 하나님의 은혜로 충만해지고 하나님을 향한 감격과 감사함으로 채워지게 하라.' 그렇게 살아갈 때 우리는 허망한 것들에 대한 갈망이 아닌, 하나님을 향한 감사와 기쁨 가운데, 나를 향하신 주님의 선하신 뜻을 발견하면서, 비로소 하루하루를 보람 있게 맞이할 수 있을 것입니다. 하나님의 성령이 매 순간 나와 함께하시고, 내 안에 거하시고, 나를 통해 일하시고, 일상에 활력을 불어넣으시며, 나를 충만한 삶으로 이끄시는 새로운 인생을 맛보게 될 것입니다.

* * *

오늘 우리는 교회 절기에 따른 오순절을 기념하고 있습니다. 오순절은 교회의 생일입니다. 약속의 성령이 그리스도를 따르는 120명의 제자들에게 임하신 날입니다. 예수님의 삶과 죽음과 부활 속에 드러난 하나님의 권능을 온 세상에 선포하도록 그들을 강권하여 일으키신 날입니다. 오순절의 기적은 당시 예루살렘에 절기를 지키기 위해 모였던 수많은 유대인들과 유대교 개종자들을 겨냥해 하나님의 뜻에 따라 정교하게 준비된 사건이었습니다. 그곳에는 물론 각처로 흩어졌다가 다시 모국으로 돌아온 디아스포라 유대인들이 있었습니다. 또한 지중해 곳곳에서 각양각색의 유대교 배경을 지닌 사람들과 개종자들이 연례 순례의 절기를 위해 모여들었습니다. 가장 먼저는 유월절 절기가 있었고, 오순절은 그 두 번째 절기였습니다. 오순절의 기적은 바대인과 메대인과 엘람인과 메소보다미아, 유대와 갑바도기아, 본도와 아시아, 브루기아와 밤빌리아, 애굽과 및 구레네에 가까운 리비야 여러 지방에 사는 사람들, 로마에서 방문한 사람들 그리고 그레데인과 아라비아인들 등 천하각국에서 모인 사람들이 갈릴리 사람들의 입을 통해, 하나님의 큰 일 행하심을 각 지역 방언과 모국어로 명확하게 듣게 된 경이로운 사건이었습니다. 말할 나위 없이, 그것은 모든 사람들의 이목을 집중시키는 놀라운 사건이었고, 살아계신 하나님께서 그리스도를 따르는 사람들 한가운데서 뭔가 크고 위대한 일을 행하고 계심을 가리켜 보이는 것이 분명한 사건이었습니다. 오순절은 그리스어를 사용하는 헬라파 유대인들이, 봄의 수확철(맥추의 초실절, 칠칠절)에 붙인 이름입니다. 그 절기는 또한 시내산에서 하나님이 이스라엘에게 율법, 곧 토라를 수여하신 것을 기념하는 날이기도 합니다. 오순절(Pentecost)은 숫자 "50"을 가리키는 헬라어에서 유래했습니다. 유월절 첫날부터 50일째 되는 날에 기념하는 축제였기 때문입니다. 그러나 예수 그리스도의 십자가 죽음이 있었던 그 유월절 50일 후에 맞이한 오순절 날은 또 하나의 새로운 오순절로 자리매김 되었습니다. 그날에 있었던 성령의 강림은 "마지막 때" 있을 일들에 관한 이스라엘의 기대를 완성한 사건이었던 것입니다. 이와 관련하여 베드로는 요엘 선지자의 예언을 인용합니다.

> 그 후에 내가 내 영을 만민에게 부어 주리니 너희 자녀들이 장래 일을 말할 것이며 너희 늙은이는 꿈을 꾸며 너희 젊은이는 이상을 볼 것이며 그 때에 내가 또 내 영을 남종과 여종에게 부어 줄 것이며(욜 2:28-29; 비교. 행 2:17-18).

옛 오순절은 하나님 백성을 다스리기 위한 하나님의 율법 수여를 기념했습니다. 그러나 이제 새로운 오순절은 하나님 백성을 감화하여, 하나님과 소통하고 그분의 인도하심을 따르게 하는 하나님의 성령의 강림하심을 기념하게 되었습니다. 하나님의 성령은 하나님의 백성에게 의로운 일과 선교 사역을 위한 권능을 덧입혀주십니다. 그리고 하나님 백성 한가운데 놀라운 임재로 나타나, 그들을 통해 오늘도 세상 한가운데서 하나님의 역사를 이루어가십니다.

여기서 저는 특히 우리에게 중요한 두 구절을 집중해 봤으면 합니다. 하나님의 뜻에 따라 행하기 위해 그러면 이제 어떻게 해야 하는지를 질문하는 군중들을 향해 사도 베드로는 단도직입적으로 명령합니다. "너희가 회개하여 각각 예수 그리스도의 이름으로 세례를 받고 죄 사함을 받으라 그리하면 성령의 선물을 받으리니 이 약속은 너희와 너희 자녀와 모든 먼 데 사람 곧 주 우리 하나님이 얼마든지 부르시는 자들에게 하신 것이라"(행 2:38-39).

이 한 가지 약속, 성령을 선물로 받을 것이라는 이 위대한 약속은 또한 성령의 여러 가지 은사들로 아름답게 포장되어 우리에게도 전해졌습니다.

성령은 내가 그리스도 안에서 누구인지를 깨닫게 합니다. 성령은 우리로 하여금 하나님의 사랑을 알게 하고 아버지의 사랑처럼 친밀한 하나님의 임재를 느끼게 합니다. "무릇 하나님의 영으로 인도함을 받는 사람은 곧 하나님의 아들이라 너희는…양자의 영을 받았으므로 우리가 아빠 아버지라고 부르짖느니라 성령이 친히 우리의 영과 더불어 우리가 하나님의 자녀인 것을 증언하시나니"(롬 8:14-16). 우리 안에 살아 역사하시는 성령은 우리로 하여금, 우리의 영혼이 갈망해 왔던, 아버지와의 친밀한 교제를 마침내 경험하게 하십니다. 그것은 하나님께서 우리에게 그토록 바라셨던 일이기도 합니다.

또한 성령은 우리가 이제 하나님 편에서, 하나님의 의에 따라 살 수 있는 삶의 방향성과 새로운 능력을 주십니다. 그것은 곧 삶을 변화시키는 능력, "성령에 따르는 삶"입니다. 바울은 우리에게 "본성에 따라 육체의 욕심을 이루는 삶을 살지 말라"고 권면합니다. "육체의 일"(곧 음행과 더러운 것과 호색과 우상 숭배와 주술과 원수 맺는 것과 분쟁과 시기와 분냄과 당 짓는 것과 분열함과 이단과 투기와 술 취함과 방탕함과 또 그와 같은 것들) 대신 우리의 삶은 성령의 열매 (곧 사랑과 희락과 화평과 오래 참음과 자비와 양선과 충성과 온유와 절제)를 맺어야 합니다(갈 5:13-25). 하나님의 의가 우리에게 항상 추구하길 바래왔던 그 일을 우리 마음에서 우러나와 행하게 되는 것입니다. 성령은 우리가 죄로 인해 깨어지고 망가진 이 세상의 일에 더 이상 기여하지 않게 하십니다. 그리고 우리 안에서 이루어가시는 선한 일들을 통해, 우리가 그 인도하심에 따라 어느 곳에 있든지 하나님의 구원 사역에 동참할 수 있게 하십니다. 우리 안에 생명으로 오셔서 우리를 다스려 하나님을 섬기는 새로운 인생, 하나님이 의롭다 인정하시는 새로운 삶으로 우리를 이끄시는 그분이 바로 성령 하나님이신 것입니다.

우리에게 임하는 그 성령의 능력은 또 다른 그리스도인들을 세우는 도구로 우리 자신을 사용하실 것이며 하나님은 우리를 통해 그들을(그리고 그들을 통해 우리를) 위로하시고, 상담하시고, 강권하여 붙드실 것입니다.

> 각 사람에게 성령을 나타내심은 유익하게 하려 하심이라 어떤 사람에게는 성령으로 말미암아 지혜의 말씀을, 어떤 사람에게는 같은 성령을 따라 지식의 말씀을, 다른 사람에게는 같은 성령으로 믿음을, 어떤 사람에게는 한 성령으로 병 고치는 은사를, 어떤 사람에게는 능력 행함을, 어떤 사람에게는 예언함을, 어떤 사람에게는 영들 분별함을, 다른 사람에게는 각종 방언 말함을, 어떤 사람에게는 방언들 통역함을 주시나니 이 모든 일은 같은 한 성령이 행하사 그의 뜻대로 각 사람에게 나누어 주시는 것이니라(고전 12:7-11).

우리가 다른 지체들의 위로와 교훈과 겸비됨을 위해 성령 하나님께 나 자신의 삶의 모든 전권을 내어드릴 때, 우리 공동체의 모든 지체들 안에 잠재해 있던 그리스도의 제자로서의 장성한 분량이 온전히 채워질 것입니다. 성령께서 그리스도의 몸을 온전히 세우시고자 하나님 백성 각 사람에게 성령의 은사를 부어주심에 따라, 그리고 우리가 그것에 기꺼이 우리 자신을 내어드림에 따라, 그 당연한 결과로, 우리 모든 지체들은 동료 그리스도인들이 행하는 성령의 은사를 통해 많은 유익을 함께 누리게 될 것입니다.

당연한 말씀이지만, 또한 성령은 우리에게 효과적인 복음 전도에 필요한 권능을 부어주시기도 합니다. 이것은 성령의 기름 부으심의 가장 중요한 목적 가운데 하나이며, 예수님도 하늘로 승천하시기 직전 강조하셨던 부분이기도 합니다. "오직 성령이 너희에게 임하시면 너희가 권능을 받고 예루살렘과 온 유대와 사마리아와 땅 끝까지 이르러 내 증인이 되리라 하시니라"(행 1:8).

우리는 성령이 강림하신 그 오순절 날에, 드디어 예수님의 예언대로 천하 만민에게 복음이 선포되는 모습을 보았습니다. 성령의 나타나심을 통해 복음 증거의 위대한 역사가 시작된 것입니다. 제자들의 증언은 강력한 설득력이 있었고 죄를 깨우치게 했습니다. 그리하여 그들의 증언을 듣던 여러 사람들의 마음이 움직였고, 그 수천 명의 무리들 역시 그리스도를 따르는 제자들의 공동체에 합류하게 되었습니다. 우리가 세계 도처의 사람들을 둘러싼 여러 갈등과 긴장 그리고 시험과 환난에 관한 소식을 들으면 들을수록, 우리는 우리가 지닌 이 피난처 안에 아직 들어오지 못한 수많은 사람들에게 복음의 증언이 필요하다는 사실을 더욱 확신하게 됩니다. 그러므로 우리는 성령께서 우리를 담대함으로 주의 복음을 증거하게 하실 뿐만 아니라, 우리의 모든 증언이 효과적으로 작용해 많은 영혼들을 살려낼 수 있게 하시길 기도해야 합니다.

* * *

　이번 오순절 기간을 맞이하여, 저는 우리 모두가 각자의 다락방에서 하늘로부터 권능이 덧입혀지길 기도하며 기다릴 수 있게 되길 바랍니다. 각 성도들이 하나님의 성령으로 더욱 충만해질 수 있도록, 그리고 하나님께서 우리 모임 가운데 성령의 기름을 충만히 부어주시도록 기도하시길 권합니다. 저는 성령께서 오늘 우리에게 또 하나의 새로운 오순절의 기적으로 임하시길 소원합니다. 저는 하나님께서 우리를 다시 한 번 성령의 불로 뜨겁게 타오르게 하시길 소원합니다. 하나님께서 우리 속에 약속의 성령의 불을 새롭게 지피심으로, 우리의 마음이 일주일에 한번 "희한하게 따뜻해지는" 그런 정도에 머무는 것이 아니라, 우리의 삶 전체가 안과 밖에서 항상 하나님의 권능의 불길로 치솟아 오직 복음을 위해 뜨겁게 불타오르게 되길 간절히 소원합니다.

　오늘 저와 여러분이 우리를 향하신 하나님의 뜻과 하나님의 계획에 온전히 복종하시길 주님의 이름으로 권면합니다. 하나님을 향한 참된 믿음, 곧 신뢰가 바로 여기에 있습니다. 하나님께 마음을 여십시오. 하나님과 협상하려 하지 마십시오. 자신과 타협하지 마십시오. 예외나 조건을 두지 마십시오(예를 들면, "성령 하나님 나에게 충만히 임하여 주소서. 그러나 이것만은 제게 일어나지 않게 하시고, 이런 변화와 헌신된 모습만큼은 아직 허락하지 마소서" 식의 하나님의 모든 가능성을 제한하는 기도 말입니다). 저와 여러분을 위해, 우리를 위해 십자가에 죽으신 그분, 우리를 위해 부활하신 그분께 우리 자신을 모두 내어드리십시오. 그리고 주께서 하나님의 성령, 그분의 완전한 생명을 우리에게 부어주시도록, 그리하여 그분의 생명이 우리의 생명이 되고 우리의 호흡이 그분의 호흡이 되도록 우리 자신을 주님께 온전히 맡기십시오. 저는 저와 여러분 모두가 하나님이 우리를 위해 예비해 놓으신 크고 놀라운 것들을 알게 되길 바랍니다. 하나님이 우리를 구원하신 목적대로, 그 구원을 통해 우리가 체험하고 경험하기 바라시는 그 모든 일들과 지구촌 온 땅에 있는 그분의 교회를 위해 우리를 통해 이루기 원하시는 그 모든 것이 무엇인지 함께 깨달아 이루어갈 수 있게 되길 바랍니다.

은혜의 주님께서 저와 여러분을 이 새로운 오순절의 삶으로 인도하시길 간절히 소망합니다. 주님이 인도하시는 그 삶을 진정으로 바라는 저와 여러분 되시길 소망합니다. 아멘.

17 삼위일체 하나님

삼위일체주일
골로새서 1:11-20; 요한복음 14:8-21

오순절 성령강림주일 후 첫 주일을 보통 "삼위일체주일"이라고 부릅니다. 그런데 1년에 하루, 그것도 주일 오전 시간만으로는 우리가 고백하는 하나님의 삼위일체의 신비를 제대로 묵상하기란 수월한 일이 아닙니다. 그 고백은 우리가 유일하신 하나님 한 분만을 예배하지만, 그 하나님을 성부와 성자와 성령 하나님으로 예배한다는 것입니다. 이 사실을 신앙으로 고백한다는 것은 매우 중요한 사안입니다. 구별되는 세 위격으로 계시되, 그 삼위가 단일한 신성을 계시하는, 살아계신 한 분 하나님에 대한 전통적인 (그리고 정통적인) 이해에 지금까지 상당한 저항과 반발이 있어왔다는 사실을 감안하면 더욱 그렇습니다. 삼위일체 교리에는 언제나 호전적인 비판자들과 비방자들이 들러붙었습니다. 그들은 하나님에 대한 이러한 전통적이고 정통적인 기독교의 관점이 무가치하고 근거 없는 것이라 여기며, 심지어 한 분 하나님에 대한 부당한 관점이라 생각합니다.

특히나 계몽주의 영향을 받은 어떤 이들은 삼위일체의 개념에 대해 꽤나 적대적이었습니다. 토머스 제퍼슨의 다음과 같은 불평은 그 대표적인 예입니다.

> 셋이 하나고 하나가 셋이라는 삼위일체 숫자놀이의 이해할 수 없는 허튼소리들을 우리가 집어치울 때; 예수의 매우 단순한 구조를 보지 못하도록 관점을 가리기 위해 구축된 그 인위적인 발판을 무너뜨릴 때; 간단히 말해, 오래전부터 가르쳐왔던 모든 것을 버리고, 대신 그가 심어놓은 순전하고 단순한 교리로 다시 돌아갈 때, 비로소 우리는 그의 진정한 제자가 되고 그의 합당한 무리가 될 것이다.[10]

그가 남긴 유산은 지금까지도 여러 형태로 이어오고 있습니다. 여기에는 "역사적 예수에 대한 탐구"도 상당 부분 포함됩니다. 그것은 그의 주위를 둘러싸서 그를 제대로 볼 수 없게 만든 모든 교리적 외피를 벗긴, 소위, 새로운 기독교의 진정한 중심이 될 나사렛 '사람' 예수에 대한 연구입니다.

하지만 삼위일체에 대한 반발은 실제로는 계몽주의 시대 훨씬 이전부터 시작되었습니다. 여호와의 증인은 3세기의 아리우스를 계승하는 진정한 후손들이라 할 수 있습니다. 아리우스는 하나님의 아들이, 천사들과 마찬가지로, 그저 피조물에 불과하며, 따라서 분명한 시작점이 있기에 영원한 존재가 아니라고 가르친 인물입니다. 그의 후손들은 지금도 주기적으로 저의 집 현관문을 두드리며, 고대로부터 내려온 이단을 설파하려 합니다. 저는 여기서 "이단"이란 단어를 말 그대로의 완전한 의미로 쓰고 있습니다. 즉, 일부 종교적인 주제에 관해 단순히 서로 다른 견해를 지닌 사람들 정도가 아니라, 분열을 일으킨, 하나의 이교 당파로서 그들에 대해 말하고 있는 것입니다. 그들은 자신들의 다른 주장을 고수하기 때문에 교회로부터 떨어져 나간 자들이며, 그 주장을 가지고 여전히 교회를 선동하는 자들입니다. 이교 당파로서 그 자체가 그들의 존재 이유인 것입니다.

게다가 지구촌 곳곳에는 다음과 같은 진술들이 집성된 책을 자신들의 경전으로 받아들이는 약 10억 명의 사람들이 있습니다.

성서의 백성들이여! 너희 종교의 한계를 넘지 말며 알라에 대한 진실 외에는 말하지 말라. 그 메시아, 마리아의 아들 예수는 알라의 선지자에 불과하다…그러므로 알라와 그의 선지자들을 믿으라. "셋"이라 말하지 말라―중단하라! (그것이) 너희에게 더 나으리니!―알라는 유일한 하나님이다. 그에게 한 아들이 있다는 것은 그의 초월적 위엄에 추호도 가당치 않으니라(Surah 4:171).

보라! 알라를 불신하는 자, 알라는 그들에게 낙원을 금하시고 불지옥을 그들의 거주지로 두게 하시니…하나님 한분 외에는 신이 없거늘 "보라! 알라는 셋 중의 하나다"라고 말하는 그들은 신앙 없는 자들이니라(Surah 5:72-73).

저는 빈틈없는 논리로 삼위일체에 대한 완벽한 입장을 제시할 만큼의 탁월한 신학자는 아닙니다. 심지어 제 스스로 만족할 만한 수준의 설명도 다 하지 못합니다. 그럼에도 불구하고 저는 정통 기독교의 입장이 그 어떤 입장보다 더 우리의 성경에 충실하다는 사실을 확신할 수 있습니다. 저는 이 짧은 시간 동안, 제가 왜 그토록 저의 집 현관문을 두드리는 여호와의 증인들, 학회의 조급한 계몽주의 후손들, 또는 무함마드의 목소리에 지금도 전혀 설득 당하지 않는지, 그 이유를 여러분께 설명 드리고자 합니다.

* * *

저는 삼위일체를 비판하는 자들에게 설득 당하지 않습니다. 그 이유는, 첫째, 저는 하나님의 존재 방식을 제 자신이 이해할 수 있는 수준으로 제한하기보다는 하나님의 삼위일체에 대한 제 자신의 사고의 한계를 받아들이기 때문입니다. 하나님의 삼위일체를 깊이 생각하면 할수록, 우리는 피조세계 안의 그 어떤 것에 기반해서도, 삼위일체의 진리를 충분히 예증할 만한 유비를 결코 찾을 수 없다는 사실을 인정하게 됩니다. 물론 삼위일체의 특징들에 관한 좋은 비유들이 있기는 합니다. 그러나 하나님이라는 그 절대적 존재, 그리고 창조된 모든 (눈에 보이는 것과 보이지 않는) 것들 사이에 비교조차 할 수 없는 차이로 인해 우리는 이 현상계 안에서의 어떤 경험을 통해서도, 삼위일체의 진리를 완벽하게 포착할 만한 유비를 찾아내기란 절대적으로 불가능합니다. 사도 바울이 자신의 지식의 한계를 받아들인 것처럼, 우리도 우리 지식의 한계를 받아들이고 인정할 필요가 있습니다. "우리가 지금은 거울로 보는 것같이 희미하나 그때에는 얼굴과 얼굴을 대하여 볼 것이요 지금은 내가 부분적으로 아나 그때에는 주께서 나를 아신 것 같이 내가 온전히 알리라"(고전 13:12).

4세기 주교, 나지안주스의 그레고리우스는 하나님을 아는 것과 관련한 우리의 기대와 마음가짐에 대해 설득력 있게 주의를 주고 있습니다. 그레고리우스는 하나님을 보길 원하는 모세의 열망을 언급하며, 하나님께서 모세가 감내할 수 있는 수준으로 그의 간청을 허락하신 사건을 상기시킵니다. 그 이야기는 출애굽기 33장 18-23절에 기록되어 있습니다. 하나님은 모세를 큰 반석 틈에 두고, 하나님이 지나실 때까지 모세를 덮어 그 눈을 가리셔서, 모세로 하여금 오직 하나님의 등만 볼 수 있게 허락하십니다. 그레고리우스는 이 말씀을 근거로 자신도 마찬가지로, "삼위일체 하나님의 그 완전무결하고 순전한 신성의 본질"을 결코 인지할 수 없을 것이라 인정하며 이렇게 고백합니다. "마침내 우리에게 보인 그 신성의 일부는, 하나님의 피조물들이 감당할 수 있을 정도의 영광에 국한된다. 이것이 곧 하나님의 등 부분이라 말할 수 있으며, 하나님은 자신의 뒤에 그것들을 흔적으로 남겨주셨다. 이것은 마치 수면에 반사된 태양 빛과 같다. 우리가 태양 자체를 직시할 수 없기 때문에, 그 수면이 우리의 연약한 눈에 태양을 반영해 준다. 그분의 순수한 빛은 우리의 지각 능력이 감당할 수 없을 정도로 매우 강렬하다."[11] 하나님에 대한 전통적이고 정통적인 관점은 이러한 인정으로부터 시작됩니다. 우리가 인지하는 하나님 경험이란, 우리의 경험 속에 남겨진 하나님의 흔적을 발견하는 것이며, 그 경험에는 만물의 창조주이신 하나님 아버지와의 만남, 만물의 구속자이자 하나님이 어떠한 분이신지를 자신의 성육신으로 계시하신 하나님의 아들과의 만남, 그리고 우리 안에서 우리 곁에서 우리를 변화시키시는 거룩한 임재로서 성령 하나님과의 만남이 모두 포함됩니다.

저는 이러한 사실을 늘 마음 깊이 새기려 노력합니다. 반면 삼위일체 비판가들의 주요 맹점은 그들이 하나님의 본질에 관한 우리의 논의를 그들의 머리로 이해될 수 있는 수준으로 고집스럽게 제한한다는 점입니다. 그들에 따르면, 1 + 1 + 1은 반드시 3이기 때문에 신적인 영역에서도 그것은 결국 마찬가지여야 한다는 것입니다. 그들에게는 결코 셋이 하나이고 하나가 셋인 삼위일체가 있을 수 없습니다. 그들은 삼위일체를 부인하기 때문에, 삼위를 세 분의 하나님으로 오해하고 그것을 받아들이지 않습니다. 따라서 그들은 성자 하나님, 성령 하나님 또한 믿지 않습니다. 오직 한 분 하나님을 믿는다는 것은 그들에게는 오직 성부 하나님만 계시고 따라서 그분만을 믿는다는 것입니다. 그래서 그들에게는 오직 한 위격, 오직 성부 하나님만 자동적으로 신성의 본질이자 기본이 되는 것입니다. 만일 우리가 하나님의 본질에 대한 개념을 우리의 사고가 명확히 이해 가능한 수준까지만 제한시키고자 한다면, 하나님이라는 정의 자체로 우리 사고의 능력을 초월하는 그 존재의 지식에 대해 얼토당토 않은 제한을 두는 것입니다.

물론 우리 기독교의 성경도 우리의 뿌리가 되는 종교인 유대교와 마찬가지로, 유일신 신앙을 목소리 높이고 있습니다. 우리는 유대교의 근본 신조를 신명기 말씀에서 들을 수 있습니다. "이스라엘아 들으라 우리 하나님 여호와는 오직 유일한 여호와이시니"(신 6:4). 이사야 선지자를 통한 하나님의 자기 계시 또한 명백한 유일신 신앙을 선포합니다. "나 여호와가 말하노라…나의 전에 지음을 받은 신이 없었느니라 나의 후에도 없으리라"(사 43:10), "만군의 여호와가 이같이 말하노라 나는 처음이요 나는 마지막이라 나 외에 다른 신이 없느니라"(사 44:6). 그러나 이와 동시에, 우리의 성경은 그리스도를 경배하는 것에 대해 말씀합니다. 그것은 또한 본질상 하나님이신 그리스도께 드려 마땅한 경배입니다. 부활하신 예수님을 보고 만진 도마는 이렇게 외치고 있습니다. "나의 주님이시요 나의 하나님이시니이다!"(요 20:28) 즉, 도마 앞에 사람의 모습으로 임재해 계시는 하나님을 인정한 것입니다. 바울은 빌립보서 2장의 그리스도께 올리는 찬송에서 온 우주 속에서의 예수님의 신분과 그분의 위상에 대해 언급하고 있습니다. "이러므로 하나님이 그를 지극히 높여 모든 이름 위에 뛰어난 이름을 주사 하늘에 있는 자들과 땅에 있는 자들과 땅 아래에 있는 자들로 모든 무릎을 예수의 이름에 꿇게 하시고 모든 입으로 예수 그리스도를 주라 시인하여 하나님 아버지께 영광을 돌리게 하셨느니라"(빌 2:9-11). 만물이 예수를 "주"라 시인하여 경배하는 것. 여기서 '주'라는 칭호는 구약 전체에 나타난 감히 언급해서는 안 되는 하나님의 거룩한 이름을 대체하는 호칭입니다. (예수님은 어떤 하등한 신이거나 우상이 아니라 그분 자신이 참 하나님이 되시기 때문에) 주 예수 그리스도를 경배하는 것은 하나님께 대한 경배를 전혀 훼손하지 않으며 오히려 하나님 아버지를 영화롭게 하는 일입니다. 우리의 거룩한 성경이 전하는 분명한 유산은 우리가 유일하신 하나님을 경배하며, 또한 예수 그리스도를 하나님으로 경배한다는 것입니다. 그리고 예수 그리스도를 향한 경배는 여전히 한 분 하나님을 영화롭게 하는 행위라는 것입니다.

우리를 비방하는 자들은 "삼위일체"란 표현이 성경 어디에도 없다고 반박할 것입니다. 그 말이 아주 틀리지는 않습니다. 우리가 성경 도처에서 아버지와 아들과 성령이 함께 언급되는 것을 찾았다고 해도, 여전히 그것 자체가 반드시 "삼위일체"를 의미한다고 할 수도 없습니다. 그것은 단지 세 위격에 대해 거론할 뿐입니다. 그리고 후대의 그리스도인들이 그것을 세 위격 안에서 우리에게 나타나신 한 하나님으로 고백하게 되었을 뿐입니다. 그러나 하나님의 하나 되심, 성부와 성자의 관계, 성령의 사역과 관련하여 실제로 성경에 기록된 모든 진술을 신실하게 숙고해 보면, 우리는 삼위일체의 개념과 마주하게 되며 그 외에 다른 이해의 방식은 없음을 알게 됩니다.

우리는 요한복음에서 그 진술에 대한 한 가지 사례를 읽을 수 있습니다.

> 빌립이 이르되 주여 아버지를 우리에게 보여 주옵소서 그리하면 족하겠나이다 예수께서 이르시되 빌립아 내가 이렇게 오래 너희와 함께 있으되 네가 나를 알지 못하느냐 나를 본 자는 아버지를 보았거늘 어찌하여 아버지를 보이라 하느냐 내가 아버지 안에 거하고 아버지는 내 안에 계신 것을 네가 믿지 아니하느냐 내가 너희에게 이르는 말은 스스로 하는 것이 아니라 아버지께서 내 안에 계셔서 그의 일을 하시는 것이라(요 14:8-10).

예수님이 '나를 본 자는 아버지를 본 것과 같다'고 말씀하신 것은 아버지와 아들 간에 기본적으로 공유되는 정체성 그 이상의 의미를 갖습니다. 실제로 예수님은 그보다 앞서, 핵심적인 정체성의 동일하심을 확증하시면서 이렇게 말씀하셨습니다. "나와 아버지는 하나이니라"(요 10:30). 또는 좀 더 불가사의하게 이같이 말씀하셨습니다. "아버지께서 내 안에 계시고 내가 아버지 안에 있음을 깨달아 알리라"(요 10:38). 사도 요한 역시 이 주제를 자신의 복음서의 최전방에 배치해 놓고 있습니다. "태초에 말씀이 계시니라 이 말씀이 하나님과 함께 계셨으니 이 말씀은 곧 하나님이시니라…말씀이 육신이 되어 우리 가운데 거하시매 우리가 그의 영광을 보니 아버지의 독생자의 영광이요 은혜와 진리가 충만하더라"(요 1:1, 14).

직접적이지는 않지만 함축적인 비유를 들어보겠습니다. 아버지와 아들 사이의 관계는 마치 설교자와 설교 사이의 관계와 비슷합니다. 설교자의 입에서 선포된 설교는 설교자와 분리될 수 있는 것이 아닙니다. 설교는 설교자를 통하여, 설교자에게서 나옵니다. 그러나 어떤 제조품처럼, 설교자에게서 독립된 별개의 상품으로 생산되는 것이 아닙니다. 오히려 그것은 설교자로부터 발현해 다른 사람들에 의해 경험될 수 있도록 특정 환경으로 흘러들어갑니다. 아버지로부터 오신 그 말씀, 곧 말씀이 육신이 되신 예수님도 사람들에 의해 경험될 수 있도록 이 세상에 들어오셨던 것입니다. 그렇지만 우리는 이러한 유비조차 불충분하고 부적절하다는 것을 압니다. (하나님이 아닌) 사람의 경험에서, 우리가 한번 내뱉은 말은 우리 자신의 일부분으로 남지 않습니다. 그것은 우리 자신의 생명과 동일한 생명을 소유한 어떤 살아 있는 존재가 아닙니다. 그러나 사도 요한은 이렇게 선언합니다. "유일하신 하나님의 신성의 그 무엇이 사람의 몸을 입으셨고, 그렇게 하심으로써,

참되신 한 분 하나님을 완전히 새로운 방식으로 이 세상에 계시하셨다."

* * *

골로새서에서 그리스도에 관한 바울의 고상한 표현들은 이러한 사실을 환기하고 있습니다. 아버지께서 우리를 흑암의 권세에서 건져내시고 그 아들의 나라로 옮기셨음을 진술한 후, 바울은 그 아들을 가리켜 "보이지 않는 하나님의 형상"이라고 말합니다(골 1:15). 우리는 그리스도가 하나님의 형상이라는 표현을 인간이 하나님의 형상으로 창조된 방식과 유사한 방식으로 오해하는 경우가 있습니다. 그러나 여기서 바울의 진술은 그것과는 현격하게 다른 의미가 있습니다. 그리스-로마 세계의 사람들은 오늘날 우리가 "우상"이라고 칭할 만한 것들을 대개 신의 "형상"으로 여겼습니다. 그러한 형상들은 보이지 않는 신들에 대한 물리적 표현 방식을 제공했습니다. 사람의 손으로 세공해 만든 물건이라는 점에서 우상 자체는 신이 아니었습니다. 그러나 특정 형상에 드려진 제사가 사실상 그것에 해당하는 신에게 드려진 제사라는 측면에서, 그러한 우상을 신으로 여겼던 것입니다. 그러나 바울은 참되고 살아계신 하나님은 그렇게 세공된 형상으로, 생명이 없는 물건 따위로 표현될 수 없다는 사실을 잘 알고 있습니다. 그는 살아계신 하나님에 대한 살아있는 형상으로서 오직 예수 그리스도를 지목할 수 있었을 뿐입니다. 예수 그리스도는 사람들이 하나의 신으로 꾸며내기 위해 물리적 재료로 만든 어떤 피조물적 존재(석재, 청동, 목재 우상들)가 아니라, 유일하신 참 하나님, 살아계신 하나님을 이 세상에 나타내 보이시는 성육신하신 하나님의 아들이시기 때문입니다.

계속해서 바울은 그리스도를 가리켜 "모든 피조물보다 먼저 나신 이"라고 부릅니다. 아리우스에게는 바로 이 구절이 가장 크게 다가왔던 것입니다. 아리우스는 "그가 모든 피조물보다 먼저 나셨다" 또는 "그가 모든 피조물의 장자이시다"라고 진술한 구절을 하나님의 아들이 피조 세계에 속한 존재, 일종의 피조물임을 가리킨다는 의미로 읽었던 것입니다. 하지만 그는 이 구절의 더 개연성 있는 의미, 즉 "모든 피조물 '위에 있는' 장자", 또는 "모든 피조물보다 '뛰어난' 장자"[12]라는 해석을 간과했습니다. 이 해석이 더 타당한 이유는 모든 피조물의 존재를 이끌어내신 분이 바로 그 아들이시며, 그로 말미암아 만물이 창조되었기 때문입니다. 바울은 즉시 그 사실을 진술하고 있습니다. "그는 보이지 아니하는 하나님의 형상이시요 모든 피조물보다 먼저 나신 이시니 만물이 그에게서 창조되되 하늘과 땅에서 보이는 것들과 보이지 않는 것들과 혹은 왕권들이나 주권들이나 통치자들이나 권세들이나 만물이 다 그로 말미암고 그를 위하여 창조되었고 또한 그가 만물보다 먼저 계시고 만물이 그 안에 함께 섰느니라…아버지께서는 모든 충만으로 예수 안에 거하게 하시고"(골 1:15-17, 19).

여기서 마지막 절이 다소 수수께끼처럼 들린다고 해도 걱정할 필요는 없습니다. 바울은 다음 장에서 다시 한 번 조금 더 상세하게 진술합니다. "그 안에는 신성의 모든 충만이 육체로 거하시고"(그리스도 안에는 신성의 모든 충만이 몸의 형체로 거하시고, 2:9). 그런데 또한 놀라운 사실은, 그 신성의 충만이 나사렛 예수의 몸 안에 갇혀 있거나 제한되었던 것은 아니라는 점입니다. 성부 하나님은 여전히 온 천하 만물을 주관하고 계셨으며, 성령 하나님 또한 여전히 예수님의 몸 밖에서도 역사하고 계셨습니다. 따라서 초대 교회 교부들은 이렇게 사유했습니다. "본질상 완전한 하나님이시나, 동시에 하나님의 신성의 전부는 아니신 그 말씀, 곧 성자 하나님께서 육신이 되셨다—그리고 그 육신이 되신 하나님의 아들은 성삼위일체에서 하나의 구별된 위격으로 존재하신다. 그분은 스스로 자신을 자리켜 "아들"로 칭하시면서, 여전히 하나님을 "아버지"로 부르시고, 또한 성령으로 여전히 이 세상에서 역사하신다."

* * *

일반적으로 회중들은 니케아 신조보다는 사도신경을 선호하는 것 같습니다. 아마도 사도신경이 더 간결하고, 그래서 예배 때 사도신경으로 신앙을 고백할 때 너무 오래 서 있지 않아도(?) 되기 때문이 아닐까 생각합니다. 어쩌면 사도신경은 우리에게는 다소 낯선 성자 하나님에 관한 여러 은유적 표현들을 많이 삼가고 있기 때문일 수도 있습니다. 반면 니케아 신조는 보다 정교하고 신중하게 다듬어진 표현들을 여럿 포함하고 있습니다. 이는 우리로 하여금 특별히 하나님의 아들을 생각할 때 그분에게 합당한 방식으로 생각하도록 이끌기 위한 목적이 있습니다. "성부로부터 영원히 나셨고, 하나님으로부터 나오신 하나님이시요, 빛에서 나오신 빛이시요, 참 하나님으로부터 나오신 참 하나님이시며, 나신 분이요, 만들어지지 않으신 분이시다." 니케아 신조의 이러한 표현은 초대 교회가 예수님에 대한 아리우스의 주장을 단호하게 거부했음을 반영하고 있습니다. 즉 아리우스는 하나님의 아들이 존재하지 않은 때가 있었고, 그 아들은 창조된 존재라고 주장했습니다. 그러나 니케아 신조를 공식화한 사람들은 만일 그 "아들"이 영원히 존재하지 않는다면 성부 하나님의 "아버지" 되심도 영원한 것일 수 없다고 논증했습니다. 나지안주스의 그레고리우스는 이렇게 설명합니다. "태양은 그것이 계속해서 방출하는 광선과 별개로 존재할 수 있는가? 과연 그렇게 상상하는 사람이 있는가? 태양의 광선은 태양에서 그 출처와 기원을 갖는다. 그러나 또 한편으로 태양의 광선과 태양은 서로 동시에 존재하게 된 실재다." 발현되는 빛도 항성이라는 존재의 속성 안에 있는 것이고, 이와 유사하게, 하나님 아들의 나심은 하나님 아버지의 본질 안에 속한다는 것입니다.

또한 그 아들이 "존재'['본질']에 있어서 성부와 하나이신 분"이라는 신조의 표현은 하나님 아들이 창조주와 같으며, 피조물과 같지 않음을 확언합니다. 유일하신 참 하나님을 하나님 되게 하는 모든 속성을 그 아들이 공유하고 있습니다. 4세기의 신학자인 교부 아타나시우스는 이렇게 설명합니다. "태양의 광선은 진정으로 그 태양에 속해 있다. 그러나 그 광선으로 확장된 것에 의해 태양의 본질이 나뉘거나 감소되지 않는다. 빛의 광선은 빛의 본질을 훼손하거나 약화시키지 않으면서, 그 빛에서 나온 진정한 빛의 자손이라 할 수 있다. 이와 유사한 방식으로, 우리는 성자 하나님이 성부 하나님의 어떤 외부로부터 나신 것이 아니라 성부 하나님 자신에게서 나신 분이심을 이해할 수 있다."[13] 따라서 그 아들은 "하나님으로부터 나신 하나님, 빛으로부터 나신 빛, 참 하나님으로부터 나신 참 하나님"이 되는 것입니다.

교회의 교부들이 이토록 신조 형성에 열의를 다하고 논쟁에 심혈을 기울였던 이유는 그들이 복음의 함의를 정확히 인지했기 때문입니다. 오늘 우리는 우리가 받은 십자가의 속량이 근본적으로 우리를 위한 하나님 자신의 사역임을 이해하고 있습니까? 우리는 그것을 하나님 자신이 아닌 어떤 제삼자가, 어떤 창조된 대리인이 우리 대신 책임을 지고 행한 일로 여기고 있지는 않습니까? 우리는 예수 그리스도의 인격과 사역 안에서, 보이지 않는 하나님을 우리가 정말로 본다고 믿고 있습니까? "성육신하신 아들" 예수님이 보이지 않는 하나님의 마음과 생각과 뜻을 우리에게 가장 확실하게 보여주시는 분임을 정말로 확신할 수 있습니까?

신학적으로 정교하게 구성된 니케아 신조는, 우리 믿음의 근간이 되는, 성경이 확증하는 기본 진리들을 보전하기 위한 목적을 지니고 있습니다.

그동안 성령에 대한 설교를 이미 네 차례 진행한 상태라, 제가 여기서는 성령을 간단하게만 언급해도 양해가 되리라 생각합니다. 짧게 말씀드리면, 우리가 읽은 복음서에서 예수님은 성령을 가리켜 "또 다른 보혜사" 즉, 예수님 자신과 구별되는 분으로 칭하셨습니다. 동시에 제자들을 고아와 같이 남겨두지 않고 하나님의 아들로서 변함없이 그들과 함께하시려는 방편으로 성령 하나님을 언급하십니다(요 14:16-18). 그래서 우리는 또 한 번 우리의 신조에서 "성부와 성자로부터 발출하시는" 성령에 대해 고백하고 있습니다. 성령 하나님은 성부 하나님과 성자 하나님으로부터 우리에게 오셔서 아버지와 아들을 우리에게 알리시는 하나님입니다. 오늘 복음서 본문의 마지막 부분은 성삼위 하나님께서 우리를 온전히 품으시고 완전한 사랑의 친교 안에 우리를 끌어안으실 것을 언급하고 있습니다. 예수님은 이렇게 말씀하십니다. "(우리가 성령을 받는) 그날에는 내가 아버지 안에, 너희가 내 안에, 내가 너희 안에 있는 것을 너희가 알리라"(요 14:20). 이 말씀에 따르면, 우리는 먼저 삼위일체를 온전히 알게 될 뿐 아니라, 그리고 다음은 우리 자신이 그 삼위일체 하나님의 품에 완전히 안겨 있음을 알게 될 것입니다. 결국 그 삼위일체 안에 거하는 자로서 우리는 하나님 품에 안겨 하나님을 참 되게 알아가게 될 것입니다. 성삼위 하나님의 충만한 은혜와 사랑이 우리 삶에 가득하기를 소망합니다. 아멘.

18 뜻밖의 진수성찬

세계성찬주일
출애굽기 12:1-11, 24-28; 고린도전서 11:23-26; 요한복음 6:48-58

WORLD COMMUNION SUNDAY

우리의 성찬 예식은 외부인의 눈에 신기하게 보일 수 있습니다. 작은 주사위만한 크기로 썰어놓은 빵 조각과 한 모금도 채 안 되는 포도즙에 야단법석인 것처럼 보일 테니까요. 심지어 오후에 시작되는 늦은 예배 시간 쯤 되면 빵 조각이 딱딱해져서, 굳이 저걸 먹어야 하나 싶은 생각이 들 정도입니다. 그럼에도 불구하고 우리 성도들은 예배 후에 있는 다과를 적어도 십 분 이상 미루면서까지, 매달 이 성찬의 자리에 다같이 참여합니다.

우리 신체에 필요한 영양분으로 따지면, 이 정도의 섭취는 아무런 효과가 없다고 할 수 있습니다. 하지만 이 성찬을 영적인 자양분으로 받는다면 분명 효과가 있습니다. 토마스 아 켐피스의 말을 빌리면, 그것은 "영과 육의 자양분이고 모든 영적 질병의 치료제입니다. 그것으로 우리의 악덕이 치료 받고, 우리의 정욕이 자제되며, 유혹이 줄어들고, 은혜가 더 충만히 주어지며, 미덕이 고양됩니다. 믿음이 확증되고, 소망이 굳게 서며, 사랑이 점화되고 깊어집니다."[14] 물론 떡과 잔을 받는 그 단순한 행위 자체가 그러한 놀라운 영적 유익을 제공해 주는 것은 아닙니다. 우리는 이 떡과 잔에 부여된 하나님의 약속의 선물을 믿음으로 함께 받아야 합니다. 특히 예수님과의 친밀한 교제와 만남이 성례의 기능을 가능하게 만듭니다. 저는 이 성찬에 대한 우리의 기대감이 지금보다 더욱 고양되길 바랍니다. 우리는 성찬식에 대해 지나친 기대감을 갖는 것을 두려워할 필요가 없습니다. 성찬은 그것에 대한 우리의 평소 기대를 언제든 뛰어넘을 잠재성을 지닌 중요한 축제이고 향연이기 때문입니다. 오히려 우리는 성찬에 대해 우리가 너무 지나치게 적은 기대감을 갖는 것은 아닌지 우려해야 합니다. 혹시 하나님께서 이 성찬을 통해 우리 가운데 행하고자 하시는 일에 막상 나 자신은 준비 되지 않는 일이 없도록, 내가 전혀 기대하고 있지 않음으로 인해 그것을 놓치게 되는 일이 없도록 말입니다.

* * *

성례는 내적이고 비가시적인 하나님의 선물에 대한 외적이고 가시적인 표지라 정의할 수 있습니다.[15] 물로 하는 세례든 성찬의 떡과 잔이든, 그것은 하나님의 거룩한 약속이 물리적인 표식과 상징으로 표현된 것이라 할 수 있습니다. 오늘 고린도전서 말씀은 최후의 만찬에 관해 최초로 기록한 본문입니다. 예수님이 잔을 가지시고 이렇게 말씀합니다. "이 잔은 내 피로 세운 새 언약이니." 하나의 약속이 이 잔에 그리고 그 내용물을 마시는 행위에 연결되고 있습니다. 그 약속이란 구약에서 유일하게 이 표현을 쓰고 있는, 예레미야 31장 31-34절에 하나님이 선포하신 "새 언약"의 약속입니다.

여기서 하나님은 이렇게 약속하십니다. "보라 날이 이르리니 내가 이스라엘 집과 유다 집에 새 언약을 맺으리라." 새 언약은 하나님께서 친히 그분의 "법을 그들의 속에 두며 그들의 마음에 기록"할 것이란 점에서 처음 맺었던 언약과 같지 않습니다. 그리고 이 새 언약에는 "내가 그들의 악행을 사하고 다시는 그 죄를 기억하지 아니하리라"는 하나님의 약속이 동반되고 있습니다. 예수 그리스도의 십자가 죽음은 하나님 앞에서 우리의 신분에 대한 우리의 인식에 변화를 가져왔지만, 동시에 그 죽음은 우리에 대한 하나님의 인식에도 분명 변화를 가져왔습니다. 믿음으로 이 떡과 잔을 받을 때, 우리는 예수님의 피로 맺는 새 언약에 동반되는 약속, 하나님이 "다시는 나의 죄를 기억하지 아니할 것"이라는 그 약속을 새롭게 상기합니다. 우리는 이제 하나님의 임재 앞으로 나아갈 수 있습니다. 하나님이 약속하신 새 언약의 그 날이 이미 이르렀기 때문입니다. 우리는 마침내 내가 하나님께 받아들여졌고 그분의 은혜가 나에게 온전히 임했다는 확신과 평안 가운데 예배에 임할 수 있습니다. 우리는 하나님의 품 안에 영원히 거할 것입니다.

우리가 이 성찬의 자리에 나올 때 반드시 놓치지 말아야 것이 있습니다. 우리에게, 그리고 우리를 위해, 자신을 내어주신 예수님을 기억해야 합니다. 예수님을 기억하고 주님이 행하신 일을 기념하는 것은 성찬을 행할 때마다 반복적으로 선언되어야 하는 매우 중요한 사안입니다. 그것은 신약 본문에서 분명히 발견되고 여러 성례전에서도 인용되고 있습니다. "이것은 너희를 위하여 주는 내 몸이라 너희가 이를 행하여 나를 기념하라"(눅 22:19). "이 잔은 내 피로 세운 새 언약이니 이것을 행하여 마실 때마다 나를 기념하라"(고전 11:25). 성찬의 자리에서 우리는 자신의 전부를 내어주신 예수님에게 우리의 시선을 고정해야 합니다. 그것은 우리 인생의 행로를 새롭게 확인하는 하나의 나침반이 되어야 합니다. 성찬의 자리에서 우리는 나의 모든 죄를 사하기 위해 예수님이 치르신 대가를 거듭 기억해야 합니다. 우리를 향한 위대한 사랑, 우리를 하나님께로 돌이키고자 하신 그 위대한 열정, 그때문에 기꺼이 우리 대신 죄의 대가를 치르신 예수님을 기억해야 합니다. 성찬의 자리에서 우리가 그 주님을 기억한다면, 가끔씩 나 자신을 흔들고 어긋난 길을 가도록 유혹하는 옛 사람의 습관을 아무렇지도 않게 용납해서는 안 될 것입니다. 예수님은 우리가 옛 사람의 습관을 철저히 내버리도록 우리를 위해 죽으셨기 때문입니다.

예수님을 계속 기억한다는 것은 우리가 앞으로도 그 무엇보다 예수님에 대한 감사의 마음을 잃지 않을 것을 확실히 하는 것입니다. 성찬의 자리에 모여 자신을 내어주신 예수님을 되새길 때마다, 우리의 "그러면 어떻게 살 것인가?"라는 질문에 대한 답은 더욱 명확해집니다. 우리 모두는 나를 향한 예수님의 값진 사랑과 희생을 영화롭게 하는 방식으로 살아야 합니다. 예수님이 십자가에서 두 팔을 벌리시기까지 그토록 바라셨던 소원대로, 우리의 걸음은 날마다 하나님과 함께하는 삶을 향해 나아가야 합니다. 망각은 우리의 영혼에 엄청난 위험을 초래할 수 있습니다. 실제로 이 세상의 정욕과 육신과 마귀는 우리에게 망각을 주입하려고 시도합니다. 우리의 생각을 흐트러뜨리는 잡다하고 소란한 것들로 우리를 붙잡아, 우리가 예수님의 사랑보다 그 허망한 것들에 반응하도록 만들려는 것입니다. 따라서 '기억하고 또 기억하는 것', 언뜻 단순하게만 보이는 그 행위는 사실 우리의 지속적인 영성 훈련에서 가장 기본이 되는 중요한 요소입니다.

하지만 우리는 예수님을 단지 기억하기 위해서만 성찬의 자리에 나오지 않습니다. 우리는 또한 예수님을 '대면하기 위해' 이 자리에 나옵니다. 성찬의 자리에서, 즉 주님의 십자가 수난을 앞둔 시점에, 우리는 자신을 내어주시는 예수님의 사랑과 임재 앞에 서게 됩니다. 또한 교회가 함께 성찬의 자리에 모일 때 우리는 성령으로 임재하시는 성자 하나님 앞에 서게 됩니다. 성찬은 이처럼 기억과 만남이라는 두 가지 전망을 지닌 자리입니다. 최후의 만찬이 사실 유월절 식사였다는 것 또한 의미심장한 부분입니다. 전통적으로 유대인들은 매년 유월절마다 납작한 무교병, 구운 양 고기, 쓴 나물을 먹으면서 과거 자신의 조상들이 건짐을 받은 이야기를 가족들과 나누었습니다. 그 이야기를 듣는 이들은 마치 자신이 출애굽의 당사자인 마냥 상상해 볼 수 있었습니다. 그렇게 유대인들은 대대로 유월절을 지키면서 구속의 사건과 동떨어진 관망자가 아니라 당사자로서 자신들의 정체성을 확인해 왔습니다. 그들은 이렇게 고백합니다. "우리는' 이집트에서 종살이했던 자들입니다." 그들의 조상만이 아니라, '그들 자신' 또한 이집트의 종살이로부터 하나님의 구원을 받았다는 겁니다. 하나님은 바로 그들과 언약을 맺으셨습니다. 그들 역시 하나님의 구원의 은혜를 경험한 자들로서 반드시 하나님께 신실하게 응답해야 합니다.

자기 자신을 우리에게 내어주시며 떡과 잔을 나누시는 예수님의 이야기를 듣는 오늘 우리도 크게 다르지 않습니다. 성찬의 자리에서 우리는 예수님과 함께 그날 밤 그 자리에 서게 됩니다. 성례전의 말씀은 우리를 예수님이 제자들에게 말씀하시던 2천 년 전 그 곳으로 옮겨줍니다. 예수님이 만찬의 주인으로 섬기시는 자리에 우리도 앉습니다. 주님을 모신 자리에서 우리는 함께 떡을 떼고 잔을 나눕니다. 먹고 마시는 자리에서 아름다운 친교가 이루어집니다. 예수님은 식탁 앞에 모인 '우리에게' 떡을 떼어주시고 잔을 나눠주십니다. 예수님은 우리에게 말씀하십니다. "이것은 너희를 위하여 주는 내 몸이라 이 잔은 너희를 위하여 흘리는 내 피니라." 그렇게 예수님은 우리를 향한 위대하고 놀라운 사랑의 표현을 우리가 받아서 먹고 마시게 하십니다. 우리는 그 떡을 받으면서 "그리스도께서 많은 사람을 위해 죽으셨노라"만이 아니라, 또한 "그리스도께서 나를 위해 죽으셨노라"는 선언을 듣게 됩니다. 우리 한 사람 한 사람, 바로 '나'를 위해 예수님이 죽으셨습니다. 우리는 오늘 이 자리에서 성찬의 모든 과정을 하나도 빼놓지 않고 집요하게 관찰하려는 것이 아닙니다. 우리는 오늘 이 자리에서 "우리의 몸과 영혼을 영원한 생명으로 보존하기 위해 자기 몸과 피를 우리에게 주시는"[16] 예수님을 바라봅니다. 물론 우리가 골고다 언덕, 예수님의 십자가 앞에 직접 서게 된다는 것은 아닙니다. 그러나 우리를 향한 예수님의 그 사랑의 마음 안에, 그 간절한 뜻 안에, 십자가에 펴신 두 팔로 우리를 끌어안으시는 그 품 안에 우리가 있음을 고백할 수 있습니다. 우리는 주님이 제정하신 성례 안에서 믿음으로 그 주님을 경험할 수 있습니다. 그리고 자신들의 유월절을 지켰던 신앙의 선조들처럼, 우리 역시 하나님의 그 큰 구원을 경험했습니다. 우리의 유월절 어린 양 되시는 예수 그리스도가 우리를 사로잡았던 죄와 사망의 권세를 자신의 죽음으로 깨뜨리셨기 때문입니다. 그리하여 우리는 이 세상의 올무와 사탄의 지배에서 벗어나 하나님을 섬기는 새로운 삶을 영위할 수 있게 되었습니다.

성찬의 신비는 거기서 끝나지 않습니다. 성찬의 주인이신 예수님은 우리를 더욱 놀라운 신비 속으로 이끄십니다. 성찬의 자리에서 우리는 주님과 신비한 연합을 이루어 그리스도와 하나가 된다는 사실입니다. 예수님과 우리와의 연결은 더욱 깊어지며 우리는 그 연합 안에서 성장해 갑니다. 요한복음에서 우리는 예수님이 하신 말씀을 기억합니다. "나는 하늘에서 내려온 살아 있는 떡이니 사람이 이 떡을 먹으면 영생하리라 내가 줄 떡은 곧 세상의 생명을 위한 내 살이니라 하시니라…내 살을 먹고 내 피를 마시는 자는 영생을 가졌고 마지막 날에 내가 그를 다시 살리리니 내 살은 참된 양식이요 내 피는 참된 음료로다 내 살을 먹고 내 피를 마시는 자는 내 안에 거하고 나도 그의 안에 거하나니"(요 6:51, 54-56). 예수님은 이 놀라운 약속의 말씀을 우리가 눈으로 볼 수 있도록, 먹고 마시는 떡과 잔이라는 외적인 표지와 함께 결부시키셨습니다. 예수님은 단순히 "우리와 함께" 하시기 위해 성례의 자리로 오시는 것이 아닙니다. 주님은 우리 각 사람에게 예수님 자신을 불어넣으시고 예수님 자신으로 우리를 채우시기 위해 오십니다. 주님은 그리스도의 몸 된 교회, 즉 우리 안에서 또 다시 새롭게 몸을 입으시기 위해 우리를 찾아오십니다. 우리는 예수님의 몸입니다. 그렇게 주님은 우리와 연합을 이루시고, 마침내 우리로 하여금 바울과 같은 고백에 이르게 하십니다. "내가 그리스도와 함께 십자가에 못 박혔나니 그런즉 '이제는 내가 사는 것이 아니요 오직 내 안에 그리스도께서 사시는 것이라' 이제 내가 육체 가운데 사는 것은 나를 사랑하사 나를 위하여 자기 자신을 버리신 하나님의 아들을 믿는 믿음 안에서 사는 것이라"(갈 2:20). 이 만찬의 자리에서 우리는 진정으로 우리가 먹는 바로 그것이 되고, 우리가 먹는 그것이 또한 우리를 이끌어 궁극적인 구원으로 나아가게 합니다.

여기서 우리는 예레미야의 새 언약 안에 있는 하나님의 약속을 기억하게 합니다. 즉 하나님은 우리의 죄를 더 이상 기억하지 않으실 뿐만 아니라, 그분의 법을 우리 마음에 새겨주실 것이란 약속 말입니다. 초대 교회 그리스도인들에게 이것은 성령이 행하시는 일로 이해되었습니다. 하나님의 약속의 선물인 성령은, 하나님 백성의 매일의 삶에서 하나님의 뜻을 분별하게 하시며, 그렇게 함으로써 율법이 오랫동안 추구해 왔던 그것을 마침내 우리 안에서 이루게 하십니다. 새 언약의 약속은 우리 마음에 임하신 성령의 인도하심을 따라 우리가 새로운 삶으로 들어가기 위해, 그리고 날마다 그 생명 안에서 행하기 위해, 우리에게 필요한 모든 것을 하나님께서 참으로 공급해 주신다는 확신을 가져다줍니다. 성령은 우리에게 예수 그리스도의 생기를 불어 넣어주시고, 예수님은 우리 안에서 우리의 모습을 취하여 우리를 통해 이 땅을 다시 걸으십니다.

또 한 가지, 우리가 놓쳐서는 안 되는 성찬의 중요한 면이 있습니다. 성찬의 자리에 함께 모인 다른 성도들입니다. 성찬의 자리에서 우리는 우리가 그리스도와 내적으로 연합되었다는 것만 확인하지 않습니다. 성찬을 통해 우리는 그 자리에 참여한 모두가 새 언약의 백성으로 함께 묶이고 서로 하나가 된 사실을 확인합니다. "떡이 하나요 많은 우리가 한 몸이니 이는 우리가 다 한 떡에 참여함이라"(고전 10:17). 떡은 하나입니다. 지금까지 수많은 곳에서 떡과 잔이 나눠졌지만, 그럼에도 불구하고 예수 그리스도는 언제나 변함없이 완전한 한 분이십니다. 그리스도는 우리 각 사람 안에서 살과 피를 입으시고, 또한 우리 공동체 안에서 살과 피를 입으심으로, 우리를 한 몸으로 연합하십니다. 그리스도의 생명을 덧입은 서로를 우리가 형제자매로 받아들이지 못한다면, 그리스도를 받아들이는 것 또한 불가능할 수밖에 없습니다. 저는 여러분이 그리스도의 이 떡과 잔을 받으신 후에, 우리 주위의 형제자매들을 돌아보시길 부탁드립니다. 따뜻한 눈길을 서로 주고받으시길 바랍니다. 이 자리에 있는 우리 모두가 이미 몸의 일부로서 하나가 되었기 때문입니다. 그러므로 나의 마음이, 우리의 마음이 서로를 향해 열릴 수 있도록 하나님께 간구하시길 바랍니다. 혹시 여러분 마음에 누군가에 대한 반감이나 오해가 조금이라도 남아 있다면, 그분을 위해 특별히 더 기도하시길 바랍니다. 예수님은 우리의 하나 됨을 위해 자신을 내어주셨습니다. 우리의 한 몸 됨을 흔들고 방해하는 것들, 아직도 우리 속에 잔재해 있는 그 모든 부정적인 것들을 주님께서 다 풀어주시고 온전히 제거해 주시도록 기도하시길 바랍니다.

* * *

이 떡과 잔을 받는 것은 이제 시작에 불과합니다. 고난당하시고 죽으시기 전날 밤의 그 주님을 바라보는 것, 그것은 우리로 하여금 또한 장차 있을 그날, 우리의 생명을 위한 그분의 희생적 죽음이 가져올 완성의 때, 마침내 이루게 될 그 완전한 결과를 바라보게 합니다. 예수님도 제자들과의 만찬 자리에서 이러한 전망을 내비치셨습니다. 제자들에게 잔을 나눠주신 후 말씀하십니다. "진실로 너희에게 이르노니 내가 포도나무에서 난 것을 하나님 나라에서 새 것으로 마시는 날까지 다시 마시지 아니하리라 하시니라"(막 14:25). 바울은 이 부분을 놓치지 않고, 자신의 편지에서 우리에게 상기시켜 줍니다. "너희가 이 떡을 먹으며 이 잔을 마실 때마다 주의 죽으심을 그가 오실 때까지 전하는 것이니라"(고전 11:26).

그러므로 우리는 그 행하신 일에 감사하는 가운데, 또한 계속해서 우리의 소망을 선포해야 합니다. 우리는 이렇게 말해야 합니다. "그리스도께서 죽으셨고, 그리스도께서 부활하셨다." 그러나 또한 우리는 이렇게 말해야 합니다. "그리스도께서 다시 오실 것이다."[17] 성찬의 자리에서 우리가 죄사함 받은 지난 과거를 되돌아볼 때, 하나님이 우리에게 베푸신 은혜로 말미암아 우리가 어떻게 새로워졌는지 확인하고 또한 하나님이 우리 안에 심으신 새로운 생명으로 말미암아 우리가 아름다운 미덕과 성품을 키우며 양육받도록 격려를 받습니다. 우리가 그리스도의 최후 승리의 날을 고대할수록 이러한 소망은 더욱 확고한 삶의 궤도 안에 자리잡을 것입니다.

정기적인 성찬 예식은 마치 예전에 배를 운항하던 선장의 습관과 비슷합니다. 한 밤 중에 정해진 시간 간격을 두고 육분의(항해 위치 측정기)와 나침반을 들고 조타실 밖으로 나와선, 한 쪽으로는 고정된 별에, 다른 한 쪽으로는 수평선에 맞춰 방위각을 측정하고 배의 위치를 파악하면서 제대로 된 항로를 따라가고 있는지 확인하는 겁니다. 우리가 한편으로는 우리를 위한 예수님의 죽음에 시선을 고정하고, 또 한편으로는 영광 가운데 산 자와 죽은 자의 심판주로 다시 오실 우리 주님을 바라볼 때, 우리가 자주 그렇게 할수록, 우리는 이 세상의 거친 파도 속에서도 우리가 가야 할 항로를 유지하고 이탈하지 않을 수 있습니다.

이 모든 것이 오늘 우리가 나누는 성찬의 떡과 잔에 담겨 있습니다. 예수님은 오늘 이곳에 우리와 함께 계시고 이 떡과 잔을 통해 우리를 그분에게로 가까이 이끌고 계십니다. 이 성찬에 참여하는 모든 성도님에게 오직 주님만을 온전히 바라볼 수 있는 충만한 은혜가 함께하기를 기원합니다. 아멘.

19 누가 우리의 시합을 응원하는가?

만성절
히브리서 12:1-3

오늘 우리는 모든 성인의 축일을 기념하고 있습니다. 개신교 그리스도인들은 "성인"(saints)이라는 표현을 사용할 때마다 불편해 하는 경향이 있습니다. 사실 "세인트"(Saints)라는 표현은 로마 가톨릭 형제자매, 또는 자신들을 개신교회로 여기길 선호하지만 실제로는 그것과는 조금 다른 성공회와 감독교회 형제자매들에게 친숙한 표현입니다. 그들은 자신들의 교회 명을, 세인트 칭호를 붙인 성인의 이름을 따라 짓습니다(예. 성 앤드류 성당). 예배당은 성인들의 성화와 성상으로 장식됩니다. 그들의 전례서는 이 땅에 살아 있는 신자들의 기도에 그들보다 앞서 간 "모든 성인들"의 기도가 함께하고 있음을 언급합니다. 죽음 이편에서 여전히 믿음의 투쟁 중에 있는 신자들을 위해 그들이 죽음 저편에서 중보기도하고 있다는 것입니다. 이런 "세인트"란 개념에 개신교회는 더욱 불편한 기색을 감추지 못하며, 이와 관련하여 개신교와 로마 가톨릭 사이에는 지금도 상당한 입장 차이를 보이고 있습니다.

그런데 (특정 인물을 성인으로 시성하는 것에 개신교인들이 반대 입장을 제기할 때마다 느끼는 점이지만) 우리 모두 다 결국은 성도(聖徒, saints)가 아니겠습니까? 구속함을 입은 모든 그리스도인이 하나님의 성도이며 하나님의 "거룩한 자"임을 신약 성경이 말씀하고 있기 때문입니다(예, 롬 1:7; 15:26; 16:15; 고후 1:1; 엡 1:1, 15; 5:3). 우리가 조금 더 주목하고 기념할 만한 신앙의 선배들을 "성인"으로 특별히 선별하는 풍습이 하나님 백성이라는 거대한 개념을 무너뜨리는 것은 아니지 않습니까? 그럼에도 그렇게 생각하시는 분이 있다면, 같이 한번 생각해 보면 좋겠습니다. 예수 그리스도는 이 땅의 많은 사람들보다는 어떤 특정한 성도 또는 성인의 삶을 통해 훨씬 더 밝고 분명하게 빛을 비추셨습니다. 이 땅에서 우리는 예수 그리스도를 닮은 사람, 내가 신뢰할 만하고, 나에게 본이 될 만한 인물들을 끊임없이 찾고 있습니다. 만일 예수님이 성도들의 삶을 통해 이 땅을 살아가신다면 그것은 어떤 모습일까요? 더 이상 자신의 자아가 주도하는 인생이 아니라, 내주하시는 그리스도가 그의 인격을 통해 살아가시는, 마치 바울의 고백과 같은 그린 모습이 아닐까 합니다(갈 2:19-20). 자신 안에 보배이신 그리스도를 담고 있는 사람, 자신의 삶을 통해 그리스도가 가장 밝게 빛나는 것의 진정한 가치를 아는 사람 말입니다(고후 4:7).

저는 그런 성도 또는 성인이 죽은 이후에도, 우리가 그들을 언급하는 것이 매우 중요하다고 생각합니다. 사실 우리 그리스도인들이 살아 있는 동안에는, 우리 안에 그리스도의 빛이 가려지는 일들이 언제든 있을 수 있습니다. 유혹 앞에서 넘어짐으로 우리 안에 있는 그리스도의 빛이 가려지거나, 갑작스런 죄의 충동과 도발 또는 우리 믿음의 진정성에 의문을 품게 만드는 행위들로 인해 그 빛을 가리는 일도 생깁니다. 당장 내일이면 세상과 죄의 권세에 지배당하는 위선자로 드러날 수 있는 사람, 은혜가 아니면 아무 소망이 없는 사람, 한낱 살아 있는 사람에게 우리가 감화를 받는 것이 얼마나 위험천만한 일인지요! "신실한 죽음의 인침이 완전하게 한" 자들(마카베오4서 7:15), 믿음으로 살다가 믿음 안에서 죽고, 그리스도의 광채가 그들의 삶에서 신실하게 빛났던 사람들, 믿음의 경주를 끝까지 완주할 수 있음을 우리에게 증명해준 믿음의 사람들, 그런 모습으로 살다가 천국에 가신 믿음의 선배들은 우리를 갑자기 실족하게 만들 수 있는 현존하는 인물보다는 우리 삶의 노정에 조금 더 안심할 수 있는 방식으로 작은 빛을 비출 수 있습니다.

* * *

그러면 우리 개신교 그리스도인들은 이 주제와 관련해 어떤 입장을 취해야 할까요? 히브리서의 저자가 이미 이 문제를 다루고 있습니다. 우리의 입장은 그 이상도 그 이하도 아닙니다. 우리가 "믿음 장"으로 잘 알고 있는 히브리서 11장에서 기자는 자신들의 성인들, 즉 유대교 경전에서 그들에게 본이 되는 사람들을 마치 포스터 붙이듯 독자들에게 열거해 주고 있습니다. 하나님으로부터 약속을 받았던 사람들은 비록 여기저기서 실수하고 넘어지는 일이 있더라도 계속해서 그 약속을 바라며 묵묵히 걸어간 선배들입니다. 어떤 일이 일어나더라도 순종하는 믿음에서 결코 완전히 돌아서지 않았습니다. 만일 히브리서 기자가 오늘날의 영상 기기들이 있었다면, 노아, 아브라함, 모세, 위대한 선지자들, 마카베오 시대 순교자들의 모습을 차례로 화면에 비춰주었을 것입니다. 그리고 행동하는 믿음이 어떤 것인지, 믿음의 사람은 어떻게 생각하는지, 믿음의 사람은 어떻게 결정하는지, 믿음은 현세의 상황을 어떻게 판단하게 하는지, 믿음은 무엇을 우선하게 하는지를 우리에게 본으로 보여준 여러 성인들 또는 성도들도 함께 영상으로 비춰주었을 것입니다. 그는 독자들에게 마치 이렇게 호소하는 듯합니다. '우리가 믿음의 사람이라면, 우리보다 앞서 믿음으로 살았던 인물들을 본받을 필요가 있습니다. 그들을 조금 더 닮을 필요가 있습니다. 여기 그들이 어떤 존재였는지를 보여주는 삶이 있습니다. 하나님이 그들뿐만 아니라 우리에게도 원하시는 그 목적지에 도달하기 위해, 그리고 하나님이 그들처럼 우리에게도 원하시는 미덕과 성품을 고양하기 위해, 우리가 반드시 본받고 배워야 할 삶의 고갱이가 여기 있습니다.'

하나님이 세상을 심판하기로 선언하셨을 때, 노아가 자신의 삶을 통해 우리에게 가르쳐준 것이 있습니다. 그것은 "평소와 똑같은 일상"을 과감히 중단하고 하나님의 임박한 심판에서 구원을 얻는 계획에 온전히 집중하는 삶이었습니다. 아브라함의 일생은, 자신에게 익숙하고 편안한 것들, 우리의 존재감을 확인시켜주는 이 세상의 모든 것에서 당장 떠나도 그것이 하나도 아쉽지 않을 만큼, 하나님의 약속이 우리에게 가장 가치 있고 귀중한 보배란 사실을 깨우쳐줍니다. 모세는 압제를 당하는 하나님 백성들과 함께 연대하는 것이 그들을 압제하는 자들의 궁궐에서 영예와 희락을 누리는 것보다 훨씬 더 가치 있는 삶임을 우리에게 보이고 있습니다. 선지자들은 이 세대를 향한 하나님의 약속과 경고의 말씀이 반드시 그 종들에 의해 담대하게 선포되어야 함을, 그리고 말씀의 종들은 어떤 시련이 와도 그 사명을 다해야 함을 보여주고 있습니다.

이처럼 히브리서 기자는 그리스도인들에게 믿음의 본이 되는 선배들의 사례를 새롭게 각인시키고 이렇게 권면합니다.

> 이러므로 우리에게 구름 같이 둘러싼 허다한 증인들이 있으니 모든 무거운 것과 얽매이기 쉬운 죄를 벗어 버리고 인내로써 우리 앞에 당한 경주를 하며 믿음의 주요 또 온전하게 하시는 이인 예수를 바라보자 그는 그 앞에 있는 기쁨을 위하여 십자가를 참으사 부끄러움을 개의치 아니하시더니 하나님 보좌 우편에 앉으셨느니라 너희가 피곤하여 낙심하지 않기 위하여 죄인들이 이같이 자기에게 거역한 일을 참으신 이를 생각하라(히 12:1-3).

히브리서 기자는 우리를 거대한 원형경기장 한가운데로 데려다놓습니다. 관중석은 우리보다 앞서 간 허다한 증인들(성인들 또는 성도들)로 가득합니다. 단지 구약 시대의 위인들뿐만 아니라, 지난 2천 년 교회 역사에서 목격된 수많은 그리스도인, 그리고 자신의 삶을 그리스도의 부르심과 하나님 나라에 헌신한 성인들과 성도들로 가득합니다. 여기서 우리는 죄와 씨름하는 레슬링 경기, 또는 하늘의 상급을 받기 위한 우리의 육상 경주(사실 우리 삶에서 그것은 일직선의 트랙을 달리는 육상 종목보다는 장애물을 뛰어넘는 허들 경주에 더 가깝게 느껴지네요!)를 무기력하고 나약한 관중들 앞에서 펼쳐 보이는 것이 아닙니다. 우리는 자신들의 캐리어에서 성공한 은퇴 선수들로 채워진 관중 앞에 서 있습니다. 그들은 모두 올림픽 우승자이자입니다. 우리는 구름같이 둘러싼 이 수많은 "증인들"(12:1)을 어떤 사실에 대해 증언하는 사람들이란 개념으로 생각하는 경향이 있습니다. 하나님의 약속의 소중함 그리고 어떤 대가를 치르더라도 그 약속에 따라 믿음으로 행하는 삶의 가치를 그들이 증언하고 있다는 것입니다. 실제로 히브리서 11장이 열거하는 믿음의 영웅들은, 수많은 성도들과 더불어, 그 사실에 대해 증언하고 있습니다. 그들은 하나님 앞에서 신실한 삶, 하나님의 부르심에 우선을 두고 온전히 헌신하는 삶은, 비록 희생은 따를지언정, 결국은 우리 자신에게 언제나 복이 되고 득이 된다는 사실을 증언하고 있습니다. 그런데 여기서 히브리서 기자는 이 믿음의 영웅들(성도/성인들)을 또 다른 부류의 증인들로 제시하고 있습니다. 그들은 믿음으로 붙잡은 사실들을 실제로 살아내고, 자신들의 삶으로도 몸소 증언하고 있습니다. 그리고 그들이 한때 참여했고 승리를 거뒀던 이생에서의 도전과 믿음의 경주를 이제 우리가 얼마나 잘 해내고 있는지 관중석에서 지켜보고 있습니다.

우리의 달려가는 길을 누가 지켜보고 있습니까? 하나님의 선하심과 구원하심을 드러내는 일에서 잠시의 불편함마저도 주저하는 우리와 달리, 예수 그리스도를 위해 온갖 고난과 죽음까지 마지 않았던 하나님의 교회가 우리를 지켜보고 있습니다. 주님께 순종하고 섬기는 일에서 작은 불편함조차 힘들어하는 우리와 달리, 구주 예수님을 위해 마지막 한순간까지 충성하고 순종했던 허다한 순교자들이 우리를 지켜보고 있습니다. 우리는 "그리스도인이 되는 것"의 의미를 우리 삶에 덜 거슬리고 덜 부담되는 것으로 희석시켜서 청중에게 공감을 얻어낼 수 있을 것이라 희망하곤 합니다. 그러나 그리스도를 향한 초대 교회의 헌신과 제자도를 편의에 따라 희석하고 타협해 보려는 우리의 시도를 사도들은 지켜보고 있습니다. 가난하거나 곤경에 처한 이웃에게 등을 돌리려 하는 우리의 외면을, 성 프란치스코와 마더 테레사가 지켜보고 있습니다. 나 자신의 마음과 생각을 살피지 못하고 하나님에게서 멀어지려는 욕망에 따르고자 할 때, 우리는 경기장 관중석에서 그런 모습을 안타까운 시선으로 바라보고 있을 성 아우구스티누스를 잊어서는 안 될 것입니다. 우리의 개인 삶뿐만 아니라 공동체적 삶에서 정의와 참여에 소홀해질 때마다, 존 웨슬리와 마틴 루터 킹이 간절한 마음으로 우리를 응원하고 있음을 잊어서는 안 될 것입니다. 가장 값진 희생으로 이루신 하나님의 구원을 우리가 급진적인 순종의 요청으로 받지 않고, 도리어 그것을 또 하나의 싸구려 상품, 값싼 은혜로 전락시키려 할 때마다, 우리는 디트리히 본회퍼의 격려 어린 시선을 외면하지 말아야 할 것입니다.

* * *

히브리서 기자는 믿음의 경기장 한가운데 서 있는 우리에게 세 가지를 당부하고 있습니다. 첫째, 우리보다 앞서 간 신실한 성도들 앞에서 우리가 건강한 수치심을 느낄 수 있는 감각이 살아 있어야 한다는 것입니다. 믿음의 경주를 성공적으로 마친 그들이 다음 차례인 우리의 경주를 지켜보고 있습니다. 그들이 박수치며 응원하는 이 믿음의 경주를 우리가 소홀히는 말아야 하지 않겠습니까? 그들이 보여준 모범과 기대를 따라 우리 역시 그리스도인의 본을 만들어가야 하지 않겠습니까? 그럼에도 우리는 오히려 하나님의 부르심은 안중에도 없는 우리 주변의 대다수 사람들의 전형적인 삶과 기대를 따라 살고 있지는 않은지요? 그래서는 안 될 것입니다. 그것에 더해 우리는 그리스도인의 믿음과 생생한 삶의 가장 탁월한 본보기에 대해 알고 있습니다. 저는 지금 예수 그리스도를 말하고 있습니다. 히브리서 기자는 경기장의 관중석에서도 가장 잘보이는 특별석에서 우리를 지켜보시는 한 분, 예수 그리스도를 우리의 최고 증인으로 지목하고 있습니다.

　킹제임스 역본으로 시작한 일부 주요 번역본들은, 단도직입적으로 말하면, 히브리서 12장 2절을 오역했습니다. 제가 개인적으로 선호하는 NRSV 역본은 예수님을 "'우리의' 믿음의 선구자요 완전케 하시는 이"(the pioneer and perfecter of our faith)로 번역하고 있습니다(ESV, NLT, 1984년판 NIV도 이 구절에 "our"를 포함시키고 있습니다). 그러나 사실 헬라어 본문에는 "우리의"(our)란 단어가 없습니다(한글성경 개역개정에도 없음-옮긴이). 그 믿음을 "우리의 믿음"이라고 해석할 만한 일반적인 어휘가 원문에는 들어 있지 않습니다. 2011년판 NIV개정본과 CEB 역본은 이를 정확하게 지적합니다. 즉, 예수님을 "믿음[그 자체]의 선구자요 완전케 하시는" 분으로 가리킵니다. 우리는 살아 있는 믿음의 본보기로 노아, 아브라함, 모세를 바라볼 수 있습니다. 그러나 그 누구도 예수님이 이루신 그 완전한 순종과 신실하심의 영역에 감히 범접할 수 없습니다. 그러므로 예수님은 믿음의 "선구자"가 되십니다. 또한 예수님은 자신의 삶을 통해 우리에게 행하는 믿음, 살아 있는 믿음이 무엇인지를 가장 완전한 형태로 보여주셨습니다. 따라서 예수님은 믿음의 "완전케 하시는 주", 행동하는 믿음에 있어서 우리에게 최고로 완벽한 모범이 되는 주님이십니다.

예수님이 그 앞에 놓인 영광, 하늘의 보좌, 하나님과 함께하는 영원함에 다시 들어가기 위해서는 사람들 앞에서 받아야 하는 치욕을 감수하셔야 했습니다. 결국 권좌에 앉은 사람들은 예수님을 중범죄자로 판단해 사형을 선고했고, 하나님의 부르심을 향한 주님의 완전한 순종 때문에, 그분에게는 가장 잔혹한 형벌이 내려졌습니다. 히브리서 기자는 주님이 우리를 위해 기꺼이 걸으신 그 길을 우리가 마다하지 않길 고대하고 있습니다. 그리고 우리가 중도에 포기하지 않고자 한다면 우리 또한 이 세상에서의 치욕을 기꺼이 감수하길 간절히 응원하고 있습니다. 그래서 히브리서 기자는 자신의 설교를 마무리하며 이렇게 말합니다. "그러므로 예수도 자기 피로써 백성을 거룩하게 하려고 성문 밖에서 고난을 받으셨느니라 그런즉 우리도 그의 치욕을 짊어지고 영문 밖으로 그에게 나아가자 우리가 여기에는 영구한 도성이 없으므로 장차 올 것을 찾나니"(히 13:12-14).

* * *

히브리서 기자가 우리에게 당부하는 것 두 번째는 수많은 증인들(성도/성인들)이 우리를 응원하고 있음을 기억하라는 것입니다. 사는 동안에도 자신들의 말과 행동을 통해 믿음으로 산다는 것의 모범을 보여주었던 그들이, 이제는 죽음 저편에서도 여전히 우리를 위해 경주에서 승리하길 응원한다는 것입니다. 그런 점에서 그리스도의 제자로 불리는 우리 모두는 서로 연결되어 있습니다. 예수 그리스도의 몸으로서 교회는 언제나 시공간을 초월해 존재합니다. 그리스도 안에서 이미 하나가 된 그 몸은 죽음조차 갈라놓을 수 없습니다. 예수님은 죽음의 권세마저 정복하셨습니다. 그러므로 우리는 자주 관중석을 바라보아야 합니다. 그리고 이기는 자에게 주어질 영광을 이미 누리고 있는 그들의 모습을 우리는 놓치지 말아야 합니다. 우리보다 앞서 달리고 경주를 잘 마친 후에 승리의 면류관을 쓰고 있는 믿음의 영웅, 거룩한 성도들의 모습을 우리는 달음박질하는 동안에도 놓치지 말아야 합니다. 우리도 그들처럼 끝까지 힘을 내야 합니다.

예수 그리스도의 사역은 복음서 또는 신약성경의 마지막 장에서 종료되거나 제한되지 않습니다. 지난 2천 년 동안, 예수님은 계속해서 일해 오셨고 지금도 일하고 계십니다. 여전히 일하고 계시는 주님을 드러내는 그 증언들이 바로 성인(聖人)들의 삶에서 읽히고 그들의 말과 행실로부터 나타나 있습니다. 그 성인들은 우리 삶에도 실제로 변화가 일어날 수 있음을 보여주는 증인들입니다. 그리고 그런 놀라운 변화의 방식과 과정들을 우리를 위해 생생하게 실현한 본보기입니다. 그러므로 혹여 기회가 허락한다면, 그러한 인물들의 인생 스토리, 전기를 읽어보시길 추천합니다. 그들의 삶을 책으로 읽다 보면 하나님의 부르심에 순종하여 살아가는 삶이 참으로 다양하다는 점을 배울 수 있습니다. 그들은 여러 방식으로 삶의 경주를 이어갔지만 또한 공통적으로 오늘 우리가 받는 삶의 도전과 유혹을 극복해 냈습니다. 그들은 이 땅에서 분별하는 삶을 영위하며 하나님 나라를 세워가는 일에 기쁨으로 참여했습니다. 그러한 믿음의 영웅들의 삶의 이야기를 읽을 때,

우리는 경주에서 힘을 낼 동기를 얻고 조언을 들을 수 있습니다.

우리가 또한 잊지 말아야 할 것이 있습니다. 믿음의 경기장에서 지금 일어나고 있는 이 경주는 또한 릴레이 경주라는 것입니다. 지난날에 경기를 잘 끝마친 성도들이 이제는 승리한 자의 자리에 앉아 우리 주위를 에워싸고 있습니다. 하지만 경주는 아직 다 끝나지 않았습니다. 오히려 우리 차례가 되었습니다. 우리보다 앞서 간 수많은 성도들의 증언 덕분에, 우리에게는 달음박질에 힘을 낼 믿음이 있습니다. 소망하건대, 부르심에 신실했던 그들처럼 언젠가는 우리도 그 허다한 증인들의 무리에 함께 참여할 날이 올 것입니다. 우리도 우리가 잘 마친 경주 끝에 다음 세대들이 믿음의 경주를 이어 달리는 모습을 볼 수 있을까요? 우리도 우리가 발굴해낸 다음 세대 믿음의 영웅들이 경주에서 달리는 모습을 지켜보며 응원하게 될까요? 우리가 죽은 후에도 경기장에서의 시합은 계속될 것입니다. 우리 시대의 성도들이 다음 세대의 성도들을 발굴하고 그들을 양육할 책임이 있기 때문입니다. 그리고 그들 역시 또 다음 세대의 성도들을 발굴하고 훈련시킬 것입니다. 이 위대한 경주의 주인 되시는 그리스도께서 마침내 경기장에 모습을 드러내시는 그날까지, 그 시합은 계속 이어질 것입니다.

* * *

히브리서 기자가 세 번째로 저와 여러분에게 당부하는 것이 있습니다. 그것은 그리스도인 삶의 무게가 어떠한지를 느껴보라는 것입니다. 먼저 무수히 많은 옛 성도들이 복음 선포를 위해 그리고 예수 그리스도의 주되심을 따라 살기 위해 전심전력으로 내달렸던 지난 2천 년의 헌신의 무게를 우리는 느낄 수 있어야 합니다. 그리고 이제는 우리 시대의 교회를 향해 2천 년 전과 다름없이 주어진 복음 사명의 무게를 느낄 수 있어야 합니다. 과거의 그리스도인들은 자신만을 위해 그렇게 달리지 않았습니다. 그들은 온 세상에 흩어진 교회를 위해, 그리고 오늘날 교회로 존재하는 우리를 위해 그렇게 달음박질했습니다. 그들 손에 들렸던 횃불이 이제는 지구촌 방방곡곡 모든 그리스도인 형제자매들과 더불어 우리의 손에 다시 쥐어졌습니다. 이제 우리가 치르는 이 경주는 우리 자신만을 위한 것이 아니라(물론 그렇게라도 해야 합니다만), 다음 세대 성도들을 위한 것이기도 합니다. 우리는 하나님 나라의 확장을 위해 부지런히 다음 세대를 발굴하고 훈련시켜야 합니다. 그리하여 그리스도가 몸 된 교회를 통해, 이 땅에 하나님의 구원 역사를 계속 이루어가시도록 믿음으로 힘써야 합니다.

　구름 같이 허다한 증인들이 우리를 둘러싸고 있으니, 모든 무거운 것들과 얽매이기 쉬운 죄들, 믿음의 경주에서 우리의 경쾌한 움직임을 방해하는 이 세상의 모든 짐을 벗어버립시다. 그리고 우리 앞에 놓인 이 경주를 인내함으로 함께 달릴 수 있길 바랍니다. 무엇보다, 우리가 믿음의 경주를 함께하는 동안, 우리의 모든 시선을 그 허다한 증인들뿐만 아니라, 무엇보다 믿음의 완전한 본이 되시고 선구자 되시며 우리의 믿음을 완전하게 하시는 주 예수님에게 고정시키고, 흔들림 없이 함께 나아가시길 주님의 이름으로 축원합니다. 아멘.

20 누가 주인인지를 기억하라

왕이신 그리스도 주일
골로새서 1:9-20; 누가복음 6:46-49

오늘은 '왕이신 그리스도 주일'입니다. 왕이신 그리스도 주일은 교회력의 정점이자, 동시에 교회력의 마지막 절기입니다. 이제 교회력이 한 바퀴 돌아서 다음 주부터는 대림절 첫주일이 새롭게 시작됩니다. 그런데 여기 미국에서는 잘 알다시피, 왕 또는 왕국과 관련한 역사라고 내세울 만한 것이 없습니다. 혹시 영국의 왕 조지 3세를 기억하는 분이 계시나요? 반면 미국의 혁명전쟁 또는 독립전쟁에 대해선 익히 들어 보았을 테지요. 우리는 삶의 모든 순간마다, 삶의 모든 영역에서 자기결정권, 주체성 및 자율성을 중요시합니다. 그게 우리 인간의 가장 근본적인 속성 중 하나라고 여깁니다. 우리는 나 스스로 판단하고 내가 원하는 대로, 내가 갈망하는 대로, 나의 꿈과 나의 목표를 추구하며 살아갈 수 있는 나에게 주어진 자유를 소중하게 생각합니다. 그래서

인지 집집마다 그리고 동네 상점마다 화려한 장식으로 꾸미는 크리스마스와는 달리, 교회력에서 왕이신 그리스도 주일은 특히 우리 같은 서구인의 정서에는 잘 맞지 않는 절기라고 할 수 있습니다. 요한복음에 따르면, 빌라도의 법정에서 유대인들은 예수님을 십자가에 못 박길 바라면서, "가이사 외에는 우리에게 왕이 없나이다!"라고 목소리를 높였습니다. 우리는 어떤가요? 우리라면 아마도 이렇게 외칠 것 같습니다. "우리에게는 왕이란 개념 자체가 없어요! 이상 끝!" 우리가 가장 이상적으로 생각하는 대답은 아마도 이런 것이 아닐까 합니다. "나의 보스는 오직 나뿐이다!"

그러나 바울 시대의 정치적 상황은 로마 제국을 그 배경으로 하고 있습니다. 근본적으로 그것은 본래 독립적이던 여러 왕국들이 흡수 또는 정복되어 하나로 통일된 단일 왕국 체제였습니다. 이 거대한 왕국 중심에 로마의 황제가 있었습니다. 그는 신의 아들이자 신격화 된 존재였습니다. 황제 한 사람이 결정하면, 대개 약 육백 명의 로마 원로원의 자문을 거쳐, 그것은 반드시 시행되었습니다.

바울은 이렇게 선언합니다. "[하나님이] 우리를 흑암의 권세에서 건져내사 그의 사랑의 아들의 나라로 옮기셨으니"(골 1:13). 사실 이러한 바울의 선언은, 로마 황제 치하의 삶이라는 점에서, 그리고 그리스도인으로 회심하는 것이 정치적으로 의미하는 바와 관련하여, 매우 급진적인 진술이라 할 수 있습니다. 첫째, 여기서 바울은 아우구스투스 황제 및 그를 계승한 황제들의 시대가 제국 전역의 로마 궁정 시인들과 선전가들의 주장처럼 그들의 "황금기"가 아님을 단언하고 있습니다. 로마를 총애하는 어떤 자비로운 신들의 보살핌이 발현된 결과가 아니라는 의미입니다. 바울은 단연코 그렇지 않다고 말합니다. 오히려 그때는 하나님의 원수들이 권좌에 앉아, 흑암의 권세를 휘두르는 시대라는 것입니다. 또한 바울은 예수 그리스도께 회심하는 것은 새로운 충성 서약과 함께 새로운 통치 체제 안으로 들어가는 것이라고 말합니다. 비록 현실은 여전히 이방인 황제의, 충성을 강요하는 세상 권세 아래 살아가고 있더라도 말입니다. 바울은 교회에게 묻습니다. '지금 너희의 왕은 누구인가?' '죽었지만 신격화된 클라우디우스 황제의 아들, 네로가 너희의 왕인가? 아니면 영원히 살아계신 하나님의 아들 예수 그리스도가 너희의 왕인가?' '예수님이 분부하신 삶을 네로 또는 이 세상이 너희에게 요구하는 삶에 적당히 끼워 맞추려고 할 것인가? 아니면 네로 또는 이 세상이 요구하는 삶의 방식을 예수님이 너희에게 명하신 삶의 방식에 순응하게 할 것인가?'

바울에게는 단 두 가지 선택만 있습니다. 흑암의 권세 아래 사는 것, 아니면 하나님의 아들의 나라에 사는 것입니다. 이와 관련하여, 바울은 자유에 관한 우리의 사고, 그리고 나에게는 아무 왕도 없다는 우리의 인식에 도전하고 있습니다. 아니, 어쩌면 우리의 망상이라고 하는 게 더 적절한 표현일 수 있겠습니다. 만일 우리가 그리스도의 주권 아래, 그분의 통치 아래 살고 있지 않다면, 바울은 이렇게 목소리 높일 것입니다. "그렇다고 해도 너희가 여전히 너희 자신의 보스가 되는 것이 아니다. 그리스도가 너희 왕이 아니라면, 너희는 흑암의 권세 아래 지배를 받고 있다"(골 1:13).

우리 자신의 육신이, 그 육신의 충동과 욕망이 우리 왕이 되고 보스가 되어 우리 삶에 군림하게 된다는 것입니다. 그 육신이 우리를 주관하게 되는 것입니다. 만일 우리의 현실이 그렇다면, 우리는 결코 자유롭지 않습니다. 우리 주변의 사람들, 우리가 속한 이 사회 자체가 우리 인생의 보스가 되어 있습니다. 무엇에 가치를 두어야 하는지, 무엇을 추구하고 살아야 하는지를 우리에게 속삭이면서, 빠져나올 수 없게 파놓은 구덩이 속에서 쳇바퀴 돌듯 살아가게 하고 있습니다. 게다가 우리 자신을 깊숙이 들여다보면, 우리 자의식 속에서 죽음이 인생의 주인처럼 행세하고 있음을 보게 됩니다. 죽음에서 도망치려 하면 할수록, 죽음은 우리를 자신이 원하는 곳으로 더 확실히 이끌고, 우리는 자신도 깨닫지 못하게 그 안으로 달음박질하게 됩니다.

* * *

골로새서의 좋은 소식은 하나님께서 친히 개입하셔서 흑암의 권세를 물리치셨다는 것입니다. 하나님께서 모든 육신의 권세, 세상의 권세, 죽음의 권세를 제압하시고 승리하셨습니다. 하나님은 이 세상의 권세와 나라들이 "인자 같은 이"의 손에 넘겨지는 다니엘서의 환상을 마침내 실현하셨습니다. "인자"(Son of Man)는 곧 예수님이십니다. 육신과 세상과 죽음의 권세 아래 잡혀 있던, 그리고 그 권세에 종노릇하던 저와 여러분에게 은혜의 하나님께서 그 아들을 통한 특별 사면을 허락하신 것입니다.

그 아들 안에서 우리가 속량 곧 죄 사함을 얻었도다(골 1:14).

그의 십자가의 피로 화평을 이루사 만물 곧 땅에 있는 것들이나 하늘에 있는 것들이 그로 말미암아 자기와 화목하게 되기를 기뻐하심이라(골 1:20).

이러한 말씀들은 예수 그리스도 안에서 하나님이 우리에게 마치 이렇게 말씀하시는 것과 같습니다. "보라! 과거는 다 지나갔노라. 지금까지 나의 통치를 거부하고 반역했던 너희의 지난 모든 죄가 사하여졌도다. 이제 모든 것을 청산하고 새롭게 출발하겠다. 너희의 자유를 회복하기 위하여 내가 전쟁에 나가 싸워 승리했노라. 이제 나의 아들 예수 그리스도를 통해 너희를 다스리겠노라. 이제부터는 그리스도가 너희의 왕이니라. 그러니 이전에 너희가 옛 주인들에게 복종했듯이, 이제는 그리스도에게 충성을 맹세하고 오직 그에게 순종하라."

오늘 우리가 맞이하는 '왕이신 그리스도 주일'은 예수님이 저와 여러분의 구원자이실 뿐만 아니라 또한 우리의 왕이심을 매년 우리에게 상기시켜 주는 날입니다. 예수님은 우리를 죄와 사망과 심판에서 자유케 하시려고 자기 목숨을 버리신 우리 구주일 뿐만 아니라, 또한 자기 피로 사신 백성을 다스리고 만물을 주관하기 위해 부활하신 왕이십니다. 그럼에도 우리는, 마치 타고난 성정인 듯, 어둠의 권세에서 우리가 자유롭게 되었다는 복음의 일면에만 초점을 맞추고, 우리가 새로운 왕의 다스림 아래 들어가 새로운 삶을 살아야 한다는 복음의 또 다른 중요한 측면은 무시하려는 경향이 있습니다. 이 두 번째 측면을 무시하거나 간과하려 한다면, 우리는 흑암의 권세에서 벗어나 결코 참된 자유를 누릴 수 없습니다.

이 "흑암의 권세"에는 개인적, 영적, 정치적인 측면들이 있습니다.

오늘 우리가 직면하는 도전과 위기는 이렇습니다. 즉, "흑암의 권세"의 여러 측면들이 사실은 아무 문제없는 것들이며, 어떻게 보면 오히려 좋은 것일 수 있고 심지어 하나님이 우리에게 허락하신 권리의 일부일 수 있다는 식으로, 우리를 속이려는 이 세상의 간교한 속삭임과 술수에 우리가 무방비하게 노출되어 있다는 것입니다. 그러므로 우리가 반드시 해야 하는 일은, 우리의 사고를 그런 식으로 조종해 가려는 이 세상, 우리가 살아가는 이 사회 한가운데서 우리가 그 실체를 제대로 파악하는 것에 있습니다. 하나님이 사랑하시는 그 아들의 나라의 통치에 우리 자신을 더욱 복종시키고 순종해 갈수록, 우리는 그 사실을 더욱 인식하고 더욱 분별하게 될 것입니다. 그리스도의 통치에 복종한다는 것은 어떤 모습일까요? 그것은 제법 단순합니다. 왕이신 그분이 명령하시는 바를 더 잘 따르고 행하는 것입니다.

* * *

예수님은 현실을 인식하는 데 탁월하셨습니다. 왕이신 그리스도 주일을 맞이한 우리에게 예수님은 누가복음 6장 46절을 통해 우리의 현실상을 돌아보게 하십니다. "너희는 나를 불러 주여 주여 하면서도 어찌하여 내가 말하는 것을 행하지 아니하느냐?" 우리가 예수님을 "주님"이라고 부를 때, 그 호칭 자체에 이미 예수님의 권위, 특히 '나에 대한 그분의 권위, 내 행동 양식에 대한 그분의 권위를 내가 인정한다'는 의미가 내포되어 있습니다. 누가복음 이 구절 바로 다음 단락에 예수님이 한 백부장의 종을 낫게 하신 이야기를 기록한 것은 결코 단순한 우연이 아닙니다. 백부장은 예수님이 자신의 집까지 찾아오실 필요가 없으며 자신은 그런 일을 감당하지 못할 것이라 말합니다. 단지 예수님이 멀리서 한 마디 말씀만 하셔도 그것으로 충분할 것이라 고백합니다. "말씀만 하셔도 저의 종이 낫게 될 줄로 믿습니다." 이 말을 우리식으로 다시 표현하면 이와 같습니다. "저는 권세가 무엇인지 알고 있습니다. 권세가 어떻게 작용하는지도 이해합니다. 제 자신도 누군가의 권세 아래 있는 사람이고, 저 또한 제 권세 아래 수하들을 거느리고 있기 때문입니다. 제가 한 병사에게 뛰라고 말하면 그는 당장 뜁니다. 다른 병사에게 엎드려서 팔굽혀펴기 20개를 하라고 명하면 그는 곧바로 그렇게 합니다." 백부장은 예수님께서 말씀으로 무엇이든 명하실 권세를 소유하신 분이며, 무엇이든 예수님의 명령대로 이루어질 것을 정확히 알았습니다.

오늘 왕이신 그리스도 주일에 우리에게 던져지는 질문은 이것입니다. "우리는 권세가 무엇인지 알고 있습니까? 예수님의 권세 아래 살아간다는 고백의 의미를 이해하고 있습니까? 예수님을 '주님'으로 부르고 그 호칭이 뜻하는 바대로 살아가고 있습니까? 주님이 명하시는 말씀에 복종하며 살아갑니까? 우리는 왕이신 예수님을 우리 삶의 모든 영역에서 인정하고 있습니까? 우리가 완전한 하나님 나라 백성 되기까지 예수님의 주권과 권위를 인정하고 있습니까? 우리는 예수님을 충분히 신뢰하고 있습니까? 그분의 말씀 위에 우리의 인생을 설계하고 세워가는 것이 우리에게 가장 안전한 길이며 가장 큰 기쁨임을 정말로 믿고 있습니까?"

내게 나아와 내 말을 듣고 행하는 자마다 누구와 같은 것을 너희에게 보이리라 집을 짓되 깊이 파고 주추를 반석 위에 놓은 사람과 같으니 큰 물이 나서 탁류가 그 집에 부딪치되 잘 지었기 때문에 능히 요동하지 못하게 하였거니와 듣고 행하지 아니하는 자는 주추 없이 흙 위에 집 지은 사람과 같으니 탁류가 부딪치매 집이 곧 무너져 파괴됨이 심하니라 하시니라(눅 6:47-49).

예수님의 말씀을 듣기 위해 영적인 신비주의자가 될 필요는 없습니다. 단지 성경을 읽을 수만 있다면 예수님의 말씀을 들을 수 있습니다. 특히 복음서는 성경 읽기를 위한 좋은 출발점입니다. 심지어 어떤 성경 역본은 예수님의 말씀만 빨강색으로 인쇄해 우리가 그 말씀에 더 집중하며 읽을 수 있게 했습니다. 그 빨강색을 그냥 지나치기란 불가능할 정도입니다. 역사적 예수를 연구하는 학자들의 비평과 상관없이, 중요한 점은 우리의 왕이신 그리스도가 저와 여러분에게 원하시는 것이 무엇인지 우리는 이미 잘 알고 있다는 사실입니다. 그분에게서 특별한 계시를 받기 위해 눈을 감고 기다리지 않아도 이미 성경에 다 기록되어 있기 때문입니다.

예수 그리스도의 왕권은 창조된 만물을 향한 하나님의 영원한 뜻 안에 계시되어 있습니다. "만물이 그에게서 창조되되 하늘과 땅에서 보이는 것들과 보이지 않는 것들과 혹은 왕권들이나 주권들이나 통치자들이나 권세들이나 만물이 다 그로 '말미암고' 그를 '위하여' 창조되었고"(골 1:16). 우리는 이 구절의 첫 번째 전치사(through)의 의미는 잘 이해하고 있습니다. "만물이 다 그로 '말미암아' 창조되었습니다." 사도 요한도 복음서를 이와 비슷한 표현으로 시작하고 있지요. "태초에 말쏨이 계시니라…만물이 그로 말미암아 지은 바 되었으니." 그런데 우리가 두 번째 전치사(for)의 의미에 대해서는 제대로 이해하고 있는지 묻고 싶습니다. "만물이 그를 '위하여' 창조되었습니다." 많은 사람들이 이런 식의 사색과 성찰을 좋아합니다. '내가 왜 여기에 있지? 나는 왜 존재하는 걸까? 내가 살아가는 인생의 목적은 무엇일까?' 바울은 분명 그 답을 알고 있습니다. 그 답은 당혹스러울 정도로 단순명료합니다. 우리는 그리스도로 말미암아 지음 받았고, 오직 그리스도를 위해 지음 받았습니다. 우리는 이 땅의 삶에서 그분이 말씀하신 것을 행함으로써, 우리의 왕 되신 예수 그리스도의 통치를 증거하기 위해 지음 받은 존재입니다. 우리 인생에는 한 가지 분명한 목표가 있습니다. 예수님이 우리에게 말씀하시는 그대로 사는 것입니다. 그리스도가 우리를 통해 그 뜻을 이루시도록, 한때 나만의 작은 왕국이던 그곳에 예수 그리스도의 왕국을 세워가시도록, 우리 자신을 왕이신 그분께 온전히 복종시키는 것입니다.

하나님의 아들을 향한 하나님의 계획은 "그가 친히 만물의 으뜸(first place)이 되시게 하는 것"에 있습니다(골 1:18). 만물, 즉 모든 것, 모든 일, 모든 삶에서 그가 최고요 최우선이라는 말씀입니다. 그렇다면 예수님은 지금 이곳에서 최고로 높임을 받고 계십니까? 저와 여러분의 삶에서 예수님은 정말 최고로 높임을 받고 계십니까? 예수님은 우리 교회에서 정말 최고의 자리에 앉아 계십니까? 우리가 진정한 그리스도인이 되길 바란다면, 공동체 안에서 정말 그리스도의 주되심을 나타내길 원한다면, 우리는 수시로 우리 자신에게 이러한 질문을 던져야 합니다. 우리의 계획과 헌신, 투자와 활동에 대한 점검의 차원으로, 바울은 이러한 질문들이 우리의 눈앞에 그리고 우리의 대화 속에 늘 자리하길 바라고 있습니다. 우리 모두 각자의 일상에서 매 순간, 잠시 하던 일을 멈추고, 스스로 이렇게 질문하는 습관을 키울 수 있었으면 좋겠습니다. "지금 내가 행하고 있는 일, 지금 내가 내뱉고 있는 말, 지금 내가 하고 있는 생각은 과연 그리스도께서 내 삶의 최고봉 되심을 온전히 반영하고 있는가?" 운영위원회 모임, 교회 사역과 다양한 행사로 우리가 모일 때마다, 때로는 그 모든 것을 잠시 멈추고 서로에게 이렇게 질문할 수 있으면 좋겠습니다. "우리가 나누고 있는 이 대화는, 이 대화에 참여하는 우리 각자의 마음은, 우리가 논의하고 있는 이 질문은, 우리가 세우고 있는 이 계획은 우리 안에서 왕이신 예수 그리스도의 으뜸 되심과 그분의 최우선 되심을 진정으로 드러내고 있는가?"

바울은 그리스도에게 합당한 자리, 우리에게 합당한 자리를 묘사하기 위해 "머리"와 "몸"의 심상을 사용합니다. "그는 '몸'인 교회의 '머리'시라 그가 근본이시요…친히 만물의 으뜸이 되려 하심이요"(골 1:18). 만일 우리에게 머리(두뇌)가 지시하는 바에 제대로 반응하지 않거나 심지어 거스르는 신체 기관이 있다면 어떻겠습니까? 우리는 그런 신체 기관을 경련, 마비, 질병, 장애가 있거나 심지어 죽어 있는 부위로 여길 것입니다. 여러분 자신의 몸을 한번 생각해 보십시오. 내 안에 있는 내가 나의 몸에 명령하고 움직이게 합니다. 그것은 나의 머리로 상징됩니다. 나의 머리는 나의 몸을 (가장 이상적으로) 움직이게 해서 내가 원하는 것을 행하게 합니다. 바로 이것이 바울이 교회를 생각하며 그려낸 이미지입니다. 우리와 바울 사이에 다른 점이라면, 우리에겐 내가 머리이고 내가 주인이지만, 바울이 그려낸 이미지에선 "나"라는 존재는 사라지고 오직 예수 그리스도만이 우리 몸의 진정한 "머리"이자 우리의 참 "주인"이 되신다는 것입니다.

그리스도가 바로 "나"라는 존재의 진정한 "나", 나와 우리 모두의 참 "자아"가 되십니다. 머리이신 그리스도께서 우리 전체 몸과 각 지체를 규정하고 그 동작을 지시하여, 그분이 원하시는 것을 이루게 하십니다. 바울은 모든 그리스도인이 자신과 같은 삶의 고백에 이르길 바라고 있습니다. "내가 그리스도와 함께 십자가에 못 박혔나니 그런즉 이제는 내가 사는 것이 아니요 오직 내 안에 그리스도께서 사시는 것이라 이제 내가 육체 가운데 사는 것은 나를 사랑하사 나를 위하여 자기 자신을 버리신 하나님의 아들을 믿는 믿음 안에서 사는 것이라 내가 하나님의 은혜를 폐하지 아니하노니 만일 의롭게 되는 것이 율법으로 말미암으면 그리스도께서 헛되이 죽으셨느니라"(갈 2:20-21). 저는 이 말씀을 자주 묵상합니다. 이 말씀은 하나님께서 우리 각 사람에게 뜻하신 계획을 온전히 깨닫고 그리스도를 내 삶의 주체로 인정하는 아름다운 고백이기 때문입니다.

여기서 우리는 죽음도 마다하지 않은 그리스도의 사랑의 은혜를 받은 자들이 마땅히 보여야 할 반응이 무엇인지 확인할 수 있습니다. 바울 당시 지중해 지역 사람들은 상호관계의 중요성 또는 주어진 선물이나 도움에 대한 적절한 화답의 중요성을 공히 잘 알고 있었습니다. 그렇기에 바울은 이를 명시적으로 말하기보단, 단지 암시만 하고 있습니다. "그의 십자가의 피로 화평을 이루사 만물 곧 땅에 있는 것들이나 하늘에 있는 것들이 그로 말미암아 자기와 화목하게 되기를 기뻐하심이라"(골 1:20). 우리는 우리가 아직 하나님과 멀어져 있을 때 우리를 위하여 자기 몸을 버리심으로 "자기 육체의 몸 안에서 우리를 화목하게 하신" 예수 그리스도의 몸이 되도록 이제 우리 자신을 그분께 내어드려야 합니다. 그리스도의 제자로서, 그 몸의 지체로서, 우리가 드러내는 삶의 모습은 예수님의 그 큰 사랑에 합당한 것입니까? 제자들의 공동체로서, 그 몸의 일부로서, 우리는 예수님께 드려야 할 우리의 마땅한 반응을 함께 보이고 있습니까?

* * *

왕이신 그리스도 주일은 우리가 대림절에 이르고 있음을 알려주는 표지판입니다. 사순절과 마찬가지로, 대림절은 우리의 영적 성장과 성숙을 위해 집중하기 좋은 시기입니다. 대림절은 사실상 크리스마스 시즌에 가깝고, 하나님의 사랑과 예수님을 떠올리게 하는 다양한 장식과 노래가 우리 눈에 띄고 들려오는 까닭에, 자연스럽게 종교적이고 신앙적인 분위기에 둘러싸이게 됩니다. 또한 사순절에 비하여 대림절은 기존의 제자 훈련을 강화하거나 새로운 영성 훈련을 시작할 수 있는 장점이 있습니다. 대림절 기간은 사순절보다 3주나 짧은 4주이기 때문입니다. 그래서 새로운 훈련이나 헌신을 위해서도 큰 부담이 없습니다.

저는 예수님을 만날 때 이런 말씀을 듣고 싶지는 않습니다. "너는 나를 불러 주여 주여 하면서도 어찌하여 내가 말하는 것을 행하지 아니하느냐?" 우리 가운데 예수님에게서 그런 말씀을 듣고 싶은 사람은 아무도 없을 것으로 생각합니다. 그래서 저는 여러분에게 다음과 같은 대림절 훈련을 한 가지 제안하고 싶습니다. 제자훈련에 관한 부정할 수 없는 진리 하나는 그것이 헬스장의 운동과 유사하다는 점입니다. 만일 일주일에 한번만 참석한다면, 우리는 별다른 효과를 거두기 어려울 것입니다. 아무리 탁월한 설교라 할지라도, 설교 자체가 우리를 변화시킬 수 없습니다. 내가 귀로 들었던 그 설교를 진심으로 붙들고 나 자신에게 적용할 때, 오직 주의 말씀을 내 일상에서 행함으로 옮길 때, 비로소 그리스도의 장성한 분량을 향해 한걸음 나아갈 수 있습니다.

그런 의미에서 저는 이번 대림절을 맞이하며, 우리 모두에게 이렇게 제안하고자 합니다. 마태복음이나 누가복음을 택해서, 예수님이 하신 말씀을 읽으며 묵상하고 기도하는 시간을 가졌으면 합니다. 한 본문, 한 단락 또는 한 구절을 읽더라도, 말씀을 읽는 중에 이 두 가지를 꼭 질문해 보시길 바랍니다. (1) '예수님이 이 말씀을 하시면서 내게 정말로 바라시는 것은 무엇일까?' (2) '나의 생각과 말과 행동은 예수님이 바라시는 것과 얼마나 근접해 있을까?' 내가 실제로 어떤 모습인지 분명한 통찰을 얻게 해주시길 예수님께 직접 간구하시길 바랍니다. 그리고 주의 말씀을 온전히 따르기 위해 무엇을 해야 할지, 삶의 명확한 지침과 방향성을 구하시길 바랍니다. 이러한 훈련을 위해 작은 메모장을 하나 준비하셔서, 매일의 말씀 묵상을 통해 깨닫고 얻은 것을 기록하시길 바랍니다. 그리고 정말로 말씀의 도전을 받기 원한다면, 솔직하게 마음을 터놓을 수 있는 그리스도인 동료 두세 사람과 함께 이 훈련을 해보시길 바랍니다. 오늘 우리 문화가 강요하는 안타까운 것 하나는 나의 신앙생활을 철저히 사생활로 가둬두어야 한다는 점입니다. 하지만 하나님의 아들의 나라에서는 절대로 그렇지 않습니다. 제자로서 우리의 신앙 성장은 매우 공동체적인 사안입니다. 그러므로 나누어야 합니다. 함께 성장을 도모해야 합니다. 여러 가지 현실적인 제약 때문에 함께 모이기 어렵다면, 이러한 나눔을 보조할 만한 현대의 소통 기술이 제법 많다는 점을 염두에 두시길 바랍니다. 우리의 게으름을 핑계로 삼지 못할, 각종 채팅방이 있고, 심지어 화면을 통해 서로를 바라보며 공동체를 경험할 수 있는 다양한 방법들이 있습니다.

마태복음 마지막 장의 대위임령에 대해 잘 아실 것입니다. "그러므로 너희는 가서 모든 민족을 제자로 삼아 아버지와 아들과 성령의 이름으로 세례를 베풀고"(마 28:19). 그 다음에는 뭐라고 하나요? "내가 너희에게 분부한 모든 것을 가르쳐 지키게 하라 볼지어다 내가 세상 끝날까지 너희와 항상 함께 있으리라 하시니라"(마 28:20). 우리가 다른 사람을 제자도의 삶으로 초청하고 인도할 때마다, 우리 또한 예수님이 마지막으로 당부하신 그 일을 신실하게 행하는 참 제자의 모습으로 성장하게 됨을 잊지 마시길 바랍니다. 아멘.

교회력의 연중시기 기간 예배를 위한 설교

Part 2

21 하나님이 보시는 최종 평가와 결산의 메트릭스

갈라디아서 5:16-25

메트릭스(metrics). 오늘날 대부분의 단체와 조직에는 메트릭스가 시행되고 있습니다. 저는 지금 킬로미터, 킬로그램, 또는 리터나 섭씨온도 같은 측량법을 말하는 것이 아닙니다. 사실 여기 미국에서는 1970년대 후반에 무게와 길이를 재는 측량 기준을 바꾸려 시도한 적이 있지만 결국은 자리를 잡지 못했습니다. 하지만 저는 그런 것을 말하는 게 아닙니다. 저는 지금 기업 보고서의 빈칸들을 채우는 수치, 업무 수행 결과, 효율성, 수익성 등을 평가하고, 단체의 기능과 역량을 가늠하는 계량적인 분석에 대해 말하는 것입니다. 제가 가르치고 있는 애슐랜드 신학대학원에서도 교육부 정책에 따라 이러한 평가 시스템을 만들어 제도화하고 있습니다. 우리는 이러한 메트릭스 시스템을 통해 학생들의 학습 성취도 결과 및 각종 통계를 확인할 수 있고, 학생들의 수

업 만족도, 졸업 비율과 취업률 등을 접하게 됩니다. 이 모든 평가 제도는 상위에 있는 학교 인증기관에 우리의 성과가 어떠했는지를 대략적으로 보고하고, 교육 프로그램의 수준과 효과를 보장하기 위해 우리가 나름대로 평가를 잘 진행하고 있음을 증명하기 위한 것입니다.

마찬가지로 우리가 속한 연합감리교회는 매해 10월에 '구역회'를 개최합니다. 그 모임에서 각종 보고서 제출을 담당하는 사람들은 이러한 메트릭스가 얼마나 중요한지를 누구보다 잘 알고 있습니다. 보고서들은 이후 지방회로 제출되고 최종적으로 연합회의 데이터 베이스로 들어가게 됩니다. 우리는 평균 출석률, 연간 수입 및 지출 내역, 사역 충당률, 새 등록 교인 수, 세례 교인 수, 각종 사역 참여율 등을 기입합니다. 이러한 분석 수치로 이루어진 메트릭스는 각 교회의 성과와 효율성을 분석 평가하는 견고한 데이터를 제공하게 됩니다.

하지만 안타깝게도 그러한 보고서들은 하나님이 각 교회와 성도에게 더 중요하게 보시는 또 다른 메트릭스, 즉 그리스도의 교회와 제자로서의 수행 평가 및 그에 따른 최종 결산을 다루고 있지는 않습니다. 오늘 갈라디아서 본문에서, 사도 바울은 바로 그 하나님의 계산법을 우리에게 제시하고 있습니다.

내가 이르노니 너희는 성령을 따라 행하라 그리하면 육체의 욕심을 이루지 아니하리라 육체의 소욕은 성령을 거스르고 성령은 육체를 거스르나니 이 둘이 서로 대적함으로 너희가 원하는 것을 하지 못하게 하려 함이니라 너희가 만일 성령의 인도하시는 바가 되면 율법 아래에 있지 아니하리라 육체의 일은 분명하니 곧 음행과 더러운 것과 호색과 우상 숭배와 주술과 원수 맺는 것과 분쟁과 시기와 분냄과 당 짓는 것과 분열함과 이단과 투기와 술 취함과 방탕함과 또 그와 같은 것들이라 전에 너희에게 경계한 것 같이 경계하노니 이런 일을 하는 자들은 하나님의 나라를 유업으로 받지 못할 것이요 오직 성령의 열매는 사랑과 희락과 화평과 오래 참음과 자비와 양선과 충성과 온유와 절제니 이같은 것을 금지할 법이 없느니라 그리스도 예수의 사람들은 육체와 함께 그 정욕과 탐심을 십자가에 못 박았느니라 만일 우리가 성령으로 살면 또한 성령으로 행할지니 (갈 5:16-25).

바울이 확신 있게 말하는 바, 하나님이 가장 중요하게 여기시는 사안은 '우리의 행함이 무엇을 드러내 보이는가' 하는 것입니다. 가정에서, 교회에서, 또는 일터에서, 은밀하게든 공공연하게든, 우리 각 사람의 행위는 내가 "육체의 욕심"을 따르고 있음을 드러냅니까, 아니면 "성령"에 따르는 삶, 성령에 이끌리는 삶을 보여줍니까? 저와 여러분은 "육체의 소욕"의 지배를 받고 있습니까, 아니면 "성령"의 지배를 받고 있습니까? 우리의 행함은 과연 무엇을 나타내 보이고 있습니까?

저는 이러한 하나님의 메트릭스, 즉 측량법이 우리가 구역회 보고서에 꼼꼼히 기입하는 각종 수치보다 훨씬 중요하다고 생각합니다. 연합감리교회 권징조례에서는, 우리가 바울의 갈라디아서를 통해 볼 수 있는 것과는 달리, 구역회 보고서 결과에 따른 합당한 징계나 약속을 찾아볼 수 없습니다. 그러나 육체의 소욕을 따른 행함의 결과에 대해, 바울은 분명히 경고합니다. "전에 너희에게 경계한 것같이 경계하노니 이런 일을 하는 자들은 하나님의 나라를 유업으로 받지 못할 것이요"(갈 5:21). 육체에 이끌린 삶에서 비롯된 행위 그리고 성령에 이끌린 삶에서 비롯된 행위를 비교하며 바울은 이렇게 단언합니다. "자기의 육체를 위하여 심는 자는 육체로부터 썩어질 것을 거두고 성령을 위하여 심는 자는 성령으로부터 영생을 거두리라"(갈 6:8).

* * *

여기서 바울은 우리 몸의 뼈에 붙은 살의 의미로 "육체"를 언급한 것이 아닙니다. 바울은 자기중심적이고 자기 만족만을 추구하는 우리 내면의 욕구, 그리고 하나님의 새로운 피조물로서 (개별적으로든 공동체로든) 우리를 향한 하나님의 비전에 이르지 못하도록 막는 우리 내면의 욕망을 한데 묶어 "육체"라고 부르고 있습니다. 육체는 바로 우리의 "옛 사람"입니다. 그리스도는 그 옛 사람으로부터 우리를 구원하시려고 죽으셨습니다. 옛 사람은 우리 안에 새 창조의 역사가 이루어지는 것을 계속 막으려고 합니다. 새 창조는 곧 옛 사람의 죽음을 의미하기 때문입니다. 우리의 고집스러운 옛 사람은 우리 삶에 자신의 보좌를 들여놓고 끈질기게 왕위를 찬탈하려고 합니다. 우리의 자아는 그 존재가 부인되길 원치 않으며 절대로 사라지고 싶어하지 않습니다. 여기서 바울이 우리에게 분명하게 제시하는 메트릭스는 이것입니다. 즉 육체가 우리를 주관하려 하며, 우리는 육체를 위하여 씨를 뿌리려 한다는 것입니다. 그리고 우리는 그 사실을 알고 있다는 것입니다. 언제 어떻게 그것을 알 수 있을까요? 오늘 갈라디아서 본문에서 바울이 말하는 바에 따르면, 육체의 일은 매우 분명하며, 곧 다음과 같은 것들입니다. "곧 음행과 더러운 것과 호색과 우상 숭배와 주술과 원수 맺는 것과 분쟁과 시기와 분냄과 당 짓는 것과 분열함과 이단과 투기와 술 취함과 방탕함과 또 그와 같은 것들이라."

저는 우리 교회의 일원으로 제법 오래 있었기 때문에 여러분을 잘 압니다. 여러분 중에 향락을 즐기는 분은 없습니다. 여러분 가운데 "술 취함"이나 "방탕함" 같은 육체의 일들을 찾아보기는 어렵습니다. 하지만 분쟁과 시기와 분냄과 당 짓는 것과 분열함에서 자유하지는 못하는 것 같습니다. 우리는 각자 주장을 내세우고, 각자 원하는 것을 관철시키려 하고, 그렇게 되지 않을 때 서로 으르렁거리기도 합니다. 또한 우리는 음행에서 그리고 여러 종류의 중독에서도 완전히 자유하지 못하는 것 같습니다. 다양한 통계가 그것을 말해 주고 있습니다. 우리에게 경고가 될 만합니다. 개인의 삶에서 그리고 공동체 삶에서 우리가 육체를 위해 심고 있다는 경종이 울리고 있습니다. 우리는 자신이 거둔 열매에 책임을 져야 하는 상황을 자초하고 있는지 모릅니다. 육체의 썩을 것을 추수할 위험이 높아지고 있습니다. 여전히 우리의 옛 사람이 바라는 퇴행을 계속 선택하려 한다면, 그곳이 우리의 마지막 종착지가 될 것입니다. 육체의 소욕, 육체의 일로 가득한 인생의 끝이 어떠할지는 누구라도 알 수 있습니다.

육체의 소욕을 따르는 행위를 반복하는 것 말고, 우리가 선택할 수 있는 대안은 계속해서 우리 자신을 성령의 인도하심에 맡겨드리는 것입니다. 나 자신이 성령이 계속 경작하시는 좋은 밭이 되도록, 그래서 성령이 내 안에 풍성한 좋은 열매를 생산하시도록 (개인적으로든 공동체로든) 성령의 손에 맡겨드리는 것입니다. 여기서 말하는 "성령" 또는 "영"이란, 우리의 이성적이고 합리적인 자아를 지칭하는 게 아닙니다. 성령은 거룩하신 영으로, 우리 자신과는 완전히 다른 분입니다. 하나님의 성령, 하나님의 아들의 영을 가리킵니다. 우리가 믿음으로 그리스도를 영접하고 세례를 받을 때 우리 삶으로 침입해 들어오신 성령은 지금도 우리 삶의 모든 영역에서 우리를 다스리길 원하십니다. 우리가 하나님이 보시기에 옳고 아름다운 일을 행할 수 있도록, 하나님 앞에서 의인으로 살아갈 수 있도록 성령은 우리를 이끄시고 권능으로 함께하길 바라고 계십니다.

안타깝게도 많은 그리스도인들이 삼위일체 하나님 안에서 성령 하나님을 다소 도외시하는 것을 종종 목격하게 됩니다. 사도신경을 고백할 때도, 우리는 성부 하나님에 대해서는 네 줄, 성자 하나님에 대해서는 아홉 또는 열 줄, 그리고 성령 하나님에 대해서는 단 한 줄만 고백하고 있습니다. 하지만 이런 현실이 성령의 중요성을 제대로 반영하고 있는 것은 결코 아닙니다. 오늘 본문이 속해 있는 이 짧은 편지 안에서, 사도 바울이 성령에 대해 언급한 내용을 함께 읽고 생각해 보는 시간을 갖겠습니다.

> 그리스도께서 우리를 위하여 저주를 받은 바 되사 율법의 저주에서 우리를 속량하셨으니 기록된 바 나무에 달린 자마다 저주 아래에 있는 자라 하였음이라 이는 그리스도 예수 안에서 아브라함의 복이 이방인에게 미치게 하고 또 우리로 하여금 믿음으로 말미암아 성령의 약속을 받게 하려 함이라(갈 3:13-14).

너희가 아들이므로 하나님이 그 아들의 영[성령]을 우리 마음 가운데 보내사 아빠 아버지라 부르게 하셨느니라 그러므로 네가 이 후로는 종이 아니요 아들이니 아들이면 하나님으로 말미암아 유업을 받을 자니라(갈 4:6-7).

우리가 성령으로 믿음을 따라 의의 소망을 기다리노니(갈 5:5).

이러한 바울의 가르침에 따르면, 그리스도가 죽으신 것은, 무엇보다 우리에게 약속의 선물, 곧 성령을 주시기 위함임을 보게 됩니다. 그리스도의 죽으심은 우리 안에 성령의 내주하심을 보장하기 위함이었습니다. 바울은 마치 우리에게 이렇게 질문하고 있는 것 같습니다. "하나님이 우리를 사랑하시고 하나님의 자녀 삼으신 그 모든 것에 대해 너희가 정말로 인지하고 있는가? 그렇다면 바로 그것이 성령의 역사다. 성령께서 우리 안에서 일하셔서 하나님을 우리 아버지로 확신케 하시고, 아바 아버지라고 담대히 부를 수 있게 하신 것이다." 또한 성령은 우리를 자기 본위의 의롭지 못한 삶으로부터 건져내, 온전하고 의로운 삶으로 옮겨줍니다. 그렇게 해서 우리는 우리 삶의 여정이 다하는 마지막 순간에, 만물을 심판하시는 하나님 앞에서 온전한 새 사람의 모습으로 발견되길 소망합니다.

저에게 우리 교회를 위한 한 가지 기도 제목이 있다면, 그것은 우리 각 사람이 성령의 내주하심과 교통하심 안에서 함께 성숙하고 성장해 가는 것입니다. 성령의 임재하심을 예민하게 감지하고, 성령께서 때론 우리를 절제하게 하시고 때론 우리를 위로하시고 격려하시는 것을 모두 인지할 수 있게 되길 바랍니다. 매 순간 성령 하나님과 더불어 한걸음씩 믿음의 발걸음을 힘차게 내딛는 저와 여러분이 될 수 있길 바랍니다.

오늘 본문에서 바울은 우리에게 한 가지 놀라운 약속을 소개하고 있습니다. "내가 이르노니 너희는 성령을 따라 행하라. '그리하면 육체의 욕심을 이루지 아니하리라'"(갈 5:16). 예수님은 서로 상충하면서도 그 힘에 있어서는 대등한 두 권세 사이에 우리를 끼어 있게 하시려고 십자가에 죽으신 것이 아닙니다. 우리가 그 둘 사이에서 계속 망설이다가 결국, 그 양쪽 힘에 붙잡혀 둘로 찢어지게 하시려는 것이 아닙니다. 예수 그리스도께서 우리를 위해 죽으신 것은 우리 자신과 우리의 관계를 지배하던 육체의 소욕을 이겨내도록 하나님의 능력을 우리에게 주시고자 함입니다.

하나님은 성령 안에서 이길 수 있는 능력을 허락하셨습니다. 우리는 지속적으로 성령의 열매를 나타내며 살아갈 수 있고, 성령 하나님을 온전히 의지함으로, 사랑과 희락과 화평과 오래 참음과 자비와 양선과 충성과 온유와 절제의 옷을 입고 살아갈 수 있습니다. 우리가 속한 여러 사역, 위원회, 또는 소모임에서, 우리에게 필요한 것이 무엇인지에 대한 각자의 의로움을 주장하기보다 성령의 깨닫게 하심과 하나 되게 하심을 추구한다면, 우리의 좌절감, 성급함, 그리고 내 주장을 받아들이지 않는 사람들에 대한 분노를 잠재우고, 대신 하나님의 능력으로 우리에게 주어진 사명을 조화롭게 이루어낼 수 있을 것입니다.

* * *

이를 위해 우리에게 요구되는 것은 무엇입니까? 첫째, 우리는 바울의 메트릭스, 그 믿음의 방정식, 하나님의 계산법을 우리의 것으로 삼아야 합니다. 하나님은 언제나 우리를 염려하십니다. 우리가 성령으로 말미암아 우리에게 가능하게 된 새로운 삶을 견고히 붙잡을 때뿐만 아니라, 그리스도께서 우리를 옛 사람과 그 최후에서 건지시기 위해 십자가에 죽으셨음에도 불구하고 우리가 옛 사람의 충동을 쫓아갈 때조차, 하나님은 언제나 우리를 아끼시며 먼저 사랑으로 손 내미시는 분입니다. 둘째, 우리도 하나님의 그 사랑에 반응하여 "계속 성령의 인도하심을 따라 행하기 위해" 우리의 충동을 무시로 경계하기 위해, 우리 자신을 성령 하나님께 날마다, 매 순간마다, 내어드릴 필요가 있습니다. 그리하여 우리가 육체의 충동을 감지할 때, 우리는 언제든 우리를 도우시는 성령 하나님을 향해 즉시 도움을 청하고 육체의 소욕을 물리칠 능력을 구할 수 있습니다. 그리고 성령께서 가리키시는 더 나은 방향으로 다시금 한걸음 내딛을 수 있습니다. 이를 위하여 우리에게는 부지런히 날마다 죽는 훈련이 필요합니다. 자기중심적인 욕구, 자기안위적인 욕망, 충동질을 일삼는 육체의 소욕을 분별하고, 자기를 부인하고 날마다 자기를 죽이는 훈련이 필요합니다. 또한 역으로, 우리는 정기적으로 우리 자신을 재정비할 필요가 있습니다. 우리가 맞이하는 모든 상황에서 성령의 인도하심을 추구할 수 있도록, 그리하여, 성령으로 거듭난 자아의 소원이 우리의 첫 번째 욕구가 될 수 있을 때까지 말입니다.

에픽테토스는 바울이 갈라디아서를 기록했을 무렵에 태어났습니다. 그는 노예로 태어났지만 로마 시대에 가장 영향력 있는 스토아 철학자가 되었습니다. 그는 스토아 철학 (곧 외부의 자극으로부터 내면의 자유를 획득함으로 자신을 통제하고, 이로써 덕을 소유하고, 마음에 평정심을 유지하길 바라는) 이상향에 도달하고자 하는 사람들에게, 이루고자 하는 목표를 항상 자기 앞에 설정해 두는 자기 훈련을 통해 성취가 가능하다고 가르쳤습니다.

네가 시장에 갈 때, 좋은 생선이나 야채가 다 팔리기 전에 그것들을 손에 넣을 것만 생각해서는 안 되며, 자신의 미덕을 계속 유지하길 또한 원해야 할 것이다. 네가 회의실에 들어갈 때, 그 회의가 한편으로 또는 다른 한편으로 투표하도록 그들을 설득할 것만 생각해서는 안 되며, 자신의 자제력을 유지하길 또한 원해야 할 것이다. 네가 공중목욕탕에 들어갈 때, 그 휴식의 시간을 즐기고 좋은 안마를 받을 것만 생각해서는 안 되며, 자기 마음의 평정심을 유지하길 또한 원해야 할 것이다. 그렇게 함으로, 시장에서 무례한 자들이 먼저 밀치고 가거나 특산품을 먼저 낚아챌 때, 네 스스로 무례한 자가 되도록 휘말리지 않을 것이고, 단지 이렇게 기억하게 될 것이다. "나는 그저 생선이나 야채를 사려고 여기 온 것이 아니라 나의 미덕을 지키기 위해 온 것이다." 그리고 회의실에서 격분한 자들이 너의 제안을 반대하며 너를 어리석다고 말할 때, 너는 그들과 같은 식으로 화내지 않을 것이고, 단지 이렇게 생각하게 될 것이다. "나는 그저 논쟁에서 이기려고 여기 온 것이 아니라 나의 자제력을 유지하기 위해 온 것이다." 그리고 공중목욕탕에서 소란스러운 자들이 물을 튀기며 시끌벅적한 농담으로 너의 휴식을 방해할 때, 너는 이렇게 확인하게 될 것이다. "나는 단지 휴식을 즐기러 여기 온 것이 아니라, 마음의 평정을 유지하기 위해 온 것이다." 각 사례에서 그 첫 번째 목표는 항상 방해 받을 여지가 충분

히 있다. 그러나 각 사례에서 그 두 번째 목표는 너 자신 외에는 아무도 훼방할 수 없다.[18]

우리는 에픽테토스의 가르침에서 많은 것을 배울 수 있습니다. 모든 상황에서 우리의 두 번째 목표, 사실상 본질적이고 절대 잃어버려서는 안 될 목표는 어떤 상황에서도 성령의 인도하심을 따라 행하고 육체의 충동에 우리 자신을 넘기지 않는 것입니다. 특히 하나의 공동체로서 우리가 함께 행하는 사역 속에서 그 목표를 더욱 놓치지 말아야 합니다. 오늘날 교회에는 "원수처럼 다투는 모습, 시기하고 분내는 모습, 파당 짓고 분열하는 모습, 그리고 자기주장을 내세우고 불화하는 모습"이 팽배해 있습니다. 이는 모두 다 육체의 소욕을 따른 것이며, 보는 이들로 하여금 눈살을 찌푸리게 하는 안타까운 모습이 아닐 수 없습니다. 우리 모두 부단히 노력하여, 먼저 우리 자신에게서 육체의 소욕과 그에 따른 열매들을 말끔히 제거하고, 교회 안에도 그런 모습이 더 이상 남지 않도록 제거할 수 있길 바랍니다. 그것과 정반대되는 성령의 열매는 거부할 수 없을 정도로 아름답습니다. 그것은 곧 "사랑과 희락과 화평과 오래 참음과 자비와 양선과 충성과 온유와 절제"로 특징되며, 성령의 주도하심 속에 공동체 안에서 새롭게 형성되는 문화이기도 합니다. 이러한 열매들이 곧 하나님의 평가 기준, 곧 메트릭스입니다. 그 기준에 부합하기 위해 우리에게 필요한 모든 것을 하나님이 성령 안에서 온전히 공급해 주실 것을 확신하며 믿음으로 나아가는 저와 여러분 되시길 바랍니다. 아멘.

22 예수 그리스도, 최고의 투자 설계사

누가복음 12:13-21, 32-34; 고린도후서 9:6-15

어느 저녁, 손님들로 붐비는 한 레스토랑에 앉아 있었습니다. 테이블마다 식사를 하며 대화를 나누다보니 레스토랑 전체가 시끌벅적해졌습니다. 그러다 우연찮게 한 테이블에서 이런 한마디가 흘러나왔습니다. "저의 투자상담사는 허튼(주식 중개회사)인데요. 거기서 말하기를…" 바로 그 순간, 레스토랑 전체가 조용해졌습니다. 손님들은 더 이상 아무도 자신들의 대화에 관심을 두지 않았습니다. 허튼 중개사로부터 좋은 투자 정보가 흘러나오지나 않을까 하여 순간 모두 촉각을 곤두세웠기 때문입니다.

만일 예수님께서 투자 전략에 관해 말씀해 주신다면 어떻겠습니까? 우리는 근원적으로 이익이 되는 귀한 정보를 듣게 될 것이라 기대하지 않겠습니까?

적은 무리여 무서워 말라 너희 아버지께서 그 나라를 너희에게 주시기를 기뻐하시느니라 너희 소유를 팔아 구제하여 낡아지지 아니하는 배낭을 만들라 곧 하늘에 둔 바 다함이 없는 보물이니 거기는 도둑도 가까이 하는 일이 없고 좀도 먹는 일이 없느니라 너희 보물 있는 곳에는 너희 마음도 있으리라(눅 12:32-34).

우리 시대의 금융산업과 자본주의 시장경제에서의 투자 전략은 모두 우리 자신을 위해 이 땅에 재물을 쌓아두는 것과 관련돼 있습니다. 간판을 내걸고 개업한 모든 투자 설계사들은 우리가 더 지혜롭게 자신의 재물을 이 땅에 비축해 놓을 수 있도록 도와줄 것입니다. 그들은 우리의 포트폴리오를 더 다채롭게 하고 투자를 분산시켜, 삶의 특정 시기에 맞는 리스크와 수익의 균형을 이루어 원금은 보존하면서 충분한 배당금과 수입을 챙기게 도와줍니다. 그렇게 우리는 지금까지 익숙해진 라이프 스타일을 노후에도 계속 유지할 수 있을 것입니다. 물론 우리는 가계를 꾸리고 자녀들을 출가시켜야 합니다. 물론 우리는 최대한 경제적 자립을 유지할 수 있을 만큼 충분히 여유가 있어야 합니다. 하지만 정직해져봅시다. 우리는 "충분하다"를 정의함에 있어서 문제를 안고 있습니다. 오늘날 우리 시대에는 과도한 것을 부족한 것으로 치부하게 하고, 심지어 우리 자신을 항상 결핍된 상태로 느끼게 만드는 강력한 기운이 주위를 두텁게 에워싸고 있습니다.

우리는 예수님의 비유에서 이러한 시대의 한 '영웅'을 보게 됩니다. 그는 큰 농지를 소유한 지주였고, 분명 자신의 부동산을 잘 관리했던 것으로 보입니다. 그의 밭에는 소출이 풍성하여 해마다 큰 수익을 올렸습니다. 한때 이정도면 충분히 클 것으로 예상하고 세웠던 곳간 시설들이 더 이상 충분하지 않게 된 시점까지 그는 엄청난 수익을 올리게 되었습니다. 이 뿌듯한 결과에 우리의 주인공은, 막대한 소출을 모두 수용할 수 있는 심지어 더 큰 저장고를 새로 지어야겠다고 결심합니다. 그러면서 자신의 남은 인생이 그 모아둔 자산으로 인해 얼마나 여유로울지 상상하며 온종일 싱글벙글하고 있습니다. 실은 무척 부러운 상황이기는 합니다. 이 사례를 기초로, 아주 솔깃한 투자 광고 문구를 만들어도 될 정도니까요. "걸프 쇼어스 투자 회사(걸프 쇼어스: 미국 앨라배마 주 걸프 해안의 관광 휴양지-옮긴이)에 오신 것을 환영합니다. 당신은 곧 더 큰 곳간이 필요하게 될 것입니다." 그러나 그때 하나님이 무대에 등장하십니다. 그러자 성공한 부자로만 여겼던 사람의 궁핍한 실상이 폭로 됩니다. "너는 네 자신을 위해 열심히 잘 했구나. 네 꿈을 이루며 잘 살았다. 하지만 이제는 끝이다. 너는 나와 마주하고 있구나. 너는 지금 무엇을 가지고 있느냐?"

많은 그리스도인들이 성경의 이러한 본문을 못마땅해 하면서도 마지못해 듣는 척합니다. 마치 예수님이 우리를 더 가난하게 살기 바라시는 것 같다는 인상을 받으면서 말이죠. 하지만 그런 의도가 아닙니다. 사실은 그 반대입니다. 예수님은 우리가 더 부요한 자로 살아가는 법을 가르쳐주고자 하십니다. 주님은 우리를 영원히 부요한 자로 만들어주고자 하십니다. 우리가 이 땅을 떠날 때 함께 가지고 갈 수 있는 자산도 있음을 알려 주시려는 것입니다. 염두에 두어야 할 점은, 우리가 이 땅을 떠나기 전에 반드시 그 자산을 만들어내야 한다는 점입니다. 결국 우리는 영원한 삶을 위해 투자할 수 있을 만큼 영원한 삶에 대해 충분히 믿고 확신해야 하는 것입니다.

* * *

지금은 대다수 사람들의 관심에서 사라졌지만 여전히 유익한 교훈을 담고 있는 2세기의 기독교 문헌이 있습니다. 〈헤르마스의 목자〉라고 불리는 저술인데, 다른 무엇보다, 이 문헌에는 오늘 우리가 읽은 복음서의 교훈에 대한 아마도 현존하는 가장 오래된 강론이 기록되어 있습니다.

> 그대들은 자신이 현재 이방 땅에 살고 있는 하나님의 종들이라는 사실을 잘 알고 있습니다. 그대들의 도성은 이 땅의 도성과는 멀리 떨어진 곳입니다. 그대들이 장차 어떤 도성에서 살게 될 운명인지를 정말 스스로 알고 있다면, 어째서 그대들은 이곳에서 토지를 구획하고 여러 가지 물건들을 쌓아두고 건물들을 세우고 빈 방들을 구비하는 것입니까?…그러니 사려 있게 분별하십시오. 남의 나라에 거주하는 외국인으로서, 자족할 만큼만 구비하고 필요 이상으로 자신을 채우려 하지 마십시오. 이곳에서 토지를 매입하려 들지 말고, 세속적 번민에 사로잡힌 삶을 추구하지 말고, 취약한 사람들을 돌아보십시오. 그 사람들을 절대 소홀히 하지 마십시오. 결국 그대들이 하나님으로부터 받아 누리고 있는 재산과 소유를, 그대들이 본향에 가서 보게 될 그러한 종류의 것들을 위해 사용하십시오.…세상의 이교도들과 똑같이 낭비와 사치로 가득한 삶을 버리고, 그대들에게 영원한 기쁨을 안겨 줄 그대들만의 구별된 소비 생활을 하십시오.[19]

이 땅에서 개인적으로 또는 멀리 떨어진 곳에서, 우리의 도움을 받으며 우리 곁을 스쳐지나간 사람들, 그들이 곧 천국에서 우리의 삶을 풍요롭게 하는 진정한 보물입니다. 불행 가운데서 우리가 구조해 낸 사람들, 우리가 후원하고 도왔던 가난과 절망 속에 있던 이들, 우리가 손을 내밀어 하나님의 사랑과 구원의 은혜에 마음을 열게 된 사람들, 우리의 어깨로 짐을 나눠 진 사람들… 우리는 죽음 너머의 삶에서 그 사람들을 다시 만나게 될 것입니다. 이 땅에서 우리가 그들에게 표현했던 온정과 그들에게 나눠준 위로, 우리가 그들을 위해 여기서 일궈냈던 영적 양육과 성장, 그 모든 사랑의 수고가 천국에서 그들을 우리의 영원한 보화와 면류관이 되게 할 것입니다.

오늘 이 아침에 우리는 '하늘나라 투자 중개 사무소'에 앉아 이러한 질문을 듣게 됩니다. "당신은 지금껏 설계해 왔던 투자 포트폴리오를 더 다채롭게 분산시켜야 할 필요가 있다고 생각합니까? 당신은 현재 단기 투자에만 집중되어 있는 상태입니까? 다시 말하면, 이생에서만 이익을 분배받는 투자를 하고 있지는 않습니까? 죽음 이후에도 영원히 풍요로운 삶을 누리게 하는 장기 투자의 필요성에 대한 올바른 판단과 결정을 당신은 아직도 미루고 있습니까? 당신의 자산 재분배는 제대로 이루어지고 있습니까?"

예수님은 맡겨진 자원들을 하나님 나라를 위해 투자하도록 우리를 부르십니다. 지금보다 더 좋은 투자 기회는 없으며, 하나님 나라를 이 땅에 설립하고 확장시키는 사업에 투자하라고 말씀하십니다. 우리가 단지 여행객이자 이방인 신분으로 살아가는 이 세상을 떠나 영원한 본향에 도착할 때, 우리는 지난날 고국 땅을 바라보며 투자했던 모든 것에 대한 열매를 마침내 거두게 될 것입니다. 우리가 투자한 시간과 수고, 하나님 나라를 위해 우리가 최선을 다했던 것에 대한 보상으로, 우리는 상상 이상의 큰 위로와 상급을 받게 될 것입니다.

물론 저는 적어도 부분적으로는, 지역 교회의 목회사역에 대해, 그리고 입교식 때의 고백처럼, "우리의 기도, 우리의 출석, 우리의 헌금, 우리의 봉사"[20]로 우리가 교회를 섬기는 것에 대해 말씀드리고 있습니다. 거기에는 분명 우리가 드리는 헌금도 빠지지 않습니다. 교회의 사역을 후원하는 일은 영원한 삶을 위한 하나의 견고한 투자 전략이라 할 수 있습니다. 여기서 우리 교회는 다채롭게 분산된 포트폴리오를 제공합니다. 우리의 포트폴리오는 하나님 나라를 위한 일종의 '안전 자산'이고 뮤추얼 펀드입니다.

우리는 그리스도의 제자로서 각자의 성장을 위해, 그리고 장차 이곳에서 우리가 경험할 공동체의 성장을 위해 함께 투자를 하고 있는 것입니다. 우리가 성심껏 드리는 물질을 통해 더 영향력 있는 예배와 신앙교육이 더 많은 사람들을 위해 계획되고 준비될 수 있습니다. 다른 성도와의 더욱 의미 있는 만남과 친밀한 교제도 마련될 수 있습니다. 이를 통해 우리가 함께 도전과 위로를 받으며, 평생 신앙 안에서 인내하도록 서로 돕는 기도의 후원자와 믿음의 동역자들을 만나게 될 것입니다. 또한 우리의 어린 자녀, 청소년과 젊은이, 다음 세대의 신앙교육과 영적 훈련을 위해 우리는 투자를 아끼지 말아야 합니다. 우리가 드리는 이 헌금으로 인해 저들의 인생이 이 땅에서 그리고 영원한 나라에서 굳건한 반석 위에 세워질 수 있습니다. 또한 우리는 이국 땅에서 복음을 위해 수고하는 선교사들을 위해, 하나님 나라 사역의 열매를 위해 계속 투자해야 합니다. 그들의 사역과 사명에는 저와 여러분이 감당할 몫도 들어 있습니다. 우리는 선교와 구제 사역에 직접 참여하기도 하고 다른 그리스도인의 선교와 구제 사역을 후원하기도 합니다. 우리는 우리 교회가 분담하는 후원금을 통해 연합감리교회의 훨씬 더 다양하고 글로벌한 선교 사역에 투자할 수 있습니다. 그리고 우리는 우리 교회에서 드리는 후원과 기부, 이 모든 헌금이 하나님 나라를 위해 온전히 사용되도록, 함께 그 열매를 거둘 수 있도록 책임감을 가지고 운영해야 합니다. 만일 우리가 기대에 미치지 못한다면, 주주들인 여러분이 잘못된 부분을 지적해 주시고, 회계 감사가 진행되는 영역에서 주인의식으로 들여다봐주시길 간곡히 부탁드립니다. 이 모든 것이 하나님 나라 사업의 효율성을 극대화하기 위한 일임을 잊지 마시기 바랍니다.

하지만 저는 단지 우리 교회의 사역과 당면한 사업에 투자하는 것만을 말하려는 것이 아닙니다. 말씀드렸듯이 우리의 교회는 하나님 나라를 위한 균형 잡힌 안전 자산이고, 하나님 나라의 펀드입니다. 하지만 여러분도 개인 'ERA'에, 즉 "영원한 은퇴 자산 계좌"에 하나님 나라의 좋은 펀드를 보유할 필요가 있습니다. 하나님께서 여러분의 시선을 이끄시고 마음으로 품게 하시는 어떤 사역 현장이 있습니까? 혹시 하나님께서 여러분에게 얼마간의 자원을 맡겨 두시진 않았습니까? 전 세계의 박해 받는 그리스도인, 아시아와 아프리카 전역의 난민, 그리고 순교자들의 남은 가족 등 지구촌 곳곳의 어려운 이웃을 돕기 위해 설립된 선교 단체와 구호 기관이 있습니다. 혹시 그들을 돕는 일에 투자하고 싶지는 않습니까? 여러분의 손길을 통해 그들이 먼 곳에 있는 하나님 나라 가족의 위로와 사랑의 손길을 알게 되고, 절망 속에서 믿음으로 안내하고 다시 일어설 수 있습니다. 자신들의 언어로 기록된 성경이 없는 지역에서 그들의 언어로 성경을 번역하거나, 성경을 구하기 어려운 지역에 무료로 성경을 보급하는 기관도 있습니다. 성경을 읽을 때 성령께서 우리 안에 행하신 그 일을 그들도 경험할 수 있게 도와주는 것입니다. 기근과 전염병 등으로 재난 당한 마을 또는 가정의 생존과 안전을 위해 책임감 있게 활동하는 구호 기관도 있습니다. 우리가 살고 있는 지역의 위기 청소년들, 또는 대학 캠퍼스 내 복음증거와 제자훈련을 위해 사역하는 단체도 있습니다. 다음 세대의 복음 사역에 헌신할 목회자, 선교사, 신학자 양성을 위해 장학금을 모금하고 후원하는 제도도 있습니다.

이러한 것 말고도, 하나님 나라에 개별적으로 투자하는 길, 즉 이웃을 개인적으로 돕는 방안도 있습니다. 혹시 주위에 도움이 필요한 싱글 맘, 또는 비공개적으로 도와야 할 한 부모 가정이 있지는 않습니까? 그들 자녀의 돌봄과 양육, 교육과 생계 부양에 우리의 손길이 필요하지는 않습니까? 자원이 부족하거나 또는 기독교에 적대적인 지역에 거주하는 그리스도인 가정을 혹시 개인적으로 알고 있습니까? 혹시 그들을 도와야 한다는 마음을 성령이 주시지는 않았습니까?

앞서 읽었던 2세기 목회자의 권면이 지금도 생생합니다. "결국 그대들이 하나님으로부터 받아 누리고 있는 재산과 소유를, 그대들이 본향에 가서 보게 될 그러한 종류의 것들을 위해 사용하십시오.…세상의 이교도들과 똑같이 낭비와 사치로 가득한 삶을 버리고, 그대들에게 영원한 기쁨을 안겨 줄 그대들 만의 구별된 소비생활을 하십시오." 예수님의 말씀을 정확하게 적용한 권면 같습니다. 내가 죽은 후에도 오랫동안 나와 관계를 맺을 사람들, 성도의 교제 속에서 나와 영원히 함께 즐거워할 그 사람들에게 투자하라는 것입니다. 궁극적으로 우리는 하나님이 그들의 삶에서 바라시는 모습이 실제로 이루어지는 것을 우리가 보게 되길 소망하는 마음으로, 내 이웃을 내 몸같이 사랑하라는 그 말씀을 진정으로 실천하기를 원합니다. 그리고 그들이 눈물로 간구하는 기도가 이루어지도록, 우리가 하나님의 이름으로 그 일들을 행하여 그들을 향한 하나님의 뜻을 함께 이루길 소망합니다.

* * *

하나님 나라 투자 중개 사무소에서 일어서려는 우리에게 사무소장 바울 선생은 두 가지 조언을 제공합니다. 첫째, 그는 우리에게 다음을 기억하라고 당부합니다. "이것이 곧 적게 심는 자는 적게 거두고 많이 심는 자는 많이 거둔다 하는 말이로다 각각 그 마음에 정한 대로 할 것이요 인색함으로나 억지로 하지 말지니 하나님은 즐겨 내는 자를 사랑하시느니라"(고후 9:6-7).[21]

어떤 교회의 청지기 훈련에서, 저는 사람들이 십일조에 대해 이야기하는 것을 들었습니다. 성경에 따르면 우리 소유가 하나님께 속한 것이므로 십일조 또는 수익의 10분의 일을 헌금할 것을 강조하라는 것이었습니다. 물론 모두가 충실하게 십일조 생활을 하게 되면 우리는 엄청난 결과를 경험할 수 있습니다. 교회는 넘치는 헌금 덕분에 기존 사역에 무엇을 더할 수 있을지 행복한 고민에 빠질 것입니다. 굳이 교회를 위해 그것을 사용하지 않더라도 우리는 하나님 나라 확장을 위한 우리의 역량이 배가 되리라 생각할 것입니다.

그러나 저는 이 본문에서 (예수님은 물론이고) 바울도 우리에게 십일조를 강조하고 있다고 생각하지 않습니다. 저에게는 그 말씀이 조금 다르게 들립니다. 주님은 우리가 일시적으로 보유하고 있는 자산들을 지혜롭게 사용하고 있는지 우리에게 질문하고 계신 것 같습니다. 내가 하나님 앞에 서는 그날, 과연 무엇이 나를 부요한 자가 되게 할 것인지, 과연 무엇이 나의 영원한 참된 배당금을 증가시킬 것인지를 염두에 두고 있냐는 것입니다. 그때의 배당금이야 말로 우리가 영원히 함께 누릴 수 있는 진정한 자산이 되기 때문입니다. 저는 이 모든 말씀이 마치 주님께서 우리 눈앞에 좋은 투자 기회를 보여주시는 것만 같습니다. 우리에게 이 기회를 놓치지 말고 할 수 있는 최선을 다해 보라고 권하시는 것 같습니다. 그 피할 수 없는 이면은 이렇습니다. 만일 우리가 이러한 좋은 투자 기회를 진지하게 고려하는 대신 무시하고 지나쳐버린다면, 그 배당금을 영원히 놓치게 된다는 것입니다. 결산하는 날엔, 정확하게 얼마나 될지 지금으로서는 상상하기 어렵지만, 어쨌든 이 제안은 우리가 지금껏 해오던 일을 멈추게 만드는 제대로 된 고민거리임은 분명합니다. 저는 성령 하나님께서 우리 가운데 역사하실 것을 확신합니다. 하나님은 우리 각자에게 알맞은 정도로, 하나님 나라를 위한 우리의 적절한 투자금을 정해 주셨습니다. 우리 각자는 신중하게 자신의 투자 포트폴리오를 작성해야 하고, 하나님 나라 사업에 각자 부름 받은 대로 최선의 역량을 다할 수 있길 소망합니다.

우리에게 바울 선생이 제공하는 두 번째 조언은 이렇습니다. "하나님이 능히 모든 은혜를 너희에게 넘치게 하시나니 이는 너희로 모든 일에 항상 모든 것이 넉넉하여 모든 착한 일을 넘치게 하게 하려 하심이라"(고후 9:8). 우리는 이렇게 반문하게 됩니다. '하나님께서 우리에게 모든 착한 일을 넘치도록 하게 하시려고 물질의 자원을 넉넉하게 제공해 주셨다고?' 정말로 그렇지 않나요? 그런데도 우리는 우리에게 주어진 자원이 내가 쓰기에도 넉넉지 않다고 의구심을 가지진 않았나요? 사실 우리는 세계 어느 곳과 비교하더라도, 어느 시대와 비교하더라도 가장 풍요로운 시대 속 가장 풍요로운 세상에 살고 있습니다. 그럼에도 우리 안에는 '결코 그렇지 않다'는 자기 합리화의 목소리가 가득합니다. 돌이켜야 합니다. 우리의 시선을 하나님의 약속의 말씀에 고정시켜야 합니다.

이 말씀에는 우리가 생각해 보아야 할 또 다른 측면이 있습니다. 즉 재정적 자원이란 것은 우리가 살아 있는 동안만 우리에게 가치가 있을 뿐입니다. 거대한 저장고를 새로 지으려 했던 어리석은 어떤 이와 같지 않게, 우리는 우리에게 주어진 재정을 효과적으로 사용할 좋은 방도를 가지고 있습니다. 즉 우리 수중의 돈이 우리에게 아무런 가치 없는 것으로 변하기 전에, 우리에게 영원한 가치로 남을 것들을 서둘러 구매하라는 것입니다. 한 가지 가정해 봅시다. 만일 한 나라가 망해 가고 있다는 사실을 우리가 알고 있다면 어떻게 하겠습니까? 그 나라의 화폐를 손에 꽉 붙들고 있는 게 말이 되는 일이겠습니까? 아니면 더 늦기 전에 그 나라의 화폐를 항구적인 다른 나라의 화폐로 속히 환전하는 것이 맞겠습니까? 미국 남북전쟁 때 이렇게 외치는 사람들이 있었다고 합니다. "남부 연방의 돈을 버리지 마십시오! 남부 연방은 다시 일어설 것입니다!" 결과는 어떻습니까? 저는 1863년 또는

1864년 경에 자신들의 망해 가는 남부 화폐를 그에 준하는 다른 것들로 교환하기 시작한 사람들이 현명했다고 생각합니다. 우리 주님은 저와 여러분이 마지막 날 심판대에서 그분 앞에 섰을 때, 다 지나간 이 세상의 재화들, 더 이상 가치 없고 하나님 나라에서 쓸모없는 이 땅의 재물을 애지중지 붙들고 있는 우리의 모습을 원하지 않으십니다. 주님은 우리가 하나님 앞에 섰을 때, 이 땅에 사는 동안 세상의 재물과 미리 맞바꿔 구매했던 영원한 가치를 지닌 천국 물자들로 가득 둘러싸여 영원토록 풍성한 삶을 누리길 바라십니다.

물론 저는 여기서 우리 자신의 힘으로 선을 이루고, 공로를 쌓고, 천국에 들어갈 자격과 보상을 얻는다는 의미로 말하는 것은 아닙니다. 다만 주님이 우리에게 주신 교훈을 이 세상과 장차 올 세상의 관점에서 생각해 보자는 것입니다. 이 땅을 떠나 천국 문에 들어설 때, 우리와 전혀 관련 없는 다른 사람들의 선한 일들로 둘러싸여 있길 원합니까? 아니면 우리가 이 땅에 사는 동안 행한 선한 일들의 열매로 둘러싸여 있길 원합니까? 우리가 최선으로 기여하고 최선으로 투자한 것들에 대한 충분한 배당을 원하지 않겠습니까? 예수님은 세상 그 어떤 전문가보다도 우리의 가장 지혜롭고 신뢰할 수 있는 투자 설계사이십니다. 주님은 우리의 진정한 노후, 영원한 삶을 설계해 주십니다. 우리 주님이 조언하시는 말씀에 귀를 기울여 영원한 삶을 준비하는 저와 여러분 되시길 바랍니다. 아멘.

23 소비자에서 생산자로

에베소서 4:1-16

지금은 추억의 한 장면이 되고 말았지만, 얼마 전까지 우리는 조간신문을 통해 우리가 소비 사회 한가운데 살고 있음을 확인할 수 있었습니다. 새벽에 배달된 신문을 바닥에 툭 던지면 그 다음 장면이 쉽게 예상되시죠? 그 안에서 할인 행사를 알리는 전단지, 온갖 쿠폰, 딱 하루만 특별가로 모신다는 광고지가 빠져나와 바닥에 흩어지곤 했습니다. 지금은 인터넷 화면 속에서 이런 장면이 재현됩니다. 말그대로 우리는 거대한 소비 사회 한가운데 살고 있습니다. 우리의 소비 문화는 우리들을 꽤나 잘 훈련시켜 왔습니다. 일주일 내내 우리는 많은 홍보 매체와 광고 문구에 이끌려 매력적인 상품과 서비스를 성실하게 구매하는 좋은 소비자가 되도록 반복해서 훈련받아 왔습니다. 우리 사회의 소비 문화는 우리가 어떤 것을 대할 때마다, '내가 이 상품 또는 이 서비스를 통해 어떤 만족을 얻을 수 있을까', '그것이 나에게 또는 우리에게 무엇을 해줄 수 있을까'를 계속 저울질하도록 만듭니다. 그런 식으로 우리는 새로운 상품에 관심을 갖게 되고 계속 또 다른 물건들을 주목하게 됩니다.

우리는 대부분 내가 원하는 것이라면, 그것이 무엇이든, 언제든, 가장 저렴한 가격으로, 내 손에 넣을 수 있어야 한다고 생각합니다. 그리고 대체로 오늘 우리에게 그 일은 가능한 편입니다. 그래서인지 우리는 그런 생각을 잠재우기보다는 계속 부추기고 소유에 대한 확신을 굳히기에 바쁩니다. 상점이나 식당에 들어갈 때면, 우리는 매장 직원에게 (그가 밤새도록 아파 누운 자녀가 있든 없든, 치매를 앓는 노부모로 인해 수면 부족에 시달리든 말든, 또는 깨어진 관계로 인해 고통 중이든 말든 상관없이) 항상 친절한 환대와 고품격의 서비스를 제공받을 것을 기대합니다. 우리는 지금 이용하려는 매장이 어느 평가 사이트의 별점만큼 흡족하기를 기대합니다. 앞서 방문했던 식당 메뉴가 마음에 들어 다시 찾았으니 그때의 만족감을 다시금 채워주길 기대합니다. 멋진 분위기와 은은한 음악이 여전히 내 마음이 쏙 들기를 기대합니다. 그것이 그만큼의 대가를 지불하는 우리에겐 너무나 당연한 대접이라고 여기면서 말입니다. 실망은 도저히 받아들이지 못할 결과입니다.

단적으로, 버거킹의 광고 문구에서, 우리는 현대 소비 경제와 문화가 강요하는 삶의 방식, 우리를 길들이고 우리에게 주입하려고 하는 사고방식을 볼 수 있습니다. "네 방식대로[마음대로/좋을 대로] 해라[가져라/먹어라]"(Have it your way). 이것은 오늘날의 '소비자 신조'를 만들어낸 하나의 금언이라 할 수 있습니다. "나는 믿습니다. '그것'이 무엇이든,

내가 그것을 반드시 가져야 하고 또한 가질 수 있다는 것을 믿습니다. 그리고 내가 원하는 나의 방식대로 내가 그것을 가질 수 있다는 것을 나는 믿습니다."

일반적으로, 이러한 신조는 잘 통용되고 지금도 먹혀들고 있는 것 같습니다. 예를 들면, 저는 늘 가던 레스토랑을 이용하는데요. 그 이유는 그곳에서는 대화를 위해 크게 소리 지를 필요도 없고 시끄러운 음악에 귀 아파하지 않아도 되기 때문입니다. 만일 그 레스토랑이 그런 조용한 분위기를 바꾼다면, 여지없이 다른 식당으로 단골을 옮길 것입니다. 브래드스틱(막대처럼 길쭉한 비스킷)이 너무 차갑고 딱딱한 상태로 나온다면, 저는 갓 구운 것으로 바꿔달라고 요청할 것입니다. 그 레스토랑의 주인과 저는 서로 같은 비전과 가치관을 공유하기 때문이죠. 큰 무리가 없는 한, '모든 손님의 기대를 만족시켜야 한다'는 것이 바로 그 핵심 가치입니다. 그런데 바로 여기서 한 가지 큰 문제가 발생합니다. 우리가 그러한 사고방식에 매우 익숙해진 채로 교회 문을 열고 들어간다는 것입니다. 오늘날 교회 안에 전염병 같은 심각한 문제가 발생하는 주된 원인 중 하나입니다.

나의 만족 또는 불만족에 근거해서 교회에 대한 우리의 경험을 별점으로 평가할 때마다 우리는 그러한 사고방식을 드러내게 됩니다. 우리의 평가가 긍정적이든("오늘 예배는 정말 흡족했어", "그 소그룹 모임은 나하고 잘 맞아") 또는 부정적이든("오늘 설교는 건질 게 없어", "성찬식을 분기에 한 번만 하다니, 너무 부실해", "예배 때 내가 좋아하는 찬양도 선곡했으면 좋겠어") 크게 다를 바 없습니다. 우리는 교회의 사역자들이 언제 어디서나 얼굴에 미소를 지으며 항상 친절하게 섬겨주길 기대합니다. 교회의 바뀐 주보 디자인이 마음에 들지 않을 때(내가 좋아하는 색상이 아니라서), 마땅히 받아야 한다고 기대했던 환대나 관심을 받지 못했을 때("내가 몇 달만에 나왔는데 아는 체 하는 사역자들이 하나도 없네") 우리는 남들에겐 내보이지 못하는 실망감을 안고 돌아섭니다.

사랑하는 성도님, 예수 그리스도의 교회는 버거킹이 아닙니다. 만에 하나, 여러분이 "나 좋을 대로, 내 방식대로"를 만끽하기 위해 여기 오셨다면, 애초에 교회에 모여야 하는 목적을 잊고 있는 겁니다. 우리가 오늘 아침 이곳에 모인 목적은 나 자신을 부인하는 법을 배우고, 예수님이 지신 그 십자가를 나도 짊어지는 법을 배우기 위함입니다. 그리고 겟세마네 동산에서 이렇게 기도하셨던 주님을 따르기 위함입니다. "아버지여, 내 뜻대로 마옵시고 아버지의 뜻대로 하옵소서."

* * *

하나님은 교회를 향해 어떤 비전을 품고 계실까요? 에베소의 그리스도인들에게 쓴 바울의 편지는, 처음부터 끝까지 교회를 향한 하나님의 비전 선언문입니다. 그러므로 여러분 모두가 에베소서를 개인적으로 꼭 읽어보시길 권해 드립니다. 특히 오늘 우리가 읽은 본문은 교회 공동체로 살아가는 우리의 삶과 사역 현장에 그러한 비전을 제시하고 있습니다.

바울이 오늘 우리에게 던지는 첫 도전은 하나님의 가족 안에서, 그리스도의 몸 안에서 연합과 조화를 드러내는 방식으로, 우리가 한 성령 안에서 서로를 대하라는 것입니다. 그저 요구만 하는 소비자가 아닌, 연합의 생산자가 되라는 말입니다.

그러므로 주 안에서 갇힌 내가 너희를 권하노니 너희가 부르심을 받은 일에 합당하게 행하여 모든 겸손과 온유로 하고 오래 참음으로 사랑 가운데서 서로 용납하고 평안의 매는 줄로 성령이 하나 되게 하신 것을 힘써 지키라 몸이 하나요 성령도 한 분이시니 이와 같이 너희가 부르심의 한 소망 안에서 부르심을 받았느니라 주도 한 분이시요 믿음도 하나요 세례도 하나요 하나님도 한 분이시니 곧 만유의 아버지시라 만유 위에 계시고 만유를 통일하시고 만유 가운데 계시도다(엡 4:1-6).

혹여 교회 안에서 불만을 제기하다가, 또는 누군가를 비난하다가 떠난 사람들을 찾아가 묻는다면 대부분은 이런 식으로 자신의 별점을 매길 것입니다. "내가 기대하던 교회가 아니었습니다." 이러한 소비자 중심주의 사고는 여러 매장들 사이에 더욱 치열한 경쟁을 불러 결국엔 더 좋은 서비스를 제공할 여지를 만듭니다. 그러나 그리스도의 몸 안에서라면, 말이 달라집니다. 소비자 중심주의는 세상에서는 우대받을 수 있을지 몰라도, 교회에겐 결코 유익이 되지 않습니다. 심지어 교회를 병들게 하는 사고방식일 뿐입니다. 부디 오해하지 마십시오. 저는 교회 안에서 서로 의견이 다르거나 치열한 토론이 벌어지는 상황을 지적하는 것이 아닙니다. 의견 불일치는 우리가 피할 수 없는 일이고, 토론은 우리가 마땅히 해야 하는 것입니다. 지금 저는 교회 안에서 내가 원하는 대로 논의가 이루어지지 않고 내가 바라던 결과가 나오지 않을 때, 우리 속에서 불쑥불쑥 올라오는 불평과 불만, 다툼을 지적하려는 것입니다.

저와 여러분은 그것과는 전혀 다른 사고방식과 전혀 다른 목적을 위해 이곳에 부름 받은 하나님의 사람들입니다. 우리는 서로에게 겸손하고 서로 인내하고 참으며 서로에게 헌신함으로써 하나 된 교회를 힘써 지키도록 부름을 받은 사람들입니다. 이는 우리 모두가 한 몸에 속한, 그리고 서로에게 속한 지체들이기 때문입니다. 우리 모두는 머리되신 그리스도와 한 몸으로 연결시키는 한 세례를 받고 함께 연합하여 한 성령을 소유했습니다. 우리는 한 분 되신 주 앞에 함께 부름 받아 서 있습니다. 하나님 나라의 영원한 한 백성의 소망으로 모였습니다. 우리는 하나님을 한 목소리로 아버지라 부르는 자들이기에, 같은 믿음 안에서 한 가족이 되었습니다. 이 정도면 우리가 사랑 안에서 서로 하나 되기에 충분한 이유가 되지 않겠습니까? 우리를 불만족스럽게 하고 결국 분열을 일으키는 각자의 취향을 앞세우기보다, 이러한 진리가 훨씬 소중하고 가치가 있지 않습니까? 그럼에도 우리가 여전히 소비자 중심주의로 모인다면, 분열과 불화는 결코 피할 수 없을 것입니다. 교회 내 모든 세부적인 사안과 결정이 모든 사람의 입맛과 취향에 맞을 수는 없기 때문입니다. 우리는 항상 내 방식대로, 내가 원하는 대로만 할 수 없습니다. 다시 정리하면, 우리는 소비자 정신에 입각해 하나님의 부르심을 받은 사람들이 아닙니다. 오히려 우리는 내가 원하는 것, 내가 원하는 방식에 초점을 둔 사고를 중단하도록 부름을 받았습니다. 그리고 이제는 그리스도의 하나 된 몸 안에서 연합을 생산해내는 삶에 헌신하도록 부름을 받았습니다. 그러한 삶을 추구하고 다짐할 때, 비로소 우리는 그리스도인으로서 부르심에 합당한 모습을 향해 한걸음 나아갈 수 있습니다.

＊　＊　＊

교회를 향한 하나님의 비전과 관련해 바울이 우리에게 던지는 두 번째 도전은 더 이상 교회의 서비스를 제공받는 소비자가 되지 말고, 즉 손님이 되지 말고, 함께 서비스를 제공하는 생산자, 즉 사역의 주체가 되라는 것입니다. 교인들이 교회를 향해, "당신들이 나를 위해 해준 게 뭐가 있습니까?"라고 따져 물으면 안 됩니다. 오히려 우리는 예수님께서 저와 여러분 각 사람을 향해, "네가 나를 위해 무엇을 했느냐?" 물으시는 음성을 들을 수 있어야 합니다. 예수 그리스도는 우리에게 그러한 질문을 던지실 자격이 분명히 있습니다. 예수님은 우리를 부르시기 위해, 우리를 이곳에 한 몸으로 모으시기 위해, 십자가에 못 박히고 찢기도록 자기 몸을 내어주셨습니다. 따라서 주님은 우리에게 그렇게 질문하시는 것이 옳습니다. 주님은 우리에게 성령을 보내셔서 우리에게 섬길 수 있는 권능을 입히셨고, 교회에 목사와 교사들을 세우셔서 우리가 양육과 훈련을 받아 봉사할 수 있게 하셨습니다.

우리 각 사람에게 그리스도의 선물의 분량대로 은혜를 주셨나니 그러므로 이르기를 그가 위로 올라가실 때에 사로잡혔던 자들을 사로잡으시고 사람들에게 선물을 주셨다 하였도다…그가 어떤 사람은 사도로, 어떤 사람은 선지자로, 어떤 사람은 복음 전하는 자로, 어떤 사람은 목사와 교사로 삼으셨으니 이는 성도를 온전하게 하여 봉사의 일을 하게 하며 그리스도의 몸을 세우려 하심이라 우리가 다 하나님의 아들을 믿는 것과 아는 일에 하나가 되어 온전한 사람을 이루어 그리스도의 장성한 분량이 충만한 데까지 이르리니(엡 4:7-8, 11-13).

바울은 스스로를 가리켜 간접적으로, 그러나 알아들을 수 있는 방식으로, 교회를 위한 하나님의 선물이라고 칭합니다. 바울 자신이 곧 사도이자 복음 전하는 자였고, 목사이자 교사였기 때문입니다. 하지만 바울은 자신과 같은 지도자를 교회의 선물로 주님이 세우신 주된 목적 또한 분명히 밝히고 있습니다. "이는 성도를 온전하게 하여 봉사의 일을 하게 하며 그리스도의 몸을 세우려 하심이라."

이러한 말씀을 나누다보면, 마치 설교자가 사역의 짐을 회중에게 떠넘기려 하는 것처럼 오해하는 분도 있습니다. "그러니까 우리가 당신에게 사례금을 지불하고 있지 않소! 그런데도 우리에게 일을 떠넘기려 한단 말입니까?" 오늘날의 교회는 바울 시대와는 그 모습이 다를 수밖에 없음을 인정합니다. 바울이 편지를 보낸 에베소 교회는 아마도 다른 이들보다 형편이 나은 어느 성도의 가정집에서 서른 명 전후의 인원이 모였을 테고, 그 중엔 지금과 같은 유급 사역자는 없었습니다. 목회 사역이 필요한 상황이 발생하면, 모든 성도가 자기 일처럼 손을 모아 서로 섬겼습니다. 지금과는 상황이 너무 달랐기에 그들에게는 전임 사역자, 교회 사무원, 관리인, 청소년부서 또는 어린이부서 파트 사역자, 주일학교 교사와 도우미들, 파트 타임 방송실 간사, 재정 간사, 성가대 지휘자, 찬양팀 리더, 후원 선교사, 협동 목회자 등 오늘날의 사역 인력들이 없었습니다. 지금 우리에게는 이 모든 사역자들과 더불어 그 배후에 교회를 재정적으로 후원하는 성도들이 있습니다. 결국 그 덕분에 우리 사역자들이 교회 사역에 전념할 수 있는 것이지요.

하지만 그렇다고 해서, 이러한 현실이 교회를 향한 하나님의 비전을 근본적으로 변화시켰다고 말할 수는 없습니다. 일은 사역자가 하고 성도는 오롯이 물질을 드리는 것으로는 충분하지 않습니다. 현실이 아무리 달라졌다 하더라도 그것이 하나님의 교회를 섬기는 성도의 특권이자 의무를 삭제할 수 없을 뿐더러, "봉사의 일을 하여 그리스도의 몸을 세우는" 성도의 부르심에서 우리 중 누구라도 벗어날 수 없습니다. 또한 하나님께서 우리를 그리스도의 몸 된 교회의 봉사의 일로 훈련하기 위해 세우신 사도, 복음 전하는 자, 그리고 목사와 교사를 향한 성경의 근본적인 명령도 다른 것으로 대신할 수 없습니다.

저는 "그리스도의 몸을 세운다"는 것이 어떤 모습인지를 두 가지 측면에서 설명하고자 합니다. 첫째는, 각자의 믿음을 서로 굳게 하고, 어려울 때 서로 위로하고, 제자도에 대한 이해를 서로 깊게 하는 모습입니다. 우리는 이것을 헬스장의 보디빌딩 프로그램에 비견해 볼 수 있습니다. 우리가 이렇게 함께함으로써 기존에 한 몸 안에서 있던 지체들은 더욱 강해지고, 제자도의 삶에 합당하게 성장해 갑니다. 이는 정말로 중요한 사안이고 절대로 간과해서는 안 되는 부분입니다.

예를 들면, '스데반 미니스트리'가 있습니다(한국에는 '스데반 돌봄사역'으로 소개되었습니다). 그리스도의 몸을 세우고 돌봄 사역에 참여하도록 성도를 훈련시키는 프로그램의 좋은 사례라고 생각합니다. 이 프로그램에 참여하면, 기독교 돌봄 사역의 기초를 잘 배울 수 있습니다. 훈련을 마치고 돌봄의 현장으로 갔을 때, 사역을 이론으로만 공부한 웬만한 신학생보다 능숙하게 봉사할 수 있습니다. 우리가 특정 분야에서 조금 더 전문적으로 봉사 훈련을 받을 수 있는 최고의 기회가 아닐까 생각합니다. 그리스도 안에 있는 형제자매뿐만 아니라, 아직 그리스도를 주로 고백하지 않은 사람들이 있는 삶의 현장에서도 훈련의 결과는 탁월한 열매를 맺을 수 있습니다.

"그리스도의 몸을 세운다"는 것의 두 번째 측면을 말씀드리겠습니다. 여기서 바울은 사실 육체 운동이 아니라 건설 현장의 은유를 사용하고 있습니다. 바울의 편지를 읽은 에베소 성도들은 "그리스도의 몸을 세운다"란 표현을 "그리스도의 몸을 지속적으로 건설한다"는 말로 이해했을 것입니다. 건물을 짓기 위한 각종 석재들이 주변에 흩어져 있습니다. 그 석재를 가져다 건물을 세우는 데 쓸 수 있습니다. 그리스도의 몸 된 교회는 아직 공사중입니다. 채 완성되지 않은 상태입니다. 단지 저와 여러분이 아직도 개인적으로나 공동체적으로 그리스도의 제자의 삶에서 가야 할 길이 멀다는 의미에서만이 아닙니다. 바깥 어딘가에 그리스도의 몸을 구성해야 할 지체들이 아직 그 몸에 연결되지 않은 채 여기저기 흩어져 있다는 말씀입니다.

저는 그리스도의 몸을 세우는 것의 두 가지 측면 모두를 현실 속 우리 자신의 모습에 비춰보기 원합니다. 우리는 우리 자신을 하나님의 손에 맡겨드려야 합니다. 다른 여러 지체를 믿음 안에서 세우는 일에 하나님이 우리를 마음껏 사용하시게 해야 합니다. 또한 아직 공사 중인 그리스도의 몸을 완성해 가는 일에도 우리 자신을 하나님의 손에 맡겨드려야 합니다. 예수 그리스도의 몸으로 아직 편입되지 않은 지체들이 여전히 많은 상태에서, 교회가 "온전한 사람"(완성된 사람, NRSV는 이를 "성숙함"이라는 표현으로 번역합니다. 엡 4:13)이 될 때까지 말입니다. "온전한 사람"이란, 모든 지체가 다 채워지고 서로 유기적으로 기능하며 그리스도가 머리가 되시는 몸, 즉 건강하게 성숙한 교회를 뜻합니다.

바울은 특별히 사도, 선지자, 복음 전하는 자, 목사, 교사를 교회의 사명 완수를 위해 양육과 훈련을 담당하는, 그리스도가 교회에게 주시는 "선물"로 언급하고 있지만, 이보다 먼저, 그는 "그리스도의 선물의 분량대로 은혜가 주어진" 우리 각 사람에 대한 일반적인 언급을 하고 있습니다. 그리스도의 몸 전체의 유익을 위해 모든 그리스도인이 각자 나름대로 하나님의 선물을 받았다는 것입니다. 그러므로 하나님은 여기 모인 우리 각 사람이, '내가 여기서 뭐 얻어갈 것은 없나' 하는 식으로 교회에 나오는 것을 원하지 않으십니다. 혹여 그런 생각을 하고 있었다면 당장 고치길 바라십니다. 그런 태도는 내가 원하는 것을 얻지 못할 때 결국 내 안에 불평과 불만이 가득하게 할 뿐입니다. 오히려 하나님은 나 자신이 다른 누군가에게 하나님이 보내시는 하나의 선물이 되길 기대하는 마음으로 우리가 이곳에 나오길 원하십니다. 우리 각 사람이 다른 사람들의 삶에 성장과 치유, 회복과 위로를 주는 하나님의 도우시는 손길로 사용되도록 말입니다. 여기 모인 우리 모두가 하나님이 택하신 선한 도구입니다. 저와 여러분을 통해 성령께서 그리스도의 몸 전체를 위한 선한 열매를 맺으실 것을 확신합니다.

성령이 뜻하시는 바는 우리가 함께 그리스도 안에서 장성한 분량으로 자라는 것입니다. 그것은 하나님의 영으로 충만하고 하나님의 선하신 뜻을 행하고자 하는 의지로 가득한 그리스도의 마음을 품는 것이며, 그 마음을 품은 채 말하고 행동하고 관계를 맺으며 살아가는 것입니다. 우리 안에 그리스도의 마음이 가득 들어차면 더 이상 우리의 옛 자아가 들어설 공간도 사라지게 될 것입니다. 그 목표는 분명합니다.

이는 우리가 이제부터 어린 아이가 되지 아니하여 사람의 속임수와 간사한 유혹에 빠져 온갖 교훈의 풍조에 밀려 요동하지 않게 하려 함이라 오직 사랑 안에서 참된 것을 하여 범사에 그에게까지 자랄지라 그는 머리니 곧 그리스도라 그에게서 온몸이 각 마디를 통하여 도움을 받음으로 연결되고 결합되어 각 지체의 분량대로 역사하여 그 몸을 자라게 하며 사랑 안에서 스스로 세우느니라(엡 4:14-16).

우리 중에는 온갖 교훈의 풍조나 사람들의 속임수와 간사한 유혹에 빠져 요동하는 분은 없을 것이라 생각합니다만, 그럼에도 여전히 많은 분들이 마음의 걱정과 근심 그리고 다양한 갈등 관계로 인해 힘들어하고 있습니다. 교회 공동체는 그 여파에 한바탕 소란을 치르기도 합니다. 사실 그런 대부분의 소란은 소비자 정신에 편향된 교회 생활에서 비롯된 현상입니다. 바울과 동시대를 살았던 세네카라는 한 철학자가 있습니다. 그는 "머리가 희어지고 성숙의 세월이 흘렀는데도 여전히 어린아이의 유치함에서 벗어나지 못하는 사람들"[22]에 대해 지적한 바 있습니다. 저는 우리 가운데는 절대 그런 분이 하나도 없길 바랍니다.

바울이 우리에게 던지는 세 번째 도전이 있습니다. 우리가 각자의 삶에서 성숙함의 열매를 맺는 자가 되라는 것입니다. 살아 계신 예수님과 항상 붙어 있고, 다른 사람을 세워주기 위해 항상 애쓰고, 교회에서도 내 뜻이 아니라 그리스도의 뜻을 받들어 섬기면서 주 안에서 함께 성장하라는 것입니다. 또한 우리는 다른 사람 안에서도 성숙함의 열매가 맺히도록 그들을 돕는 자로 부름 받은 사람들입니다. 우리는 그들이 들어야 하는 진리를 사랑 안에서 전하는 것으로 사람들을 도울 수 있습니다. 우리는 우리가 왜 이곳에 함께 모였는지에 대한 진정한 이유를 사람들에게 알게 하고, 예수님에게 우리 모두의 시선이 함께 고정되도록 그들을 도와야 합니다.

교회를 향한 하나님의 비전은 매우 아름답고 놀랍습니다. 그것은 다름 아닌 사랑의 공동체입니다. 우리 주변에서 흔히 볼 수 있는 자기중심적이고, 자기만족적이고, 자기본위의 사회와는 전혀 다른 공동체입니다. 교회는 마치 가장 캄캄한 밤에 홀로 밝게 빛나는 별과 같습니다. 교회를 향한 하나님의 비전에 우리 자신을 온전히 내어드린다면, 우리 중에 아무도 그 결과에 대해 실망하거나 걱정할 일은 없을 것입니다. 믿음으로 그리스도의 몸을 함께 세워가는 저와 여러분 되시길 바랍니다. 아멘.

24 믿음은 단지 시작에 불과합니다

베드로후서 1:3-11; 마가복음 4:1-20

엄청난 돌풍이 불고 있습니다. 길 건너로 부서진 잡동사니와 빈 쓰레기통이 바람에 날리고, 춤을 추듯 하는 나무는 이리저리 휘청거립니다. 돌풍과 함께 몰아치는 폭우는 쉴새없이 차 유리창을 때리는데, 최대한 속도를 올린 와이퍼는 쏟아지는 빗줄기를 감당하기 버겁습니다. 앞은 보이지 않고, 운전자는 허리케인 대피 경로를 가리키는 화살 표지판을 찾기 위해 안간힘을 쓰고 있습니다. 마침내 운전자는 우회전을 가리키는 표지판 하나를 발견했습니다. 그리고 계속 직진하라는 또 다른 표지판, 북쪽으로 이어진 고속도로로 들어가라는 좌회전 표지판이 나옵니다. 운전자는 고속도로 진입로로 차를 몰았고, 이윽고 8차선의 넓은 도로에 들어섰습니다. 곧장 갓길에 차를 대고는 시동을 껐습니다. 그리고 의자를 뒤로 젖히면서 이렇게 내뱉습니다. "오 하나님 감사합니다! 제가 드디어 해냈어요!" 그러면서 차창 밖을 바라보던 운전자는 계속해서 고속도로로 밀려드는 차량 행렬과 혼잡한 도로상황을 응시하며 고개를 갸우뚱 합니다. '왜 다들 저렇게 요란하지, 어딜 가려고 저렇게 서두르는 걸까.' 운전자는 자신이 고속도로를 거쳐 안전한 곳으로 가야 한다는 사실을 모르는 것 같았습니다.

물론 말도 안 되는 엉뚱한 이야기였습니다. 하지만 대략 20년 전, 어느 부흥회 때 또는 교회 수련회 때, 강단 앞으로 부름 받은 자리에서, 예수님을 구주로 고백하고 자신은 구원 받았다고 말하면서, 여전히 그리스도를 닮아가고 있지 않은 어떤 사람에 대해 베드로후서는 바로 그런 운전자와 다르지 않다고 말합니다. 그는 그리스도를 본받는 삶, 다른 사람을 섬기는 삶을 향한 고속도로 진입로에서 차를 멈추고 더 이상 나아가지 않는, 아무런 진보가 없는 사람입니다. 그는 하나님께서 자신을 향한 계획을 온전히 이루시도록, 그리고 하나님께서 자신의 남은 삶의 여정 가운데 친히 열매를 맺으시도록, 자신을 하나님께 온전히 내어드리는 일을 아직 제대로 시도하지 않은 사람입니다. 베드로후서에 따르면, 구원은 우리의 삶(생명)과 무관한 결정을 내리는 것과 관련되어 있지 않습니다. 오히려 구원은 우리가 계속 대피 경로를 따라가야 하는 것과 관련한 목숨이 경각에 달린 사안입니다. 강단 앞에서 내리는 순간의 결단도 물론 중요합니다. 그러나 그것은 반드시 대피 경로를 따르겠다는 결정이어야 합니다. 왜냐하면 결국 우리의 구원(안전)은 대피 경로의 시작점이 아니라 그 끝에 자리하기 때문입니다.

존 웨슬리처럼 감리교도라 불리던 사람들은 베드로후서의 저자와 같은 구원의 비전을 최대 수준으로 공유했습니다. 초기 감리교도들 가운데 제1의 입문 자격은 "다가오는 진노로부터 달아나고자 하는 간절한 소원"이었습니다. 그 여정의 특징은 일평생의 헌신이었습니다. 평생 하나님이 제공하신 모든 도움, 모든 "은혜의 방편들"을 사용하고, 거룩함과 의로움 안에서 성장해 가도록 최선을 다하는 것이었습니다. 이 감리교 운동의 참여자들은 서로 위로하고 격려하면서, 모든 악하고 해로운 일들에서 피하고, 자신들이 할 수 있는 모든 선한 일들에 전적으로 투자하는 방법을 부지런히 찾고자 애썼습니다. 이 모든 노력은 각 그리스도인들을 향한 성령의 뜻으로 그들이 믿었던 바, "두 번째 안식" 즉, 하나님 사랑과 이웃 사랑이 자신의 모든 행동과 상호작용을 주도하는 상태에 도달하는 것을 시종일관 추구하는 가운데 이루어졌습니다. 그리스도를 따르는 삶에는 "같은 신도석에 오랫동안 빠져든 타성"이 아니라 "같은 방향으로 오랫동안 지속되는 순종"[23]이 수반되어야 했던 것입니다.

우리는 어떻습니까? 우리는 지금도 안전한 피난처를 향해 대피 중이라는 사실을 알고 있습니까? 어쩌면 혹시 이 세상의 모든 해로운 것으로부터 도망치길 멈춘 상태에 있습니까? 안전한 피난처, 곧 하나님의 구원을 향해 달려가는 그 일을 중간에 너무 일찍 그만두지는 않았습니까?

* * *

오늘 본문은 그리스도인의 삶을 그리면서 하나님의 놀라운 선물만을 언급하는 것이 아니라, 자신을 부르신 이를 알게 된 자들에게 선물을 베푸시는 그 목적을 분명하게 밝히고 있습니다.

> 그의 신기한 능력으로 생명과 경건에 속한 모든 것을 우리에게 주셨으니 이는 자기의 영광과 덕으로써 우리를 부르신 이를 앎으로 말미암음이라 이로써 그 보배롭고 지극히 큰 약속을 우리에게 주사 이 약속으로 말미암아 너희가 정욕 때문에 세상에서 썩어질 것을 피하여 신성한 성품에 참여하는 자가 되게 하려 하셨느니라 (벧후 1:3-4).

이 본문은 우리에게 엄청난 투자를 감행하신 하나님에 대해 말씀해 주고 있습니다. 이에 따르면 하나님은 우리가 "생명과 경건"에 이르기 위해 필요한 모든 것을 이미 우리에게 공급해 주셨습니다. 여기서 "생명과 경건"을 오늘 우리에게 더 친숙한 표현으로 번역하면 "경건한 삶" 또는 "신령한 삶"이라 할 수 있습니다. 그것은 온통 하나님에 대한 생각과 하나님을 위한 관심으로 가득한 삶이며, 나의 새로운 인생의 중심이자 주관자이신 하나님 앞에서 과연 우리의 모습이 어떠해야 하는지에 대한 생각으로 재조정된 삶입니다.

물론 우리가 예수님을 나의 구주로 인정하고 고백하는 것은 매우 중요합니다. 우리는 나 자신이 기여한 어떤 공로나 가치에 기초해서가 아니라, 오직 "그분의 영광과 덕으로" 말미암아 부르심과 택하심의 은혜를 입은 자들입니다. 우리가 하나님의 너그러우신 품에 안기는 그 길, 하나님의 아들의 나라로 들어서는 그 길을 하나님이 친히 마련해 주셨습니다. 이러한 사실을 인정하는 우리의 고백이 주님의 자비롭고 고귀하신 구속자로서의 성품에 마땅히 드려져야 할 바이기도 합니다.

그런데 베드로후서는 여기서 더 나아가 이렇게 말씀하고 있습니다. 하나님은 우리를 순간이동 같은 방법을 사용해 하나님 나라로 이끄시는 것이 아니라, 우리를 순례의 여정에 합당하도록 양육하고 훈련하여 구원하시는 방법으로 그렇게 하신다는 것입니다. 하나님 나라로 방향을 재조정하고, 그 한 길로의 오랜 순종의 여정을 떠날 수 있게 우리에게 여러 은사와 선물로 권능을 입히셨다는 것입니다.

그것은 힘겨운 발걸음을 묵묵히 내딛는 고난의 여정입니다. 이 점은 매우 중요한 부분인데, 바로 "이 세상"에서, "이 세상 안"의 모든 "썩어질 것들", 죽은 것들, 몰락한 것들, 부패한 것들을 뒤로하고 떠나야 한다는 것입니다. 우리가 지금까지 주변 사회로부터, 이 세상의 문화로부터 영향을 받아왔다는 측면에서 본다면, "이 세상 안에 있는 것들"은 다름 아닌 '우리 자신 안에 있는 것들'입니다. 그래서 본문도 "정욕 때문에"라고 언급하는 것입니다(벧후 1:4).

현대인의 한 사람으로서 개인의 관점으로만 본다면, 이처럼 "욕망"을 부정적인 것으로 단정하는 발언은 상당히 반문화적인 도전이라 할 수 있습니다. 저는 "꿈을 더 크게" 갖도록 권하는 여러 격려의 말들을 들었습니다. 인생의 좋은 것들과 즐거움을 더 많이 누리고 심지어는 위대한 일을 이루라는 (우리 사회의 문화에 의해 가치관을 쌓아온) 동료들의 진심어린 독려도 있었습니다. 제 자신도 나의 욕망을 자극하는 온갖 종류의 유혹을 마주했습니다. 때로 그것은 최신의 가전제품일 수도 있고, 신형 자동차, 새로운 음료, 소문난 맛의 과자, 신장개업한 식당, 새단장한 리조트, 블록버스터 영화, 최첨단 컴퓨터, 심지어 주부들 사이에서 입소문이 난 새로운 주방 도구 등이 될 수도 있습니다. 내가 무엇인가를 원한다는 사실 자체는 인간으로서 매우 정상적이고, 이 세상에서 숨 쉬고 사는 것처럼 당연하고 필수적인 것처럼 보입니다.

오늘 본문의 저자인 베드로는 우리와 시공간적으로 멀리 떨어진 다른 문화에서 말하고 있습니다. 그럼에도 그곳은 욕망한다는 것이 무엇인지를 우리보다 더 잘 알고 있는 문화입니다. 그러나 또한 그 욕망에 대해 그리고 그것이 인생에 미치는 결과에 대해 우리보다 더 비판적이고 더 많은 의문을 제기하는 문화이기도 합니다. 그리스와 로마 시대에 흔하게 통용되던 윤리적 교훈이 있습니다. 일관되게 도덕적이고 덕망 있는 삶에 도달하기 위해서는 시종일관 자신의 이성이 욕망을 다스려야 한다는 것입니다. 자신의 충동이나 욕망, 또는 감정에 재량권을 준다면 그것은 삶을 가치 있게 만드는 덕의 추구를 포기하는 것이기도 했습니다. 초기 기독교의 윤리도 이와 크게 다르지 않았을 것이라 추측할 수 있습니다.

베드로후서의 저자는 하나님이 선하게 만드신 이 세상과 하나님이 선하게 의도하신 우리의 인생이 인간의 정욕으로 말미암아 부패하게 되었다며 우리를 경고합니다. 탐욕에 대해 한번 생각해 보십시오. 인간의 탐욕 때문에 환경적으로나 생태적으로 더 이상 지속불가능한 것들이 많아지고 있지 않습니까? 탐욕 때문에 힘 있는 자들이 더 많은 자기 몫을 챙기느라 약자들이 더 많은 희생을 치르고 있지 않습니까? 이미 풍족한 이들은 더 풍족해지고 곤핍한 이들은 곤핍을 면하기가 더 어려워지고 있지 않나요? 우리의 관계를 망가뜨리는 성적 욕망은 어떻습니까? 상대방을 소중한 인격체가 아닌 그저 성적 욕망의 대상으로 개체화하는 일이 어떤 폭력적인 결과를 불러오는지 잘 알고 있지 않습니까? 하지만 우리의 욕망이 그러한 자명한 악으로 반드시 이어질 필요는 없습니다. 이 세상을 부패하게 만드는 일에 꼭 그렇게 기여할 필요가 없다는 것입니다. 우리 대다수의 사람들에게 가장 큰 위협은 사실 평범한 욕구에서 비롯됩니다. 시시하고 사소한 것들이 우리의 주의를 흩뜨리고, 우리의 마음과 생각을 빼앗고, 우리의 시간, 관심, 에너지를 빨아들이는 것입니다. 하나님이 우리를 위해 마련하신 대피 경로를 따라 우리가 힘내어 달려가지 못하도록 그것들이 방해하기 때문입니다. 그 결과는 위험 말고는 없습니다. 허리케인이 강타하는 지역에서 벗어나지 못한 채, 아무 의미 없이 머뭇거리게만 되는 것입니다.

하지만 거룩한 욕망도 존재합니다. 본문의 말씀처럼 하나님은 우리에게 "보배롭고 지극히 큰 약속"을 주셨습니다. 우리는 오직 그 약속을 바라보고 그 약속이 이루어지길 갈망해야 한다고 말씀합니다. 그 약속은 어떤 내용을 포함하고 있습니까? 하나님의 성령이 우리 안과 밖에서, 우리를 통해 역사하심으로, 결국 우리가 이 세상에서 하나님의 의로우신 성품을 나타내 보이게 된다는 것입니다. 우리가 하나님의 신성한 성품에 참여하는 존귀함을 얻게 되고, 이 세상의 썩어질 것들이 아니라, 하나님의 덕과 선하심을 함께 소유하게 된다는 것입니다. 그래서 우리가 주 예수 그리스도의 영원한 나라로, 하나님의 임재가 영원히 충만한 곳으로 넉넉히 들어갈 수 있게 된다는 것입니다. 저와 여러분 앞에 하나님의 약속이 놓여 있습니다. 우리가 갈망할 가치가 그 무엇보다 충분한 약속입니다. 만일 하나님이 우리에게 약속하신 것들을 갈망하도록 우리 자신을 훈련해 간다면, 욕망은 더 이상 우리를 대적하는 힘이 아니라 우리를 위하는 힘이 될 수 있을 것입니다. 우리 자신이 스스로 선택해 따르는 나 자신의 욕구들은 최선이라고 해봐야 나의 주의를 산만하게 하는 것들이고, 최악의 경우 나를 파멸시키는 것들 밖에 없습니다. 이제 우리는 스스로 택한 욕망의 길을 버리고 하나님의 구원의 길로 새롭게 들어서야 합니다. 그 구원의 길에서 우리를 강하게 주관하시고 이끌어 주시도록 우리 자신을 성령 하나님의 인도하심에 기꺼이 내어드리는 저와 여러분 되시길 바랍니다.

* * *

저자는 우리에게 하나의 길, 즉 탈출 계획, 또는 대피 경로를 제시합니다. 이 길을 통해 우리는 망해갈 이 세상을 더 뒤로 하게 되고, "우리 주 예수 그리스도의 영원한 나라"로 들어가는 그 문을 향해 달려가게 됩니다. 그 문 앞에서 우리는 마침내 가장 안전한 피난처에 도착했다는 사실에 기뻐 안식할 것입니다.

> 그러므로 너희가 더욱 힘써 너희 믿음에 덕을, 덕에 지식을, 지식에 절제를, 절제에 인내를, 인내에 경건을, 경건에 형제 우애를, 형제 우애에 사랑을 더하라 이런 것이 너희에게 있어 흡족한즉 너희로 우리 주 예수 그리스도를 알기에 게으르지 않고 열매 없는 자가 되지 않게 하려니와(벧후 1:5-8).

저자는 우리에게 "그러므로 너희가 더욱 [부지런히] 힘쓰라"고 말합니다. 다시 표현하면 이렇습니다. "너희의 모든 노력을 다 기울이라. 하나님이 너희를 위해 열어두신 이 새로운 길에서 너희 자신을 온전히 투자하라. 그리고 네가 그 가치를 제대로 이해하고 있음을 보여주는 방식으로 이 모든 일을 행하라!"

믿음의 고백은 단지 시작에 불과합니다. 믿음은 이 위대한 여정을 시작하는 출발점입니다. "이제 너희 믿음에 또한 덕을 더하라!" 우리가 믿음으로 고백했던 주님을, 그분의 은덕을 이제는 삶에서 더욱 반영하고 닮아가라는 것입니다.

"믿음에 더하여 덕을 드러내는 삶에 이제 지식을 더하라! 계속 배우라. 너희가 온전히 세워질 때까지 계속 말씀을 배우고 공부하라. 예수께서 너희를 불러내신 그 삶, 주께서 친히 자기 목숨을 버리시면서까지 너희를 살게 하신 이 새로운 삶의 형세를 더 잘 이해하고 분별하기 위해 모든 배움의 노력을 멈추지 말라!"

"지식으로 성장하는 삶에 이제 절제를 더하라! 욕망은 너희가 탈출하고 있는 그 부패와 썩어짐의 주범이지만, 그러한 욕망이 지배하는 세상 속에서도 절제는 가치를 추구하고 이루어낼 수 있게 하는 핵심 자질이다."

"절제하는 삶의 성장 속에, 또한 인내를 더하라! 길고 오랜 여정을 충분히 감내할 에너지를 유지하라. 모든 미혹하는 것들과 주위를 산만하게 하는 것들을 계속 물리치라. 우리의 절제를 무너뜨리려 애쓰는 이 세상의 막강한 문화적 공세에 저항하라. 자기만족과 방종의 삶, 자기중심적인 삶으로 우리를 부추기는 일상의 선전과 매일의 공세를 맞받아쳐라!"

"인내를 이루는 삶에 경건을 더하라! 하나님이 모든 것의 중심이 되는 경건의 삶을 살아내라! 하나님께 드려 마땅한 우리 삶의 최우선 순위가 하나님의 것이 되게 하라!"

"하나님 중심의 경건한 삶 한가운데, 형제자매를 향한 우애를 키워라! 하나님이 너희와 함께 그리스도 안에 불러내신 새로운 가족 관계에서 서로를 향한 돌봄과 헌신으로 친밀함을 쌓아가라. 우리를 거듭나게 하심으로 하나님께서 이루신, 예수님이 친히 그 맏아들이 되시는 하나님의 권속, 지구촌 곳곳 하나님의 교회의 형제자매들을 기억하라."

"형제자매의 우애에, 계속 사랑을 키우라. 혈연관계, 친목관계, 또는 외적인 것에 치우치거나 의존하지 않는, 경계 없는 사랑을 키우라. 본문이 말하는 하나님의 구원과 하나님의 성품에 마침내 참여하는 자로서(요일 4:8, 16), 거기에서 자연스레 비롯되는 사랑으로 형제자매를 사랑하라." 이 모든 것이 우리 안에 더해질 때, 오늘 본문은 우리가 다음과 같이 될 것이라 확신하고 있습니다. "이런 것이 너희에게 있어 흡족한즉 너희로 우리 주 예수 그리스도를 알기에 게으르지 않고 열매 없는 자가 되지 않게 하려니와"(벧후 1:8).

* * *

이렇게 질문할 수 있을 것 같습니다. '아니 목사님, 그게 그렇게 중요합니까? 예수님 잘 믿고 구원 받으면 족한 것 아닙니까? 이 세상에서도 충분히 좋은 것을 누릴 수 있고 거기에 구원까지 받는다면 더 없이 좋은 인생이지 않습니까? 앞으로도 계속 잘 믿고 교회생활 잘 하면서, 나의 시간과 에너지와 관심을 지금 내가 이 세상에서 끌리는 것들에 조금 더 집중하면 안 되나요?' 저는 이러한 질문에 대해, 성경이 긍정적으로 대답한다고 생각하지 않습니다. 혹시 어떤 설교자나 신학자는 (이런 질문을 노골적으로 던질 때는 안 그런 것처럼 말할 수 있겠지만) 그런 질문에 긍정적으로 수긍할지도 모르겠습니다. 하지만 성경은 절대로 그렇지 않다는 사실에 저는 다시 한 번 확신 있게 말할 수 있습니다. 예수님이 가르치신 씨 뿌리는 자의 비유를 잠시 생각해 볼까 합니다(막 4:1-20). 이 비유에 의하면 열매를 맺는 것(즉 새 생명의 특징을 드러내는 삶, 좋은 성품으로 풍성하고 선한 결과를 일궈내는 삶)은 인생에서 결정적으로 중요한 사안처럼 보입니다. 농부가 수고해 씨를 뿌렸음에도 불구하고, 세상 염려와 근심에 막히고 세간의 압력에 막혀서 성장하지 못하고 알찬 곡식으로 자라지 못한다면, 아무 열매를 맺지 못한다면, 주님은 주저없이 그것을 내버리실 것입니다.

오늘 본문은 더 냉정하게 대답합니다. "이런 것[열매들]이 없는 자는 '맹인이라 멀리 보지 못하고' 그의 옛 죄가 깨끗하게 된 것을 잊었느니라"(벧후 1:9). "맹인이라 멀리 보지 못하는 사람"은, 다시 말하면 "눈이 멀었다고 할 정도로 근시안적인 사람"으로, 상당히 불쾌하고 무례한 표현이라 할 수 있습니다. 하지만 그럼에도 불구하고 그것은 적절한 이미지를 보여줍니다. 그리스도께서 자기 목숨을 버리기까지 우리에게 허락하신 새 생명을 경작하는 그 일에 우리는 "더욱 부지런히 힘써야" 합니다. 그러나 그 일에 가장 큰 걸림돌로 작용하는 위협은 우리가 날마다 마주하는 오늘 하루의 용건들입니다(그러나 진실을 말하자면, 그 용건들은 전혀 중요한 사안이 아닙니다). 우리는 앞을 멀리 내다볼 수 있는 자리로 부르심 받은 사람들입니다. 저와 여러분은 그리스도께서 다시 오실 그날의 동틀 녘, 그 밝아오는 지평선을 바라보며 살아가도록 부르심 받은 사람들입니다. 그곳에 우리의 시선을 고정하고 그날에 맞춰서 삶 전체를 조정하는 저와 여러분이라면, 그리스도의 날에 우리는 반드시 흠 없는 자들로 주님 앞에 서게 될 것입니다. 영광과 기쁨 가운데, "잘하였도다. 착하고 충성된 종아!"라는 친숙한 음성의 칭찬을 듣게 될 것입니다(마 25:21, 23). 혹시 오늘 하루 동안 나에게 주어진 시간과 에너지가 그날의 영광과는 아무 상관없는 자질구레한 일과 오락에 치중되어 있지는 않습니까? 그러한 삶은 가장 우려스러운 형태의 근시안적인 삶이라 할 수밖에 없을 것입니다.

그런데 베드로후서는 그러한 삶을 추가로 기소합니다. 대피 경로를 따라 신속히 이동하지 않고 오히려 길가에서 차를 세운 채 머뭇거리고 있다면, 저와 여러분을 이 길에 들어서게 하려고 예수님이 치르신 희생을 우리가 완전히 잊고 있다는 것입니다. 본문이 기록된 고대 세계에서는, 받은 은혜를 망각한다는 것은 결코 있어서는 안 되는 매우 통탄할 만한 일로 간주되었습니다. 주전 1세기 중엽 로마의 원로원 정치가 키케로는 이렇게 말했습니다. "베풀어진 관대함에 실망으로 대응하는 것이기 때문에, 모든 사람은 은혜 입은 것에 대한 망각을 혐오하며 그것을 은혜 베푼 자신에 대한 모욕으로 여긴다. 그리고 배은망덕한 사람은 모든 가난한 사람들의 원수로 간주된다."[24] 그와 비슷하게, 한 세기가 지난 후, 세네카는 이렇게 말했습니다. "선물에 화답하지 못하는 것도 감사할 줄 모르는 사람의 전형이지만, 선물을 받고서 그 사실조차 망각한 사람은 가장 감사할 줄 모르는 사람이다…그의 마음에 우선으로 남아 있어야 할 선물을 마음에서 완전히 없애버린 사람,

그것에 대한 모든 기억을 완전히 지워버린 사람보다 더 배은망덕한 사람이 어디 있겠는가?"[25]

* * *

오늘 본문 말씀에 따르면, 하나님께서 우리에게 은혜 베푸신 것에 대한 합당한 반응은 사실상 한 가지 외에는 없습니다. 내가 죄 사함 받고 깨끗하게 된 그때의 사건, 곧 그 과거에 대한 확실한 기억에서 솟아나는 한 가지 유일한 반응입니다. 하나님의 크신 은혜는, 그에 합당한 반응으로, 우리에게 큰 감사의 마음을 불러일으키고 그 죄 사함의 은혜가 나에게 가져온 그 삶을 살게 합니다.

> 그러므로 형제들아 더욱 힘써 너희 부르심과 택하심을 굳게 하라 너희가 이것을 행한즉 언제든지 실족하지 아니하리라 이같이 하면 우리 주 곧 구주 예수 그리스도의 영원한 나라에 들어감을 넉넉히 너희에게 주시리라(벧후 1:10-11).

우리는 "제가 정말로 구원 받으려면 최소한 얼마나 드려야 합니까?"라는 식의 배은망덕한 질문을 던지지 말고, 은혜에 대해 합당하게 반응하는 삶을 살아야 합니다. 하나님께서 우리에게 주신 그 부르심과 택하심을 굳게 하십시오. 하나님이 명하신 대피 경로를 따라 달리던 길에서 머뭇거리며, 게으름 피울 구실을 만들어내려는 신학적 논쟁일랑 깨끗히 접어두어야 합니다. 오직 나 자신을 '우리 주 예수 그리스도의 영원한 나라', "의가 있는 그 곳"(벧후 3:13)에 속한 사람답게 다

들어가는 삶의 모습으로 하나님의 부르심과 택하심에 화답하시길 바랍니다. 우리에게 이미 공급하신 "그 신기한 능력으로" 온 힘을 다해 함께 그 길을 따라 달려가시길 바랍니다. 마지막으로 오늘 본문은 구원의 확신에 너무나도 든든한 기초가 되는 교훈을 남기고 있습니다. "너희가 이것을 행한즉 하나님 나라에 들어가는 그 길에서 언제든지 넘어지지 아니하리라." 아멘.

25 가장 낮은 자에게 가장 큰 영광을

요한계시록 7:9-17; 마가복음 10:28-31

그리스도인들이 요한계시록을 대할 때, 때로는 과도하게 집착하거나 혹은 그 반대로 지나치게 무시하는 경우가 종종 있습니다. 그 양극성을 경계해서인지 대부분의 교회가 요한계시록에 갖는 관심도는 낮은 편입니다. '개정 공동성서정과'를 따르는 교회(감독교회, 루터교회, 장로교회, 그리고 연합감리교회)라면 아마도 오늘 이 본문을 만성절이나 장례예배 또는 추도예배 같은 특별한 시기에 사용할지도 모르겠습니다.

이 일 후에 내가 보니 각 나라와 족속과 백성과 방언에서 아무도 능히 셀 수 없는 큰 무리가 나와 흰 옷을 입고 손에 종려 가지를 들고 보좌 앞과 어린 양 앞에 서서 큰 소리로 외쳐 이르되 구원하심이 보좌에 앉으신 우리 하나님과 어린 양에게 있도다 하니…장로 중 하나가 응답하여 나에게 이르되 이 흰 옷 입은 자들이 누구며 또 어디서 왔느냐 내가 말하기를 내 주여 당신이 아시나이다 하니 그가 나에게 이르되 이는 큰 환난에서 나오는 자들인데 어린 양의 피에 그 옷을 씻어 희게 하였느니라 그러므로 그들이 하나님의 보좌 앞에 있고 또 그의 성전에서 밤낮 하나님을 섬기매 보좌에 앉으신 이가 그들 위에 장막을 치시리니 (계 7:9-10, 13-15).

사도 요한은 우리에게 승리한 하나님의 교회에 대한 아름다운 그림을 보여줍니다. 각 나라와 족속과 백성과 방언에서 예수님이 구원하신 셀 수 없는 큰 무리가 하나님의 보좌 앞에, 그리고 어린 양 되시는 그리스도 앞에 나아와, 확신에 찬 승리자의 모습으로 서 있습니다. 그들은 일생 동안 하나님과 예수 그리스도를 향한 믿음을 신실하게 지키고 순종한 성도들입니다. 이 성도들은 하나님 앞에서 영광과 존귀함을 얻고 특별한 상급을 받아 누리게 될 것입니다.

저는 대중에게 인기를 끄는 소위 성경 예언 전문가들에 대해 알고 있습니다. 그들의 책은 서점 진열대를 크게 차지하고 있고, 그들의 희한한 성경풀이는 우리의 케이블TV나 인터넷 방송을 통해 줄기차게 흘러나오고 있습니다. 그들이 장담한 예언은 계속 빗나가지만 그럼에도 불구하고 결코 실수를 자인하거나 예언을 그만두는 법이 없습니다. 사람들도 별로 개의치 않는 것 같습니다. 늘 이런 식이므로, 저는 그 예언 전문가들이 오늘 이 본문은 또 어떤 식으로 풀어낼지 충분히 예상이 됩니다. 그들이 특히 주목하는 문구가 있습니다. "이는 '큰 환난'에서 나오는 자"란 표현입니다. 그런데 NRSV 역본은 이 '큰 환난'(the Great Tribulation)을 "큰 시련(ordeal)"으로 번역합니다. 하지만 이것은

"대환난"으로 번역이 가능합니다. 그리고 바로 이 표현이 예언 전문가들에 의해 '종말' 공식에서 매우 중요한 개념으로 자리잡게 됩니다. 영화로까지 제작된 소설 〈레프트 비하인드〉 시리즈로 인해 대중화된 관점은, 마지막 때가 시작할 때 진정한 그리스도인은 휴거를 받고 다가올 환난에서 미리 보호하심을 받는다는 것입니다. 휴거를 받지 못한 무늬만 그리스도인인 이들은 (여기서 예언 전문가들은 우리가 바로 그들일 수 있다며 손가락으로 가리킬 것입니다), 마지막 때에 그리스도인으로 회심할 사람들과 함께 무시무시한 대환난을 직접 겪어야 한다는 것입니다. 그것은 아마겟돈 전쟁을 알리는 최후의 카운트다운 직전, 전 세계 곳곳에서 적그리스도에 의해 대대적으로 일어나는 그리스도인들에 대한 가혹한 박해이기도 합니다.

* * *

요한계시록에 대한 그러한 대중적인 접근방식에 저는 많은 우려를 하지만, 무엇보다 큰 우려는 그러한 해석이 지금 이 순간에 이미 일어나고 있는 대환난을 전적으로 간과하게 만든다는 점입니다. 현재도 일어나고 있는 지구촌 곳곳의 박해를 그리스도인들이 놓치고 있습니다. 대환난은 지금 이 순간에도 전 세계 곳곳의 신실한 그리스도인들을 대상으로 이미 벌어지고 있습니다. 그들이 해석해 낸 휴거가 혹 우리를 어떤 희생에서 건져줄 수 있을지는 몰라도, 이미 지금 박해로 고통 받고 있는 그리스도인들을 구하기에는 역부족입니다. 박해받는 그리스도인들은 믿음을 지키기 위해 가정과 지역사회의 적대와 압력을 받으면서도 그것을 견디기 위해 온 힘을 다하고 있습니다. 고군분투하고 있습니다. 극한의 핍박 아래 놓인 지구촌 그리스도인의 수는 수백만에 달할 것입니다. 그 중 매년 수만 명이 그리스도인이라는 정체성 또는 활동이 드러남으로 인해 죽임을 당하고 있습니다.

대부분의 경우, 기독교로 개종한 사람의 직계 가족이 누구보다 극심한 적개심을 보이고 가혹한 핍박을 가합니다. 일부 지역에서는 가족 구성원 중 하나가 기독교로 회심한 것이 가문의 명예를 실추시켰다 하여 공동체로부터 추방하거나 잔혹하게 살해하는 경우도 있습니다. 그렇게 하여 실추된 가문의 명예를 회복한다는, 무엇보다 타당한 근거를 주장하면서 말입니다.

때로는 회심한 그리스도인이 거주하는 지역 내 종교 당국자에 의해 박해가 가해지기도 합니다. 우리는 이라크, 시리아 등지에서, 무슬림과 아이시스(ISIS)의 순수 이슬람 국가 이념을 따르지 않고 기독교 신앙을 지킨 그리스도인들을 참수하는 이슬람 급진 세력에 대한 여러 소식들을 매스컴을 통해 듣고 있습니다. 기독교로 전향한 무슬림이 혹독한 핍박을 받다가 순교하는 일은 이슬람권에서 드물지 않게 일어나는 일입니다.

인도 마을의 그리스도인들은 점점 더 잦은 폭력에 노출되고 있습니다. 때로는 힌두 인도를 외치며 타종교의 숙청 운동을 벌이는 힌두교 과격파들에 의해 죽임을 당하기도 합니다. 스리랑카의 일부 지역에서는, 부처의 가르침을 감안하면 무척 놀랍게도, 불교 승려들을 앞세운 성난 폭도들이 교인들을 협박하고 목회자를 살해하며 예배당을 불태우기도 합니다. 개인 또는 가족 단위의 개종자들이 생길 때마다, 승려들은 자신들의 영향력을 잃을까 염려합니다. 그러면서 마을의 승려들과 대부분의 주민들은 불교만이 자신들에게 유일한 참 종교여야 한다는 확신에 사로잡혀 있습니다.

기독교에 대한 박해가 때로는 국가 정부에 의해 조직적으로 이루어지기도 합니다. 신격화된 김씨 일가의 숭배가 강제되는 북한은 그 극단적 사례 가운데 하나입니다. 북한의 그리스도인들은 자신들의 신앙을 철저히 숨기거나, 그렇지 않으면 심지어 가족에 의해 당국에 고발당할 위험을 감수해야 합니다. 그곳에는 많은 그리스도인들이 노동수용소에서 탈진으로 또는 감옥에서 고문으로 죽음을 당하기도 합니다. 일부는 목숨을 걸고 탈출에 성공해 자신들이 겪은 박해의 사연을 세상에 알리기도 합니다.

핍박이 전달하는 메시지는 단순명료합니다. "우리는 너의 개종을 강력히 규탄한다. 한때 너는 우리 가문, 우리 마을, 우리 민족의 명예로운 구성원이었다. 한때 우리는 네가 옳은 판단을 내리고 우리의 소중한 가치를 소중히 여기는 사람이라 여겼다. 너는 우리에게 가족이자 신뢰하는 친구였다. 하지만 이제는 모든 게 달라졌다." 박해의 첫 번째 목표는 일탈자들을 교화하는 것입니다. 기독교로 변절한 자들을 다시금 자신들의 본래의 자리로 돌이키게 하는 것입니다. 그 지역에 거주하는 대다수 사람들이 살아가는 방식대로, 그 사람을 다시 예전처럼 살아가도록 만드는 것입니다. 만일 그렇게 되지 않을 경우 목표가 수정됩니다. 자신들의 무리 속에 달갑지 않은 요소를 제거하는 것입니다. 그래서 그리스도인이 되고자 하는 사람이 또 다시 생기는 선례가 생기지 않도록 강력한 제재를 가하는 것입니다.

＊　＊　＊

　사도 요한이 편지한 교회들 중 몇몇은 상당한 압력과 박해 가운데서도 믿음을 지키고 신앙에 따라 살고자 애썼습니다. 반면 몇몇 교회는 소위 좋은 시민이 되기를 요구하는 이웃들의 기대에 순응하여 자신들의 믿음에 타협점을 모색했습니다. 사도 요한은 계시록의 처음부터 끝까지 그리스도인을 향한 중대한 메시지를 일관되게 전하고 있습니다. 하나님 앞에서 믿음을 타협하지 않는 그리스도의 증인으로 살아가라는 것입니다. "너의 이웃, 너의 가족, 너의 동료, 그동안 네가 인정과 지지를 얻기 위해 바라보았던 사람들이 이제는 너를 하찮은 사람으로 심지어는 상대할 가치가 없는 존재로 여기게 될 수도 있다. 하지만 하나님은 너를 가장 높이 평가하신다. 너는 예수 그리스도에 대한 믿음을 지키고 있다. 너는 스스로의 안위와 안락함 대신 목숨을 잃을 수 있는 상황에 처해서도 무엇보다 하나님의 명령에 순종하는 삶을 선택하고 있다. 영원한 하나님의 나라에서 그러한 선택에 대한 평가가 어떤 결과를 낳을지 만천하에 드러나게 될 것이다."

　지구촌 곳곳에서 박해를 당하는 우리의 형제자매들을 생각하며 신약성경을 읽다 보면, 신약성경이 여전히 오늘날 박해 받는 그들을 위해서도 말씀하고 있다는 사실에 놀라게 될 것입니다. 오늘날에도 여지없이 마주하는 고난과 도전들에 관하여 신약의 저자들이 얼마나 세심하게 고려하는지 알게 될 것입니다(지금 우리의 형제자매들이 처한 상황은, 1세기 신약 저자들이 직접 염두에 두었던 로마 제국 하의 초대 교회 상황과 상당히 유사하고, 실제로는 더 혹독한 경우도 많기 때문입니다). 신약성경은 하나님의 관점을 놓지 않은 채, 장차 그들이 받아 누릴 영광과 영예를 이야기합니다. 심지어 그들이 당하는 고난을 오히려 하나님이 그들에게 은혜로 베푸신 하나의 기회처럼 말씀합니다. 즉 예수 그리스도께서 우리 모두에게 나타내신 그 사랑의 헌신을 그들의 삶을 통해 똑같이 드러낼 수 있는 기회라고 보는 것입니다. 또한 신약성경은 그러한 헌신이 그들에게 가져올 영원한 상급을 언급합니다. 마지막 심판 때 예수님은 친히 그들의 증인이 되셔서 그들 편이 되어주실 것입니다.

성경에는 박해와 고통으로부터 비교적 자유로운 그리스도인들을 향해, 그렇지 못한 우리의 형제자매들을 어떻게 돌보아야 할지 조언하는 대목이 있습니다. 예를 들면, 히브리서 기자는 독자들을 향해 이러한 권면으로 당부하고 있습니다.

> 형제 사랑하기를 계속하고 손님 대접하기를 잊지 말라 이로써 부지중에 천사들을 대접한 이들이 있었느니라 너희도 함께 갇힌 것 같이 갇힌 자를 생각하고 너희도 몸을 가졌은즉 학대 받는 자를 생각하라(히 13:1-3).

히브리서의 저자는 비교적 박해로부터 자유로운 그리스도인들에게, 무슨 이유로, 그렇지 못한 형제자매들에게 관심 갖기를 바라는 것일까요? 저자는 사회의 가장자리로 밀려난 사람들, 주류사회에서 이단아로 낙인 찍힌 사람들에게 왜 우리가 손을 내밀어야 한다고 권하는 것일까요? 이유는 단순합니다. 그들은 우리의 도움과 위로가 가장 절실한 사람들이기 때문입니다. 그들은 자신들이 여전히 하나님의 사랑 안에 있고 결코 혼자가 아니며 관심의 대상임을 확신할 필요가 있기 때문입니다. 그리스도인 형제자매들이 한 가족으로서 자신들 곁에 영원히 함께하리라는 사실을 그 어느 때보다 분명하게 기억해야 하기 때문입니다. 이로써 그들도 교회의 머리 되시는 주님이 항상 함께하시며, 그들에게 주신 약속을 반드시 이루실 것이란 믿음을 더욱 확고하게 붙들 수 있을 것입니다.

예수님은 하나님의 뜻을 따르고자 하는 이들에게 주님의 사랑과 위로가 늘 함께하는 공동체, 예수님 안에서의 새로운 가족을 약속하셨습니다. 우리가 이 땅에 사는 동안 과연 그 약속이 참인지 또는 거짓인지는 반드시 증명될 것입니다. 오늘 우리가 읽은 복음서도 우리에게 이 같은 사실을 말해 주고 있습니다. 자신의 많은 재물을 차마 포기하지 못해 예수님을 따르지 못하는 어느 부자 청년에 관한 이야기 이후의 말씀입니다.

> 베드로가 여짜와 이르되 보소서 우리가 모든 것을 버리고 주를 따랐나이다 예수께서 이르시되 내가 진실로 너희에게 이르노니 나와 복음을 위하여 집이나 형제나 자매나 어머니나 아버지나 자식이나 전토를 버린 자는 현세에 있어 집과 형제와 자매와 어머니와 자식과 전토를 백 배나 받되 '박해를 겸하여 받고' 내세에 영생을 받지 못할 자가 없느니라 그러나 먼저 된 자로서 나중 되고 나중 된 자로서 먼저 될 자가 많으니라(막 10:28-31).

초대 교회의 많은 그리스도인들은 자신들의 새로운 신앙과 삶의 방식으로 인해 가족으로부터 배척당하는 고통이 무엇인지를 잘 알았습니다. 그러나 그리스도인들은 서로가 서로에게 새로운 가족이 되는 것을 또한 경험했습니다. 그들은 서로를 마치 혈육지간의 형제자매처럼 온전히 받아주고 굳게 의지했습니다. 그들 가운데 누군가에게 어떤 특별한 필요가 생기면, 기꺼이 자신들의 소유를 함께 나눴습니다. 그들 가운데 이러한 형제자매 간의 사랑과 관심과 나눔이 약해진다면, 그리스도 안에서 한 가족 된 사실을 상기시키며 서로 사랑하고 도와서 하나 된 사실을 힘써 지켜야 한다는 격려와 도전의 서한을 주고받기도 했습니다. 그러한 편지들이 오늘날 우리에게까지 신약성경의 형태로 전해 내려온 것입니다. 주님의 약속은 반드시 진리일 수밖에 없습니다. "내가 너희를 사랑한 것같이 너희도 서로 사랑하라." 예수님을 따르는 우리 모두가 예수님의 이 말씀에 순종한다면, 우리에게 새로운 가족을 주실 것이란 주님의 약속은 반드시 이루어질 것입니다.

* * *

예수님의 약속은 지금 우리 시대, 우리 문화 속에서도 여전히 유효한 것일까요? 조금 더 구체적으로 말해, 그 약속은 또 다른 시대와 또 다른 장소의 핍박 가운데 있는 그리스도인들에게도 적용되는 약속일까요? 자신의 "재물과 친족을 떠나보낸" 우리의 형제자매들, 그리고 "이 죽을 목숨 또한"[26] 포기해 버린 순교자의 가족들 또한 예수님의 그 약속이 사실로 입증되는 것을 확인하게 될까요?

만일 여러분의 친형제자매, 자녀 또는 부모가 북한의 노동수용소로 끌려갔다고, 또는 '신성모독죄'로 어느 이슬람의 감옥에 투옥되었다고 상상해 보십시오. 우리는 어떻게 사람들의 관심을 모아 국제사회가 압력을 행사하게 할 수 있을까요? 만일 여러분의 친형제자매, 자녀 또는 부모가 집과 재산을 몰수당하고 난민 보호시설에 있는 것을 알게 되었다면, 그들을 가장 빨리 위로할 방법으로 우리는 무엇을 생각할 수 있겠습니까? 위험에 처한 우리의 혈육을 구하기 위해 어떤 수단을 강구하겠습니까? 만일 구출이 불가능한 것으로 판명된다면, 위험에 처한 그들 곁에 가까이 있기 위해 우리는 무엇을 할 수 있을까요?

이제 상황을 바꿔서 생각해 보겠습니다. 주님이 새로운 가족 구성원으로 하나 되게 하신 형제자매, 영적인 자녀와 부모가 있다면 그들을 위해 우리는 지금까지 어떤 최선의 노력을 다했습니까? 어쩌면 예수님의 피로 맺어진 관계보다 육신의 피로 맺어진 관계에 이제껏 더 큰 의미를 부여하진 않았습니까? 예수 그리스도를 따르기 위해 자신의 가족과 집을 떠나야 했던 그리스도인 형제자매들에게 우리는 예수님의 약속이 정말로 신뢰할 만한 것임을 어떻게 또는 얼마나 입증해 주었습니까?

히브리서의 저자는 신자들에게 이렇게 호소합니다. "서로 형제자매처럼 사랑하기를 계속하라." 예수 그리스도 안에서 하나가 된 새로운 가족이, 기독교로 개종했다는 이유로 등을 돌린 혈육보다, 더 견고하고 신뢰할 만한 진짜 가족임을 확신할 수 있도록 도와주시기 바랍니다. 그들을 향해 믿음으로 한걸음 내딛고, 그들을 위해 기꺼이 헌신하고, 그리스도 안에서 서로 연결되는 가운데, 단지 그들만을 위해서가 아니라, 또한 여러분 자신을 위해 그 약속을 확증하시길 바랍니다.

우리 교회는 지구촌 곳곳에서 환난과 핍박 중에 있는 그리스도인 형제자매들을 기억하고 그들을 위해 중보기도하기 위해, "박해받는 교회를 위한 국제 기도의 날"을 함께 정하여 기념하고 있습니다. 그러나 저는 여기 모인 모든 분들에게, 우리가 매년 기념하고 있는 국제 기도의 날이 더 이상 필요하지 않게 될 정도로, 고난 가운데 있는 우리 형제자매들과 그들의 상황에 정기적으로 관심을 가져주시길 부탁드립니다. 또한 저는 여러분이 오늘 이 아침에 주일예배에 함께 참석한 결과로, 특별한 행동을 취해 주실 것을 부탁드립니다. 오늘 우리가 동료 그리스도인들과 공개적으로 다 함께 모여 예수님의 이름을 큰 소리로 찬양하고 자유롭게 드리는 이 예배는 여러분 개인에게 어떤 부정적인 결과나 손해를 가져오지 않습니다. 여러분의 재산이나 여러분의 가족 모두 다 여전히 안전합니다. 사랑하는 성도 여러분, 오늘 예배를 마치고, 돌아오는 한 주 동안, 예수님을 믿는 것 때문에 주님께 순종하는 것 때문에 지금도 크나큰 대가와 희생을 치르고 있는 우리의 형제자매들을 생각하고 그들을 위해 무언가를 할 수 있는 시간을 가져보시길 바랍니다.

그 첫 시작을 위해 여기 몇 가지 사항을 추천 드립니다. 이번 주에는 페이스북을 한두 시간 줄여보십시오. 그리고 대신 남는 시간에, 지금 추천 드리고자 하는 세 군데 기관의 인터넷 홈페이지를 찾아서 한번 방문해 보시길 바랍니다. 이를 통해 우리는 종교의 자유가 금지된 나라의 형제자매들이 겪는 곤경에 대해 배울 수 있을 것입니다. 그리고 핍박 중에 있는 세계 곳곳의 그리스도인들이 자신들의 믿음을 지키고 인내할 수 있도록, 지구촌 하나님의 가족들이 자신들과 함께한다는 사실을 그들이 알 수 있도록 영적, 물질적, 법적으로 그들을 돕는 여러 방법을 모색해 볼 수 있을 것입니다. 〈오픈도어선교회〉 홈페이지를 방문해 보시길 바랍니다. 그리고 그리스도인들에게 가장 박해가

심한 또는 그들을 가장 적대시하는 50개국 현지의 박해 동향을 읽어 보시길 바랍니다. 또한 〈순교자의 소리〉 그리고 〈바나바스 펀드〉의 홈페이지를 찾아 방문해 보시길 바랍니다. 기독교 박해 국가의 특정 그리스도인 공동체 또는 그리스도인 가정의 상황에 대한 최근 소식과 뉴스 피드들을 읽어 보시길 바랍니다. 극심한 핍박에서 목숨을 건진, 혹은 적어도 자신의 믿음을 지킨, 그리스도인 사역자들과 제자들의 간증을 읽어 보시길 바랍니다.[27] 이 기관들이 소개하는 정보들을 통해, 예수 그리스도의 피로 형제자매 된 저들을 도울 수 있는 여러 방법들을 모색하고 실천해 보시길 바랍니다.

그들을 위해 꼭 기도해 주시길 바랍니다. 앞서 소개한 기관들의 홈페이지에는 효과적인 중보를 위한 기도제목들이 많이 올라와 있습니다. 또한 여러분 스스로 특정 지역을 정해서, 그곳에서 박해받는 그리스도인의 소식을 집중적으로 접하다 보면, 그들을 위해 어떻게 기도해야 할지 더 잘 알게 될 것입니다. 그들을 중보하기 위해 여러분 스스로 정보를 찾고 정보를 나누고 계속 배워 가시길 바랍니다. 앞의 세 기관 중 최소한 한 곳의 사역에 참여하시길 바랍니다. 그렇지 않다면, 박해받는 교회의 형제자매들에게 손을 내밀어 그리스도인의 숭고한 사랑을 보여주고 그들의 필요를 실질적으로 도울 수 있는 여러분 자신만의 다양한 방법을 고민해 보시길 바랍니다. 하나님은 그들을 우리의 손에 맡기셨습니다. 큰 환난과 어려움에 처한 우리 가족에게 도움의 손길을 내밀 수 있는 사람은 우리뿐입니다. 서로 독려하시길 바랍니다. 극심한 박해 중에 있는 그리스도인들을 후원하기 위해 가능한 모든 방편을 모아보시길 바랍니다. 제가 오늘 여러분께 드린 이 숙제를 계속 해 나가시되 오늘 우리가 함께 읽은 성경 말씀의 기준에 도달할 때까지 반복하시길 바랍니다. "너희도 함께 갇힌 것 같이 갇힌 자를 생각하고 너희도 몸을 가졌은즉 학대 받는 자를 생각하라." 아멘.

26 예수님의 가르침과 제자들의 서약, 주기도문

마태복음 6:5-15

기독교의 예배는 그동안 오랜 세월의 변색을 거치고 여러 교파의 영향을 받으며 다양한 형태로 변화했습니다. 그럼에도 불구하고 공통적으로 주기도문은 거의 대부분의 그리스도인들이 잘 알고 있습니다. 그리고 지금도 정기적으로 회중 예배에서 또는 개인 기도생활에서 이것을 사용해 오고 있습니다. 예전에 제가 병원 원목으로 섬기는 동안, 제각기 다양한 교단과 교파가 배경인 환우들의 침상 곁에서(때로는 그들의 임종 자리에서), 언제나 주기도문을 통해 그 모든 환우 및 보호자 가족들과 함께 하나가 될 수 있었던 기억이 납니다. 정말로 그렇습니다. 지금도 우리는 주기도문을 통해, 우리의 기도를 모든 시대 모든 기독교 전통 안에 있는 성도들의 기도와 한목소리가 되게 할 수 있습니다. 이것은 실로 놀라운 일입니다.

대부분 이 기도문을 외워서 기도할 수 있을 정도로 우리가 주기도문과 친숙하다는 사실은, 주기도문이 그 자체로 우리의 위대한 영적 자산이라 할 수 있습니다. 그것은 언제나 우리 손에 쥐어져 있습니다. 하지만 그러한 익숙함이 오히려 때로는 장애가 될 때도 있습니다. 너무 익숙한 나머지, 주기도문으로 드리는 기도에 진심으로 귀를 기울이거나 우리의 진실한 마음을 담아 함께 기도하지 못하는 부작용이 있습니다. 저는 오늘 아침에 예수님의 이 가르침에 다시 한 번 마음을 모으고 귀를 기울여 들을 수 있었으면 좋겠습니다. 주님이 가르쳐주신 기도를 통해 우리가 하나님께 무엇을 구해야 하는지 그리고 삶에서 무엇을 구현해야 하는지를 함께 배우는 시간이 되면 좋겠습니다.

* * *

가장 먼저 예수님은 우리에게 우주만물의 창조주이신 하나님을 "우리 아버지"로 부를 것을 말씀하십니다. 우리는 주인 앞에서 납작 엎드리는 종들이 아닙니다. 우리는 냉담하고 무심한 왕에게 통촉하시기를 애걸하는 백성이 아닙니다. 예수님은 우리가 하나님을 우리 아버지로 바라보고, 우리 스스로를 하나님의 자녀로 정확히 인식하길 원하십니다. 예수님은 우리를 하나님께로 친밀하게 이끌기 위해 오셨습니다. 심지어 하나님과 한 가족이 되게 하시고 우리가 그 관계를 마음껏 누리길 바라시는 것입니다. 여기서 놓치지 말아야 할 점이 있습니다. 하나님은 그저 '나의' 아버지가 아니라 '우리의' 아버지란 사실입니다. 처음부터 예수님은 우리가 속한 더 큰 가족, 전 세계에 흩어져 있는 하나님의 거대한 가족 공동체를 우리에게 상기시키고 계십니다. 나를 지극히 사랑하시고 돌보시는 하나님은, 이와 마찬가지로 지구촌 가족을 구성하는 한 사람 한 사람 모두를 아끼시고 공히 사랑으로 돌보신다는 의미입니다.

하나님을 "아버지"로 부를 때 우리는 하나님이 나를 양육하시고 돌보신다는 사실을 인정하는 것입니다. 하지만 저는 우리 교회에도 어린 시절의 가정 형편으로 인해, 하나님을 아버지로 인식하는 것에 어려움을 겪는 분이 계시다는 걸 잘 알고 있습니다. 우리 안에 자리하고 있는 이 세상의 왜곡된 이미지가 우리의 참 아버지이신 하나님에 대한 실상을 가리고 있다는 사실은 매우 유감입니다. 그러나 우리가 하나님을 "아버지"로 부른다는 것은 우리의 육신의 아버지들이 가정에 소홀하거나 심지어 학대를 자행하여 자신에게 주어진 책임을 방기하고 마는 그런 잘못된 이미지와는 전혀 상관없습니다. 그런 이미지를 떠올릴 필요가 전혀 없습니다. 예수님은 그 인자함과 성실함에 있어서, 이 세상에서 최고로 탁월한 아버지보다 훨씬 뛰어나신, 완전하신 아버지를 우리에게 말씀하고 계십니다.

> 너희 중에 누가 아들이 떡을 달라 하는데 돌을 주며 생선을 달라 하는데 뱀을 줄 사람이 있겠느냐 너희가 악한 자라도 좋은 것으로 자식에게 줄 줄 알거든 하물며 하늘에 계신 너희 아버지께서 구하는 자에게 좋은 것으로 주시지 않겠느냐(마 7:9-11).

우리의 하나님은 제멋대로 행동했던 자녀를 따끔히 훈계하고 마지못해 한 번 더 기회를 주는 그런 아버지가 아니라, 분탕질하는 아들조

차도 진심어린 사랑과 관대함으로, 기쁨을 감추지 못하는 환대로 달려가 품에 안으시는 아버지이십니다(눅 15:21-24). 하나님은 불가능한 기대들로 자녀에게 부담을 지우고 결국 좌절감을 안기는 그런 아버지가 아닙니다. 오히려 하나님은 자녀인 우리가 그리스도의 제자로서 성숙함에 이르는 일에 성공할 수밖에 없도록, 모든 필요한 도움과 환경을 허락해 주시는 좋은 아버지이십니다. 예수님은 우리에게 이렇게 강조하십니다. "적은 무리여 무서워 말라 너희 아버지께서 그 나라를 너희에게 주시기를 기뻐하시느니라"(눅 12:32).

또한 우리가 하나님을 "아버지"로 부른다는 것은 '나도 하나님을 닮아가겠습니다'라는 다짐이기도 합니다. 아버지의 완전하신 그 아들의 형상으로 우리를 이끌어 가시도록, 성령 하나님의 손에 온전히 맡겨 드리는 가운데, 사랑이 많으시고 자비로우시고 의로우신 하나님 아버지의 성품을 날마다 닮아갈 것임을 확인하는 것입니다. 하나님을 "아버지"로 부르는 우리에게 사도 바울이 가리키는 삶의 방향은 "너희가 부전자전이 되어야 한다"라는 식의 표현에서 잘 포착됩니다. "그러므로 사랑을 받는 자녀같이 너희는 하나님을 본받는 자가 되고"(엡 5:1).

* * *

예전에 어느 목사님이 주기도문의 첫 번째 간구, "주의 이름이 거룩히 여김을 받으시오며"를 현대식으로, "이름이 거룩히 되소서"라고 기도해야 한다고 말한 것을 들은 적이 있습니다. 하지만 하나님의 이름은 이미 거룩한 이름입니다. 여기서 우리가 기도하는 것의 요지는 더 많은 사람들이, 그 어느 때보다 많은 곳에서, 하나님의 거룩하신 그 이름을 높여 인정하고 경외하길 기도하는 것입니다. 궁극적으로 이 기도의 제목은 하나님이 세상을 심판하시고 하나님의 영광을 온전히 드러내실 때 성취될 것입니다(계 14:7; 15:4). 그러나 동시에, 지금 이 순간에도 하나님의 백성, 하나님 자녀의 신분을 지닌 우리 각자의 말과 행동을 통해서 그것은 이루어져 갈 수 있습니다.

반대로 말하면, 하나님의 백성들이 하나님을 기쁘시게 하지 못하고 하나님께 영광을 올려드리지 못할 때, 우리를 지켜보던 사람들이 하나님에 대한 경외심을 잃게 된다는 것입니다. 사람들은 대부분 우리 그리스도인들이 살아가는 일상의 모습에서 하나님을 떠올리게 됩니다. 사람들이 그리스도인의 삶의 방식과 태도에 특별히 주목하는 이유는 우리가 믿는다고 하는 그 하나님으로부터 우리가 어떤 식으로든 영향을 받으므로 지금 우리의 모습이 그것을 반영한다고 생각하기 때문입니다. 그런 측면에서 바울은 유대인 동족들에게 그들에 관한 우려의 목소리를 낸 적이 있습니다. "율법을 자랑하는 네가 율법을 범함으로 하나님을 욕되게 하느냐 기록된 바와 같이 하나님의 이름이 '너희 때문에 이방인 중에서 모독을' 받는도다"(롬 2:23-24; 사 52:5 인용). 이와 달리 만일 우리가 하나님의 이름을 언급하면서 그 이름에 걸맞는 선하고 관대하고 고귀한 모습으로, 또는 하나님의 성품을 닮아 덕스러운 모습으로 살아간다면, 그런 우리의 성품과 언행을 목격하는 사람들은 우리가 고백하는 그 하나님에 대해 경외심을 갖고 다시 생각하게 될 것입니다.

"이같이 너희 빛이 사람 앞에 비치게 하여 그들로 너희 착한 행실을 보고 하늘에 계신 너희 아버지께 영광을 돌리게 하라"(마 5:16; 참고. 벧전 2:12). 그러므로 거룩하신 하나님의 이름이 그 가치에 준하여 존귀하게 여김을 받길 기도하는 것은, 우리 스스로 서약을 하는 것과 같습니다. 혹시라도 사람들에게 우리 하나님에 대해 모독할 수 있는 기회를 허락하지 않도록, 또는 그들이 하나님에 대해 오해할 만한 여지를 남기지 않도록, 우리가 그런 말과 행동을 삼가겠다고 다짐하는 것입니다. 그뿐만 아니라 일상의 모든 기회마다 우리 주 예수 그리스도께 뭔가 특별한 것이 있음을 사람들이 인정할 수밖에 없도록 만드는 삶의 언행을 우리가 반드시 살아내겠다는 우리 스스로의 약속이기도 합니다.

* * *

주기도문의 두 번째 간구, "아버지의 나라가 임하시오며"에서 예수님은 하나님 나라의 도래를 선포하실 뿐만 아니라 인류 공동체 곳곳에서 하나님 나라의 새로운 질서, 곧 공의가 실현되고 온전함이 회복되는 일에 우리의 동참을 요청하고 계십니다. 하나님 나라의 도래는 로마의 거대 제국 아래 살아가는 피정복민에게는 반가운 소식일 테지만 기득권을 누리며 거기에서 오는 이득을 취해 본 사람에게는 벼락 같은 소리였을 것입니다. 하나님의 나라는 압제자와 손을 맞잡는 식으로 협상력을 발휘하지 않을 것입니다. 하나님의 나라는 세상의 불합리한 질서를 반드시 전복시키는 방식으로 임할 수밖에 없습니다. 무고한 백성을 압제하면서 자신들을 '정부'라고 주장하는 세력, 또는 땅을 빼앗고 수탈하면서 이를 '평화'라고 외치는 세력을 향하여 하나님의

나라는 종식을 선언하고 있습니다.[28]

그러므로 이 간구는 하나님 나라에 대한 그리스도인의 충성 맹세이기도 합니다. 우리 안에 있을 수 있는 그 어떤 세력과의 타협이나 동조를 폭로하고, 다른 사람에게 해를 가하는 대가로 돌아오는 특혜나 이익이 있다면 기꺼이 단념할 것을 서약하는 것입니다. 더 나아가 우리 삶의 방식을 하나님 나라의 가치에 따라 재편할 것을 서약하는 것이며, 다른 이들에게도 우리와 같이 결단할 것을 촉구하는 것입니다. 그리하여 하나님의 정책과 하나님의 원리가 우리의 삶을 주장하고, 하나님의 뜻에 어긋나는 세상의 정책과 원리가 우리 삶에서 영향력을 점점 줄여가게 하는 것입니다. 그럼으로써 우리는 그리스도께서 하나님 나라를 완성하러 오시는 날에, 하나님 나라의 시민권자로서 당당히 서게 될 것을 확신할 수 있습니다.

* * *

예수님이 겟세마네 동산에서 기도하시는 장면을 통해 복음서는 주기도문의, "아버지의 뜻이 하늘에서 이루어진 것같이 땅에서도 이루어지이다"는 다음 간구에 담긴 비전을 우리에게 제시해 줍니다. 하나님의 뜻이 이루어지길 기도하는 것은, 나의 계획보다 하나님의 뜻을 앞세우고 나의 갈망보다 하나님의 소원을 우선시하는 것입니다. 예수님을 "주여, 주여" 하고 부르면서도 그 뜻대로 따르고자 하지 않는다면 아무 소용이 없습니다(마 7:21). 하늘의 일월성신, 천군의 질서정연함 및 계절의 변화조차 전능하신 창조주께서 정하신 뜻을 따르고 있습니다. 오직 인간이 살아가는 이 땅에서만 하나님 아버지의 뜻이 오롯이 반영되지 못할 뿐입니다. 심지어 우리가 살아가는 이 땅조차 하나님의 회복하심을 고대하며 신음하는데 우리 인간만이 제멋대로 자기 영역임을 주장하며 하나님을 배척하고 있습니다.

우리는 이러한 간구를 통해 창조주 하나님의 피조물인 우리의 위치를 바르게 인식하고 마땅한 본분에 따라 살아가길 서약하게 됩니다. 아버지 자신의 영광과 기쁨을 위해 우리를 손수 빚으시고 이 땅을 허락하신 그 선하신 뜻이 우리를 통해 실현되기를 소원하는 것입니다. 그것은 우리가 종종 기도하는 방식, 곧 "내가 계획한 대로 이루어지게 도와주세요", "모든 것이 합력하여 나에게 좋은 결과가 나오게 해주세요", "내가 시작하는 사업, 새로운 프로젝트에 축복해 주세요" 하는 것과는 본질적으로 차이가 있습니다. 그러나 이 기도문을 통해, 오직 "주의 뜻이 이 땅에, 주의 뜻이 우리에게 그리고 나에게"라고 소원하면 할수록 하나님의 하나님 되심은 더욱 드러나고 우리 또한 거룩의 장성한 분량을 향해 나아가게 될 것입니다.

* * *

"오늘 우리에게 일용할 양식을 주옵시고." 이 기도로, 예수님은 하나님께서 광야의 이스라엘 백성에게 하루하루 '만나'라는 양식을 공급하시던 시절을 떠올리게 하십니다. 주어진 그날을 위해 허락된 것 그 이상의 만나를 거둘 경우 하나님은 그것에 구더기가 끓게 하셨습니다. 이 세상이 우리에게 제공할 수 있는 것에 비해 예수님이 우리에게 품도록 허락하시는 분량은 제한적이라고 느낄 수밖에 없습니다. 그럼에도 주님이 이 기도문을 가르치심으로 우리에게 당부하시는 바는 분명합니다. 먼저 우리가 하루하루 살아가며 얻게 되는 모든 양식이 하나님이 허락하신 선물이라는 사실을 깨닫게 합니다. 따라서 우리는 그 선물을 감사하고 기쁜 마음으로 받아야 합니다. 그런데 사실 우리 형편은 하루의 양식은 물론이고 내년을 위한 온갖 먹거리를 마련하는 데 크게 어려움이 없는 날들을 살고 있습니다. 모든 것이 풍성한 시대를 사는 우리에게 이러한 간구는 다소 유별나 보입니다. 그러나 우리와 동시대를 살아가는, 지구촌 곳곳의 어떤 사람들에게는 하루의 양식을 얻는 것 자체가 여전히 엄청난 선물이고 축복입니다. 내일도 반드시 하루의 양식을 공급해 주실 것이란 확신을 가질 수 있다면 그야말로 벅찬 일이 아닐 수 없습니다!

저는 이러한 간구를 드릴 때마다, 나 혼자 이 기도를 하는 것이 아니며, 또한 나 자신만을 위해 이 기도를 드리는 것이 아님을 기억하려 애씁니다. 아프리카 남수단, 전 세계 난민 수용소 등지에 우리의 형제자매들이 있습니다. 그리스도인으로서 당연히 증언하는 신앙 때문에 경제적 피해와 불이익을 당하는 그들도 우리와 마찬가지로 이 기도를 드리고 있습니다. 우리가 드리는 이 기도는 그들이 드리는 기도에 비해 얼마나 현실을 반영하고 있습니까? 우리가 "오늘날 우리에게 일용할 양식을 주옵시고"라고 기도할 때 그 "우리" 속에는 그들이 포함되어 있습니까? 만일 그렇다면, 하나님은 우리가 누리는 풍족한 양식을 통해 그들에게 이미 응답해 주신 것은 아닐까요? 하나님이 그들에게 일용할 양식 주시길 실패하신 것이 아닙니다. 하나님께서 이미 우리에게 풍성하게 허락하신 양식을 우리가 그들과 함께 나누는 것에 실패했을 뿐입니다. 하루치의 먹을 것과 간단한 의료품이 없어 하루에도 수백 수천 명이 죽어나가는 이웃 나라가 있는데, 우리가 나 자신을 위해 풍성한 양식을 쌓아두기만 한다면, 어쩌면 그것은 곧, 광야에서 필요 이상으로 거둬들인 만나처럼, 금세 역한 냄새를 풍기게 되진 않을까요? 하늘 아버지께 일용할 양식을 구하는 이 기도는 이 땅의 하나님 자녀 모두가 각자에게 절실한 양식을 날마다 받을 수 있도록, 그들과 한 몸 된 우리가 가족 구성원으로서 책임을 다 하겠다는 다짐이자 서약인 것입니다.

* * *

그 다음 간구는 우리의 탄원과 서약이 매우 긴밀한 관계가 있다는 사실을 보여줍니다. 예수님의 가르침을 따라, 하나님께 "우리가 죄를 사하여 '준'(주는) 것 같이 우리 죄를 사하여 주옵시고"라고 기도할 때, 우리는 우리 죄를 사함 받기 위해 다른 사람에 대한 우리의 용서가 정말로 선행되어야 한다는 사실을 인정하게 됩니다. 만일 복음서에서 용서에 관한 본문들을 모두 간추려 본다면, 거기에 일종의 순환이 존재하는 것을 알 수 있습니다. 하나님께서는 우리가 하나님께 무례히 행한 죄들을 용서해 주십니다. 우리는 하나님의 용서하심에 대한 반응으로, 우리에게 어떤 식으로든 상처를 준 사람들을 용서하게 됩니다. 이처럼 우리가 하나님 아버지의 자비로우신 성품을 충실히 닮아가며 살아갈 때, 우리는 또 다시 하나님 앞에 나아가 우리가 다시금 하나님께 신실하지 못했던 일들에 대해 용서를 구하게 됩니다. '용서할 줄 모르는 종에 관한 비유'(마 18:21-35)에서, 예수님은 우리가 하나님의 은혜로 용서함 받은 것처럼, 우리도 마땅히 남을 용서해야 하는 것은 수학

공식같이 분명하다는 사실을 가르치고 계십니다. 다른 사람들의 죄가 우리에게 피해를 주고 해악을 끼친 것보다 훨씬 더 많이, 우리의 죄가 하나님께 엄청나게 큰 희생을 치르게 했습니다. 또한 내가 하나님의 이름을 욕되게 했던 지난 일들은 하나님이 전부 잊어주시길 바라면서, 다른 사람이 나에게 잘못한 것에 대해서는 잊지 않고 계속 분을 품고 있다면, 우리의 그러한 모습 자체가 나 자신에게 무한한 은혜를 베푸신 하나님께 무례함을 범하는 것임을 인식해야 합니다.

분명한 것은, 용서는 매우 어렵다는 것입니다. 그런데 때로는 그 이유가 단지 우리 자신이 너무 교만하기 때문일 수도 있습니다. 그런 경우라면 우리는 용서할 줄 모르는 종에 관한 비유를 다시 한 번 주의 깊게 읽어볼 필요가 있습니다. 우리가 하나님의 크신 명예를 모독했음에도 불구하고 하나님이 나의 모든 죄를 용서해 주셨다면, 나에게 상처와 모욕을 안긴 사람들 또한 우리가 용서하는 것 외에 다른 선택은 없다는 사실을 깨달아야 합니다. 하지만 때로는 그 사실을 알면서도 나의 심령이 너무 상한 나머지, 정말로 용서하기 어려울 때가 있습니다. 너무 큰 상처, 너무 깊은 배신감, 도를 넘은 인격적인 모욕 등 감당하기 힘든 것들이 있습니다. 그러나 이러한 아픔조차 하나님에게는 전혀 낯선 경험이 아닙니다. 배은망덕하게도 우리는 날마다 우리에게 새로운 생명을 선물로 주시는 하나님께 기쁨을 드리기보다는 여전히 나의 기쁨을 선택하며 살아갑니다. 그렇게 우리는 날마다 하나님께 배신감을 안겨드리지만, 그럼에도 우리가 용서를 경험하는 것은 그리스도 안에서 하나님의 용서하시는 은혜가 우리의 죄를 압도하기 때문입니다.

우리에게 죄 지은 자를 용서하도록 우리에게 명하시지만, 또한 그 일을 우리가 행할 수 있도록 하나님은 능력을 주십니다. 그러므로 만일 우리가 '이미' "우리에게 죄 지은 자를 사하여 준" 사람으로서 이 간구를 드릴 수 없다면, 우리는 정직하게 하나님의 도우심을 구하는 기도부터 드려야 합니다. 아버지의 무한히 깊은 사랑을 받은 자로서, 성령의 온전한 치유하심을 입은 자로서, 내가 일어설 수 있도록, 그리하여 나에게 죄를 지은 그 사람을 내가 기꺼이 용서하고 하나님께서 우리를 위해 예비하신 완전한 자유의 길로 나아갈 수 있도록 간구해야 합니다. 주기도문의 모든 간구 중에서도, 이러한 죄 용서의 중요성은 특히 강조되고 있습니다. 예수님께서 기도문을 다 가르치신 후에, 오직 용서 부분에 대해서만 유일하게 추가 논급을 하실 정도로, 이 사안이 중요하다는 점을 우리는 잊지 말아야 합니다(마 6:14-15).

* * *

상호보완적 간구인, "우리를 시험에 들게 하지 마시옵고 다만 악[the Evil One]에서 구하옵소서"는 언뜻 보기에 이상할 수 있습니다. 하나님께서 정말 우리를 시험에 들게 하신다고 생각합니까? 아니죠. 그것은 사탄, 즉 "그 악한 자"의 역할입니다. 그것은 우리를 노리는 그 악한 자가 지배하는 이 세상과 우리의 고집스럽고 변덕스러운 육신의 갈망이 우리에게 하는 일입니다. 예수님이 겟세마네 동산에서 잠을 이기지 못하는 제자들을 향해 "시험[시험의 때]에 들지 않게 깨어 기도하라"(마 26:41) 말씀하시는 장면에서, 조금 더 이해를 키울 수 있을 것 같습니다. 우리에게 시험이 임하는 것은 분명한 사실입니다. 그럼에도 불구하고 그런 상황에서 과연 여전히 신실할 것인지 여부가 핵심입니다.

이 간구에서 우리는 나 자신보다 나를 더 잘 아시는 하나님께 우리가 기도하고 있음을 알아야 합니다. 하나님은 우리의 연약함을 이미 다 보고 계십니다. 하나님은 우리의 믿음을 훈련하실 수는 있으나 그 목적은 우리의 믿음을 연단하기 위함입니다. 그러나 하나님은 우리가 도저히 감당할 수 없는 시험을 허락하시는 분은 아닙니다. 이 기도를 통해 우리는 하나님께 이렇게 간구하는 것입니다. "우리의 믿음이 흔들려 무너지는 곳으로 우릴 인도하지 마옵소서." 이것은 항상 환난과 역경의 길만 의미하는 것은 아닙니다. 형통이나 번영도 때로는 우리의 믿음에 장애가 되고 심지어는 독이 될 수 있습니다. 물질적 풍요는 우리의 정신을 혼미하게 하고 우리의 영혼을 해롭게 하는 일을 더 수월하게 하는 촉매제가 될 수 있기 때문입니다. 따라서 이 간구는 우리가 시험 한가운데 처할지라도 신실한 믿음의 길을 추구할 것을 서약하는 것이며, 우리가 가는 길이 하나님이 인도하신 길이 아님을 인지하는 즉시 그 유혹의 길에서 돌이킬 것을 서약하는 것이기도 합니다. 우리는 오직 하나님과 동맹을 맺은 자입니다. 우리가 정말로 그 악한 자의 간계에서 건짐 받길 원한다면, 우리 스스로도 그 마귀의 유혹에 호응하거나 마치 아무 일 아닌 듯 태연해서도 안 될 것입니다.

* * *

주기도문을 마무리하며 우리는 찬미를 드립니다. "나라와 권세와 영광이 아버지께 영원히 있사옵나이다!" 이는 예수님께서 직접 언급하신 내용은 아닙니다. 그럼에도 초대 교회가 1세기부터 삽입해 지금까지 사용해 온 전통과 권위가 있는 문구입니다.[29] 더구나 그것은 주기도문에 실로 적절한 결론이 아닐 수 없습니다. 우리가 지금까지 기도한 모든 것을 능히 이루어주시는 하나님의 탁월한 권세와 능력을 확언하는 선포이기 때문입니다. 또한 하나님은 우리가 이 기도를 통해 서약한 모든 일을 능히 감당할 수 있도록 우리에게 권능을 주시는 분이기 때문입니다. 우리 언행의 증언과 섬김을 통해 하나님의 이름을 존귀하게 높이며 아버지께 영광을 올려드리는 삶, 이 땅에서 하나님의 뜻을 이루고 우리 가운데 하나님 나라의 통치를 실현하기 위해 이전보다 더 애쓰고 수고하는 삶, 하나님의 하나 된 가족의 일원으로서 모든 형제자매들에게 일용할 양식이 날마다 공급되길 힘써 추구하는 삶, 하나님의 죄 용서의 은혜를 잊지 않고 감사로 반응할 뿐만 아니라 그 은혜를 모든 관계에서 드러내고 확장해 가는 삶, 그리고 모든 시험과 유혹 속에서도 믿음으로 신실하게 하나님의 인도하심을 따라 걸으며, 그 모든 것을 능히 이기게 하시는 하나님의 능력을 구하는 삶, 우리 하나님은 우리가 서약한 이 모든 삶을 능히 감당할 수 있도록 예수 그리스도 안에서 우리에게 권능을 입히시며 우리와 늘 함께하실 것임을 확신하시기 바랍니다. 아멘.

27 그리스도를 아는 지식 [30]

빌립보서 3:2-11; 요한복음 17:1-8, 25-26

빌립보의 그리스도인들에게 보내는 바울의 이 편지는 아마도 그의 가장 사적인 내용을 담고 있기도 합니다. 빌립보 교회는, 갈라디아와 고린도 교회에 편지를 쓸 때와는 다르게, 바울에게 그다지 심각한 고민거리를 안기지 않은 것처럼 보입니다. 무엇보다 빌립보의 그리스도인들은 믿음의 신실함에 있어 흔들리지 않았던 사람들입니다. 그들은 한때 바울에게 마음을 열었다가 곧 (다른 교훈을 전하고 바울의 메시지에 의구심을 갖게 만드는) 새로운 교사들에게 마음을 주는 그런 갈대 같은 사람들이 아니었습니다. 게다가 빌립보의 그리스도인들은 바울이 전도 여행을 다니고 구금되어 있던 시기에도 후원의 손길을 아끼지 않았습니다. 바울 역시 빌립보 성도들의 후원을 흔쾌히 받아들일 만큼 그들과 깊은 신뢰관계에 있었습니다. 이 또한 그가 고린도 교회를 대할 때와는 다른 양상입니다. 고린도의 그리스도인 중에는 물질적 후원을 통해 사도를 자신의 뜻대로 할 수 있다고 착각하는 이들이 있었던 것 같습니다. 사실 빌립보서라는 편지 자체는 (빌립보 교회의 지체이자 바울과 교회 사이에서 소통을 담당한 것으로 보이는) 에바브로디도 편에 교회가 후원금을 보냈을 때 바울이 이에 대한 반응으로 쓴 일종의 감사편지였는데 이후에 신약 정경에 포함되었습니다.

그러한 이유로, 바울은 편지에서 자신의 가장 개인적인 이야기를 빌립보의 동역자들과 나누고 있습니다. 바울은 자신이 예수 그리스도를 만나서 주님을 섬기게 된 사연과, 그 경험을 통해 자신의 기존 생각과 가치가 뒤바뀌게 된 경위, 그리고 그 후로 자신이 갖게 된 새로운 열정들에 대해 진솔하게 이야기하고 있습니다.

개들을 삼가고 행악하는 자들을 삼가고 몸을 상해하는 일을 삼가라 하나님의 성령으로 봉사하며 그리스도 예수로 자랑하고 육체를 신뢰하지 아니하는 우리가 곧 할례파라 그러나 나도 육체를 신뢰할 만하며 만일 누구든지 다른 이가 육체를 신뢰할 것이 있는 줄로 생각하면 나는 더욱 그러하리니 나는 팔일 만에 할례를 받고 이스라엘 족속이요 베냐민 지파요 히브리인 중의 히브리인이요 율법으로는 바리새인이요 열심으로는 교회를 박해하고 율법의 의로는 흠이 없는 자라 그러나 무엇이든지 내게 유익하던 것을 내가 그리스도를 위하여 다 해로 여길 뿐더러 또한 모든 것을 해로 여김은 내 주 그리스도 예수를 아는 지식이 가장 고상하기 때문이라 내가 그를 위하여 모든 것을 잃어버리고 배설물로 여김은 그리스도를 얻고 그 안에서 발견되려 함이니 내가 가진 의는 율법에서 난 것이 아니요 오직 그리스도를 믿음으로 말미암은 것이니 곧 믿음으로 하나님께로부터 난 의라 내가 그리스도와 그 부활의 권능과 그 고난에 참여함을 알고자 하여 그의 죽으심을 본받아 어떻게 해서든지 죽은 자 가운데서 부활에 이르려 하노니(빌 3:2-11).

명확한 이유를 알 수는 없지만, 바울은 자신의 선교 사역지에서 경쟁 관계에 놓였던 교사들을 향해 과격한 발언을 쏟아놓고 있습니다. 한때는 갈라디아에서도 비슷한 부류의 교사들과 대립한 적이 있었습니다. 그 일이 있고 나서 여러 해가 지난 시점에, 그들이 빌립보에 다시 출현했다고 바울이 판단했는지의 여부는 분명치 않습니다. 어쩌면 단순히 경계해야 할 비기독교적인 교사들의 좋은 사례로 그들을 언급한 것일 수도 있습니다. 바울이 그 교사들에 대해 언급하게 된 동기가 무엇이든 간에, 그들은 우리가 본받아야 할 본이 결코 아닌 것만은 분명합니다. 그들은 그리스도를 아는 지식의 더 고귀한 가치를 아직 발견하지 못한 사람들이었습니다. 그들은 자신들이 율법대로 할례를 받은 것, 하나님 백성의 역사적 구성원이 된 것, 이스라엘의 언약 안에서 혈통을 따라 나고 자란 것이 종교적으로 가장 칭찬할 만한 것이라 여기는 사람들이었습니다. 그들에게 예수 그리스도는 매력적이긴 했지만, 자신들이 보다 선호하는 종교적 기준에 따르면 부차적인 요소에 불과할 뿐, 삶 전반에 변혁을 일으키고 새로운 가치관의 핵심으로 간주할 만한 존재가 아니었던 것입니다.

바울은 자신과 대척점에 있는 이러한 교사들이 어디에서 출현하는지 정확히 알고 있었습니다. 사실 토라의 율법을 준수하는 이스라엘 언약 백성으로 살아가는 것에 대해 바울보다 정통한 사람도 없었습니다. "나는 팔일 만에 할례를 받고 이스라엘 족속이요 베냐민 지파요 히브리인 중의 히브리인이요 율법으로는 바리새인이요 열심으로는 교회를 박해하고 율법의 의로는 흠이 없는 자라." 바울을 율법의 잣대로만 평가한다면, '율법을 모두 지킬 수 없다는 것이 유대교의 근본적인 문제죠'라고 말하는 것 자체가 무색할 정도입니다. 그는 누구보다 율법에 철저한 사람이었습니다. 바울은 그 점에 관해서는 부끄러울 게 없었습니다. 그러한 바울이 직접 경험하고 깨달은 바에 의하면, 율법의 규례를 철저히 따르는 삶은, 그리스도와 함께하는 삶에 비하면, 그저 허망하고 불행하다는 것입니다. 바울은 이 사실을 그리스도의 사랑과 성령의 사귐을 통해 깨달았습니다. 바울은 그러한 통찰을 고린도후서에서 이렇게 표현합니다. 한때는 "영광되었던 것이 [그리스도의] 더 큰 영광으로 말미암아 이에 [비교해 보니] 영광될 것이 없다"고 말입니다(고후 3:10).

바울은 영광되었던 이전의 모든 것을 버리기로 결심했습니다. 한때 바리새파 유대인으로서 자신이 누리던 사회적 평판과 지위와 안정된 삶의 자리를 그는 결연하게 내려놓았습니다.

> 그러나 무엇이든지 내게 유익하던 것을 내가 그리스도를 위하여 다 해로 여길 뿐더러 또한 모든 것을 해로 여김은 내 주 그리스도 예수를 아는 지식이 가장 고상하기 때문이라 내가 그를 위하여 모든 것을 잃어버리고 배설물로 여김은 그리스도를 얻고 그 안에서 발견되려 함이니(빌 3:7-8).

이제 바울의 열정은 "그리스도와 그 부활의 권능과 그 고난에 참여함을 알고자"하는 것이 되었습니다(빌 3:10). 바울은 언제쯤 이러한 고백을 하고 있는 것일까요? 바울은 부활하신 예수님을 처음 만나고 최소한 20년은 지난 시점인데도 불구하고 그러한 고백을 하고 있는 것입니다. 이것은 우리가 반드시 짚고 넘어가야 하는 매우 중요한 부분입니다. 뜨겁게 회심하고 무려 20년이 지났는데도, 예수님을 더 깊이 알아가고 예수님과 더 가까이 교제하는 일이 바울에게는 여전히 삶에서 가장 보배로운 경험이었습니다. 예수 그리스도 외에는 아무리 대단해 보이는 것이라도 배설물에 불과했습니다.

우리는 어떻습니까? 우리의 열정은 무엇을 향하고 있습니까?

우리는 '아직도 예수님을 충분히 알지 못하는구나!' 하고 탄식이 나올 정도로 예수님에 대해 생각하고 있습니까? 정말 예수님을 안다고 말할 수 있나요? 오래 전 그리스도인이 되었지만 바울처럼 여전히 주님을 더욱 알고자 하는 간절함이 남아 있습니까?

* * *

몇 년 전에 우리 교회는 사명선언문을 새로 채택했습니다. 성도로서 우리는 그리스도를 아는 것을 삶의 최우선 순위에 두어야 한다는 판단을 내렸습니다. 그래서 사명선언문의 첫 번째 표어를 "그리스도를 알라"로 정했습니다. '예수님은 누구시며 우리에게 무엇을 원하시는가'라는 질문을 통해, 우리로 하여금 그리스도에 대한 더 깊은 지식으로 나아가도록 독려합니다. 물론 사명선언문을 명료하고 단순한 문구로 정리하려다 보니 표현이 제한적일 수밖에 없었지만, 사실 우리는 (성부와 성자와 성령) 삼위일체 하나님에 대한 더 깊은 지식으로 들어가야 합니다. 그 지식이란, 성경에 기록된 대로, 하늘에 계신 우리 아버지, 성육신하신 아들 예수 그리스도, 그리고 백성에게 권능으로 임하시고 함께하시는 성령 하나님에 대해 우리가 날마다 더 깊이 배우는 것을 통해서 얻게 되는 앎입니다. 그러나 이 지식은 반드시 관계를 형성하는 앎이 되어야 하고 또한 관계에 의해 형성되는 앎이 되어야 합니다. 그 지식은, 살아계신 하나님과 인격적으로 만나는 자리를 정기적으로 마련하는 가운데 얻어지는 생생한 앎이 되어야 합니다. 바울도 이러한 지식의 소중함을 누구보다 잘 알았기에 빌립보 교회에 보낸 편지에서 성자 하나님과의 친밀하고 인격적인 관계를 통해 얻어지는 지식에 대해 그토록 열정적으로 증거했던 것입니다. 하나님을 알되 나와 우리의 경험으로 아는 것, 그것이 곧 그리스도인과 공동체의 삶에 기초가 되는 참 지식인 셈입니다.

"주 그리스도 예수를 아는 지식"이 우리에게도 가장 고상하고 가치 있는 것입니까? 그렇다면 예수 그리스도를 아는 그 지식을 얻기 위해, 우리가 기꺼이 "해로 여기고자 하는 것", 또는 기꺼이 손해를 감수하고자 하는 것은 무엇입니까? 혹시 주일 오전예배에 나오는 것이 "가장 고상하고 가치 있는 것"입니까? 그것은 귀한 모습일 수는 있으나 가장 고상하고 가치 있지는 않습니다. 바울은 예수 그리스도와의 '참된 인격적 관계'를 위해서라면 종교 생활 자체도 기꺼이 희생시키고자 했습니다.

오해하지는 마십시오. 저는 기독교 예배의 전통과 예식 그리고 거기에서 나오는 힘과 영성을 존중하는 사람입니다. 우리는 교회 예전의 다양한 요소들을 인정하고 받아들입니다. 우리는 전통과 예전을 따라 드리는 예배를 통해서도 성장합니다. 마치 우리의 영적 건강을 위해 마련된 균형 잡힌 식단, 복합 웨이트 트레이닝을 꾸준히 실천하는 것과 비슷합니다. 하지만, 그럼에도 불구하고 오늘 이 아침에, 우리가 여기 모인 것은 예배라는 어떤 형식과 규정을 지키기 위해서가 아닙니다. 대표기도, 찬송, 성가대, 설교 등 정해진 의식을 수행하기 위해 모인 것이 아니라는 말씀입니다. 우리가 여기 모인 가장 중요한 이유는 특정 형식과 규정과 절차를 따르기 위함이 아니라, 오롯이 삼위일체 하나님을 만나고 그 앞에 경배하기 위함입니다. 그 예배의 만남을 통해, 하나님을 조금 더 알게 된 상태로 각자의 집에 돌아갈 수 있어야 합니다. 주보를 펼쳐 '다음 순서'를 확인하고 그것을 따라갈 게 아니라, 그 '다음 순서'가 무엇이든 그로부터 하나님께 더 가까이 다가가기를 애쓰며 주님과의 만남을 간절히 바라야 합니다. 결코 종교 생활에 만족하지 말고, 매 순간 하나님과의 참된 만남과 관계를 위해 씨름해야 합니다. 우리 모두가 부디 그렇게 되기를 바랍니다.

바울이 그리스도 예수를 아는 지식에 대한 열정을 쏟아내듯 밝힌 이유는 단지 빌립보의 그리스도인들과의 친밀감 때문만은 아니었습니다. 바울은 빌립보 교회 안에 어떤 변화가 있길 원했습니다. 오늘 본문 바로 앞장에서 바울은 이렇게 권면합니다. "아무 일에든지 다툼이나 허영으로 하지 말고 오직 겸손한 마음으로 각각 자기보다 남을 낫게 여기고 각각 자기 일을 돌볼 뿐더러 또한 각각 다른 사람들의 일을 돌보아 나의 기쁨을 충만하게 하라"(빌 2:3-4). 4장에서 우리는 구체적으로 언급되는 이름들과 함께 이 주제와 다시 마주하게 됩니다. "내가 유오디아를 권하고 순두게를 권하노니." (이 두 사람은 바울이 그리스도 안에서 동역자로 여겼을 정도로 헌신된 여자 성도들이었습니다) "주 안에서 같은 마음을 품으라 또 참으로 나와 멍에를 같이한 네게 구하노니…저 여인들을 돕고." 유오디아와 순두게가 서로에 대해 원한을 갖거나 공동체 안에 분열을 일으키는 일이 없도록 하고, 오히려 두 여성이 서로 화해할 수 있도록 성도들이 함께 도우라는 것입니다(빌 4:2-3).

그렇다면 "무엇이든지 내게 유익하던 것을 내가 그리스도를 위하여 다 해로 여길 뿐더러 또한 모든 것을 해로 여김은 내 주 그리스도 예수를 아는 지식이 가장 고상하기 때문이라"는 바울의 간증에는 분명히 의도하는 바가 있습니다. 빌립보의 동료 그리스도인들 사이에 발생한 불화를 염두에 두고 그들에게 던진 뼈있는 발언인 셈입니다. "만일 여러분이 함께 모여 추구하는 가장 소중한 것이 무엇인지를 정말로 안다면, 예수 그리스도를 함께 알아가는 가장 고상한 그 일에 걸림돌이 되는 다른 모든 것은 사실상 배설물과 다르지 않다는 것을 분명히 알 것입니다. 모두에게 가장 가치 있는 그것을 얻기 위해 각자의 '배설물'은 당장 치워버리도록 하십시오."

이와 관련해 우리 교회 안에서 생각해 볼 만한 구체적인 상황들을 언급해 보겠습니다. 교회에는 각자 다른 역할이나 직분을 맡은 사람들이 있지요. 방송실의 음향 시스템이나 예배 화면 송출에 장애가 발생할 수가 있습니다. 찬양팀 인도자가 지난 주에 이어 이번 주에도 생경한 곡을 선정해 오기도 합니다. 어떤 성도는 여러 세대가 참석하는 공동체 예배에 썩 어울리지 않는 옷차림으로 나타나기도 합니다. 어느 때는 설교자인 제가 눈치가 없는 탓에 예배 시간이 늘어나기도 합니다. 하지만 우리가 교회에서 제법 심각한 표정을 지으며 때론 언성을 높이기도 하는 문제가 주로 이런 것들이라면, 이와 다르지 않은 사안으로 편이 나뉘어 다툼을 벌인다면, 그것은 우리가 교회 공동체로서 함께 노력해 얻을 수 있는 다른 위대한 가치에 비하면 정말 무의미한 것들임을 반드시 기억해야 합니다. 우리는 예수 그리스도를 아는 지식이 얼마나 고귀한 가치가 있는지를 함께 확신하며 그밖의 다른 것들을 부차적인 것으로 여길 수 있습니까? 다른 것들에 관한 경쟁은 다 양보하고, 가장 소중한 이 본질적인 일에 모든 관심을 기울일 수 있습니까?

* * *

물론 바울이 주일에만 그리스도를 추구하는 사람은 아니었습니다. 예수 그리스도를 더 알고자 하는 바울의 열정은 일상의 모든 순간마다 계속됐습니다. 그러므로 예수님을 알아가는 일과 예수님을 알리는 일, 이 두 가지에 관해서라면 사도 바울은 정말 광적으로 열심인 사람이었다고 말할 수 있습니다. 바울의 그러한 모습을 우리 자신에게 투영해 보기를 권합니다. 우리는 예수님을 더 알아가고, 예수님을 더 경험하고, 예수님과 더 대화하는 그 일을 하지 않는 시간에 무엇에 몰두하고 있습니까? 다른 무엇도 예수님보다 더 고귀할 수 없습니다. 그리스도를 아는 지식에 다가가는 것이야말로 가치 있는 일임을 인정한다면, 정말 삶에서 그것에 필요한 일들을 하고 있습니까? 정말로 중요한 일들을 하면서 시간을 보내고 있는 것이 맞습니까? 아마도 우리 가운데 누구도, 예수님을 아는 지식 외에는 모든 것이 쓰레기처럼 하찮다고 단정할 사람을 없을 것입니다. 하지만 우리가 가치 있게 여기는 적어도 몇 가지만큼은 정말 쓰레기처럼 버려야 하지 않을까요? 그런 결단이 필요하지는 않습니까? 우리는 그리스도를 더 알아가기 위해, 그리스도와의 친밀함을 위해 정작 그 일을 방해하는 우리만의 어떤 분주함, 어떤 관심사, 어떤 관계를 기꺼이 포기할 준비가 되어 있습니까? 우리의 월요일은 어떻습니까? 화요일의 대부분은 어떤 모습입니까? 하나님 앞에서 고개를 들고 말씀드릴 수 있을 만큼 하루를 가치 있게 보내고 있습니까?

사실 유한한 인간으로서 우리의 가장 근본적인 화폐는 돈이 아니라 시간입니다. 지난 몇 년 동안 개인적으로 크게 깨달은 것 하나는, 돈은 더 벌 수 있지만 시간은 결코 더 벌 수 없다는 사실입니다. 시간은 우리의 가장 귀한 자산입니다. 하지만 우리는 매일 똑같은 분량의 시간을 부여받고 모두 소비합니다. 시간은 따로 남겨서 저축할 수가 없습니다. 그러므로 우리 모두에겐 가장 귀한 자산이 한정되어 있습니다. 수난 당하시기 전날 밤, 제자들을 위한 기도 중간에 우리 예수님은 "영생", 즉 끝이 없고 무한대의 시간이 주어지는 삶은 "곧 유일하신 참 하나님과 그가 보내신 자 예수 그리스도를 아는 것"이라고 말씀하셨습니다(요 17:3). 우리는 한정된 시간을 가졌으면서도 가치 있게 사용하지도 못합니다. 그러나 예수 그리스도를 아는 지식을 통해, 우리는 우리에게 한정된 시간의 영역에서 벗어나 무한대의 시간이 허락되는 새로운 영역 속으로 들어가게 됩니다. 지금 우리에게 주어진 소중하지만 한정된 시간은, 유일하신 참 하나님을 대면하고 예수 그리스도와 나누는 교제를 통해 영원이라는 생명으로 향하기 위한 화폐이자 자원입니다.

우리는 돈의 지출과 관련해서는 매우 신중하게 행동합니다. 더 저렴한 매장은 없는지, 할인 행사하는 곳은 없는지 두루 검색하기도 합니다. 그런 우리인데도 시간 사용과 관련해서는 매우 어리석게 행동합니다. 하나님의 임재 앞에서의 영원한 시간보다는 넷플릭스와의 한 시간을 더 선호합니다. 생명의 양식을 맛보기보다는 소셜 미디어의 게시판과 댓글에 더 만족해 합니다. 손톱 가꾸는 일에도 우리는 제법 많은 시간을 들이지만 정작 우리 영혼을 가꾸는 일에는 지나치게 아까워합니다. 우리는 똑같은 분량의 한정된 시간을 부여받고 있는 만큼, 거기서 반드시 최선의 가치를 이끌어낼 수 있도록 해야 합니다.

* * *

우리 교회가 이번 주일을 시작으로 함께 시작해 보고픈 일이 있습니다. 그리스도를 아는 지식에서 날마다 조금씩 자라가기 위해 매일 일정 시간을 구별하여 드리는 것입니다. 지식에 있어 풍성해질 뿐만 아니라 이 일을 통해 하나님과 교제하고 동행하는 일에 깊이가 더해지도록 우리 모두가 함께 시작했으면 하는 바람입니다. 가장 기초적인 도구라면, 성경 읽기와 묵상이 있습니다. 신앙의 연륜이 있는 분이라면 대부분 해보았을 경건의 시간을 갖는 겁니다. 성령께서 본문의 말씀에 빛을 비춰주시도록 기도한 후, 그날의 말씀을 읽고 그 속에서 드러나는 하나님의 성품과 일하심이 무엇인지 확인합니다. 그리고 우리가 그날 하루 동안 어떤 순종의 삶을 살아야 할지 묵상한 후 결단의 기도를 하면 되겠습니다.

그리스도를 아는 지식을 위해 우리보다 먼저 하나님을 깊이 배우고 경험했던 분들이 저술로 남긴, 기독교 신앙 고전이나 전기 또는 묵상집을 읽는 것도 좋은 방법이 될 수 있습니다.

물론 기도를 빼놓을 수는 없겠지요. 그냥 아무것도 없이 기도하기보다는 여러 자료들을 이용하여 기도하는 것도 권해 드립니다. 개인적으로는, 저에게는 '공동기도서'라는 매우 요긴한 도구가 있습니다. '옥스퍼드 기도서' 같은 기도 모음집이나 사실상 곡조에 맞춘 기도라고도 할 수 있는 찬송가 가사에서 도움을 받을 수도 있습니다. 이러한 자료들을 통해 우리가 얻는 유익은 단순합니다. 우리는 우리가 무엇을 위해 기도해야 할지 또는 무엇에 관해 기도해야 할지를 다 알지 못합니다. 때로는 우리가 기도해야 할 제목들이 무엇인지 알면서도 항상 그렇게 기도하지 못할 때가 있습니다. 이러한 기도 자료를 활용하면 하나님과의 대화를 조금 더 확장시킬 수 있습니다. 하나님과 교제하고 그분을 경험하는 가운데 우리가 얻는 하나님을 아는 지식이 더 깊고 넓어질 수 있다는 것입니다. 그리고 이 모든 것 가운데 가장 중요한 부분은 잠잠하게 하나님을 기다리고 그리스도의 나타나심을 인내하며 기다리는 것입니다.

그러나 하나님을 경험하는 삶이 특정하게 구별된 시간으로만 제한될 필요는 없습니다. 그래서는 안 됩니다. (하지만 평소 다른 시간에도 하나님의 임재와 친밀한 관계에서 계속 깨어 있으려면, 이러한 구별된 시간이 분명 필요할 수 있습니다). 삼위일체 하나님은 우리 일상의 모든 시간 속에서 우리와 함께하실 수 있습니다. 이와 관련해 『하나님의 임재 연습』(좋은씨앗 역간)이라는 매우 얇지만 훌륭한 묵상집이 있습니다. 이 책은

한 수도사 로렌스 형제가 별 의미 없는 듯한 수도원 생활의 자질구레한 편린 속에서 하나님의 임재를 경험하고 하나님과 대화하며 동행하는 것을 날마다 연습해 가는 일상의 묵상을 기록한 명작입니다.

바울은 "그리스도와 그 부활의 권능과 그 고난에 참여함을 알고자" 했습니다. 하지만 바울은 단지 기도 시간을 통해서만 그러한 앎을 추구하지 않았습니다. 선교 현장의 중심에서, 전도 여행 중에, 구금 당하고 매 맞는 가운데서, 가정 교회에서 설교하고 가르치는 동안, 장막을 짓고 수선하는 생계 현장에서, 바울은 그리스도에 관한 모든 지식을 추구했습니다. 우리도 그렇게 할 수 있습니다. 우리의 모든 직업 속에서 예수님을 만나고, 우리의 모든 활동 가운데 그리스도께 마음과 생각을 고정하고, 우리의 모든 깨어있는 시간 속에서 예수님과의 진솔한 교제를 나누면 되는 것입니다.

성도 여러분, 우리의 사명선언문, "그리스도를 알라"를 항상 기억하시길 바랍니다. 그리스도를 알아가는 그 길에 걸림돌이 되는 것이 있다면, 무엇이든 해로운 것으로 여기고, 배설물처럼 과감하게 버릴 것으로 간주하기 바랍니다. 그리스도를 아는 지식이 가장 고상한 가치임을 기억하고, 항상 그 가치가 반영되는 모습으로 시간을 사용하길 주님의 이름으로 간절히 부탁드립니다. 아멘.

28 그리스도를 본받아

로마서 8:28-29; 누가복음 6:27-36

우리에게 친숙한 성경 구절 하나를 소개하고자 합니다. 바울이 쓴 로마서에서 자주 인용되는 구절입니다. "하나님을 사랑하는 자 곧 그의 뜻대로 부르심을 입은 자들에게는 모든 것이 합력하여 선을 이루느니라"(롬 8:28). 우리는 어쩌면 슬프고 힘든 일을 겪고 있는 성도님을 위로하기 위해 이 말씀을 언급한 적이 있을 것입니다. 예를 들면, "올해 시험에 떨어졌어요. 내년에나 다시 기회가 있겠어요"라고 누군가 낙심하는 상황에서 우리는 "너무 낙심하지 마세요. 모든 것이 합력하여 선을 이룰 거예요. 조만간 좋은 일이 생길 거예요"라고 위로합니다. 소중한 사람과 헤어져 큰 슬픔에 빠진 성도님과 마주한 적이 있다면, "얼마나 힘드세요. 그 마음 저도 압니다. 하지만 하나님을 사랑하는 자에게 모든 것이 합력하여 선을 이룬다는 말씀을 기억하셨으면 합니다"

라고 위로를 건넵니다. 또는 방금 암 진단을 받고 충격에 빠진 이를 만나서, "괜찮아요? 그래도 포기하지 마세요. 하나님이 꼭 힘주실 거예요. 이 모든 일도 결국은 합력하여 선을 이룬다는 주님 말씀을 붙잡으시면 좋겠어요"라고 말했을 수 있습니다.

이처럼 로마서 8장 28절에서 이 은혜로운 말씀을 위로의 방편으로 건넨 것은 우리의 선한 의도가 담긴 노력의 일환이었습니다. 한줄기 희망의 빛을 비추기 위해서죠. 어둠이 잠시 머물고 있는 가족이나 친구를 향해, 그들에게 곧 찾아올 밝은 미래를 바라보게 하려는 의도였을 것입니다. 우리가 선한 의도로 그 말씀을 언급한 것은 분명 칭찬받아 마땅합니다. 하지만 바울이 "모든 것이 합력하여 선을 이루느니라"는 말씀을 남겼을 때, 실제로 무엇을 염두에 두고 있었는지에 대해 살펴보는 것은 보다 큰 유익이 있으리라 확신합니다. 단지 우리를 이 땅에서 행복한 인생으로 회복시키시는 것만이 하나님께서 가장 "선"하게 여기시는 일이라고 생각하지 않는다면 말입니다. 사실 이 구절은 우리가 조금만 더 주의를 기울이면 그 본래 의미가 훨씬 더 명확하게 드러나는 성경의 여러 본문 가운데 하나입니다.

> 우리가 알거니와 하나님을 사랑하는 자 곧 그의 뜻대로 부르심을 입은 자들에게는 모든 것이 합력하여 선을 이루느니라 하나님이 미리 아신 자들을 또한 그 아들의 형상을 본받게 하기 위하여 미리 정하셨으니 이는 그로 많은 형제 중에서 맏아들이 되게 하려 하심이니라 (롬 8:28-29).

바울은 모든 것이 하나님의 질서 있는 섭리에 따라 상호작용하며 목표하는 지향점으로서 하나의 "선"이란 개념을 매우 명확하게 제시하고 있습니다. 그것은 우리가 "그 아들(예수 그리스도)의 형상을 본받게 되는 것"입니다. 우리 모든 하나님의 자녀들과 하나님의 장자 되시는 예수님 사이에, 한가족으로서 서로 닮은 모습이 있게 하는 것입니다. 하나님의 가장 중요한 목적, 즉 우리를 위한 그 궁극적인 "선"은 우리를 이 땅에서 행복한 인생으로 살게 하시는 것이 아닙니다. 우리를 순적한 인생으로 살게 하시는 것이 아닙니다. 우리 인생에서 모든 근심과 걱정이 사라지고 가슴 아픈 일들은 모두 다 제거되게 하시는 것이 아닙니다. 우리를 위한 하나님의 가장 궁극적인 뜻은 우리를 예수님 닮게 하는 것입니다. 그리하여 마지막 날에 하나님께서 우리와 마주하실 때, 우리 각 사람에게서 하나님의 그 의로우신 아들의 형상을 보고자 하시는 것입니다. 그리스도인의 삶은 변화의 여정일 수밖에 없습니다. 특히 점점 더 예수 그리스도를 닮아가는 방향으로 변화해 가는 삶입니다. 바울은 로마의 그리스도인들에게 보내는 편지에서 이 점을 분명히 강조했습니다. "너희는 이 세대를 본받지 말고 오직 마음을 새롭게 함으로 변화를 받아 하나님의 선하시고 기뻐하시고 온전하신 뜻이 무엇인지 분별하도록 하라"(롬 12:2). 우리 모두는 삶의 긴 여정을 통해 계속 만들어지고 형성되어 가는 인생입니다. 우리 모두는 어떤 패턴을 따르고 있습니다. 그런 우리 앞에 놓인 질문은 이렇습니다. '우리의 인생은 무엇을 따라갈 것인가? 어느 방향으로 우리 삶이 형성되어야 할 것인가?' '나는 "이 세대"의 제도와 논리와 가치가, 나를 그들의 흐름에 따르고 그들이 원하는 유형의 사람이 되도록, 이미 짜놓은 틀에서 빠져나올 것인가?' '나는 새로운 길, 궁극적으로는 하나님의 마음을 반영하고 하나님의 마음으로 대응하며 살아가는, 그리스도를 닮아가는 그 길로 들어설 것인가?' 우리를 둘러싼 이 세상은 계속해서 우리를 압박하고 교묘한 방식으로 영향력을 행사해 자신들을 따를 수밖에 없게 만들 것입니다. 그래서 우리가 이 세상을 의지하고 그 체제와 문화를 옹호하며 살기를 바랄 것입니다. 우리는 이 세상의 압박에 굴복할 수 있습니다. 아니면 우리는 하나님의 성령과 협력할 수도 있습니다. 성령 또한 하나님의 자녀인 우리가 변화된 삶을 살아가도록 우리에게 영향을 주고 계십니다. 우리가 성령의 인도하심을 따를 때, 하나님은 우리를 통해 이 세상의 세대에 침입하시고, 나를 통해 그들을 변화시키실 수 있습니다. 그리고 이 세상뿐만 아니라 세상과 교류하던 또 하나의 세상, 곧 우리 자신에 대한 하나님의 소유권을 되찾으실 것입니다.

* * *

우리 교회 사명선언문의 첫 번째와 두 번째 표어는 각각 "그리스도를 알자. 그리스도를 본받자"입니다. 놀랍게도 빌립보서에서 바울의 극히 개인적인 고백이 이 사명선언문을 떠올리게 하듯 공명을 일으키고 있습니다. "내가 그리스도와 그 부활의 권능과 그 고난에 참여함을 '알고자 하여' 그의 죽으심을 '본받아' 어떻게 해서든지 죽은 자 가운데서 부활에 이르려 하노니"(빌 3:10-11). 주목해 보십시오. 바울에게 '아는 것'과 '본받는 것'(닮아가는 것/성장하는 것)은 서로 떨어질 수 없는 관계에 있습니다. 그리스도를 알고자 하는 바울의 열정은 그리스도를 본받는 길로, 특히 "그의 죽으심을" 본받는 삶으로 그를 몰아가고 있습니다. 자기 자신을 하나님의 뜻과 계획에 내어드리는 사람으로 변하게 하는 것입니다. 또한 다른 사람을 향한 하나님의 뜻에도 관심을 기울이고 함께 이루어야 한다는 점에서, 자신보다 다른 사람의 일을 돌아보는 삶, 곧 그리스도께서 그 죽음을 통해 본을 보이신 삶을 살아가게 합니다. 또한 그리스도를 닮아가고 본받는 삶은 다시금 그리스도를 더 깊이 알아가는 새로운 길을 열어줍니다. 우리를 사랑하사 우리를 위해 자신을 내어주신 "그리스도의 마음"과 결을 같이하여 살아가는 것 외에는 "그리스도의 고난에 참여함"을 아는 다른 방법은 없습니다.

고린도후서에서 바울은 모세와 관련된 한 사건을 그리스도인 삶의 특징과 비교하여 들려주고 있습니다. 하나님께서 모세에게 율법을 주시던 당시에, 모세는 시내산에 올라 하나님의 임재 안에 머물러 있었습니다. 그 결과로 모세가 이스라엘 진영으로 돌아왔을 때, 하나님의 임재로 말미암은 영광의 광채가 그의 얼굴에서 빛났습니다. 모세가 하나님의 율법을 백성에게 전달한 후에도, 그는 그 광채가 사라질 때까지 자신의 얼굴에 수건을 덮어야 했습니다. 그런데 바울은 그 영광과 관련해 하나님의 임재 앞에 있던 모세와 우리 사이에 차이가 있다고 선언합니다. 하나님의 임재 앞에서 머무는 결과로 우리에게 발현된 영광은 (모세의 경우처럼 점차적으로) 사라지거나 하지 않는다고 말합니다. 더구나 우리는 그 영광을 반영할 뿐만 아니라 우리의 모습 자체가 곧 우리가 바라보고 있는 그분의 형상으로 변화된다고 말합니다. 바울의 확신에 찬 선언을 들어보십시오. "우리가 다 수건을 벗은 얼굴로 거울을 보는 것 같이 주의 영광을 보매 그와 같은 형상으로 '변화하여' 영광에서 영광에 이르니 곧 주의 영으로 말미암음이니라"(고후

3:18). 여기서 바울이 사용한 헬라어 '변화'에 해당하는 영어 '메타모르포시스'(metamorphosis)는 "변모" 또는 "탈바꿈"을 의미합니다.

갈라디아서의 결론부에서 바울은 할례자나 무할례자나 하나님 앞에서는 아무 의미가 없다고 말한 적이 있습니다. 즉 유대인이든, 유대인이 되었든, 그렇지 않든 그것이 하나님 앞에서 어떤 차이를 만들어내지 못한다고 선언합니다. 하나님 보시기에 결정적인 차이를 만들어내는 것은 우리가 "새로 지으심을 받았는가" 즉, "새로운 피조물"이 되었는가 하는 것입니다(갈 6:15). 우리는 갈라디아서의 다른 본문에서 "새로 지으심을 받았다"는 것의 의미를 유추할 수 있습니다. 바울 자신도 하나님께서 그리스도를 신뢰하는 자들에게 베푸신 의의 선물을 따라 "새로 지으심"을 받았다고 고백합니다. "내가 율법으로 말미암아 율법에 대하여 죽었나니 이는 하나님에 대하여 살려 함이라 내가 그리스도와 함께 십자가에 못 박혔나니 그런즉 이제는 내가 사는 것이 아니요 오직 내 안에 그리스도께서 사시는 것이라 이제 내가 육체 가운데 사는 것은 나를 사랑하사 나를 위하여 자기 자신을 버리신 하나님의 아들을 믿는 믿음 안에서 사는 것이라"(갈 2:19-20). 이 고백은 바울이 갈라디아의 신자들 안에서 그리고 그들 삶 가운데 실현되길 갈망했던 바이기도 합니다. "나의 자녀들아 너희 속에 그리스도의 형상을 이루기까지 다시 너희를 위하여 해산하는 수고를 하노니"(갈 4:19). 바울은 자신뿐만 아니라 모든 신자가 완전히 새로운 그리스도의 형상으로 변모하길 추구했습니다. 바울에게 이것은 제자의 삶에서 절대적인 측면이었고 사실상 제자도의 궁극적 목표였습니다.

우리는 어떻습니까? 우리가 목표하는 바도 이와 같습니까?

우리가 나아가고 있는 방향도 그곳인가요? 날마다 조금씩 그 목표를 향해 가까이 나아가고 있나요?

* * *

우리 사명선언문의 두 번째 표어, "그리스도를 본받자"는 우리가 이러한 궤도로 향하도록 응원하는 구호입니다. 이 표어는 한때 그리스도를 떠나 있던 우리의 "옛 사람"을 "벗어버리고", 우리를 창조하신 자의 형상을 반영하는 "새롭게 하심을 입은 자"가 되도록, 즉 "새 사람"을 "입도록" 저와 여러분을 강권하고 있습니다(골 3:8-15). 우리는 "보이지 아니하는 하나님의 형상"이신 예수 그리스도를 이 세상에 비추는 자들이기 때문입니다(골 1:15). 하지만 유의하시기 바랍니다. 우리의 목표는 단지 더 나은 사람이 되는 것에 있지 않습니다. 하나님께서 우리를 이끌어가시는 그 방향, 바울이 몸부림치며 수고하고 바라는 그 푯대는 우리 안에서 그리스도의 생명을 구현하는 것입니다. "우리 안에 그리스도"께서 살아계시는, 이전과는 다른 전혀 새로운 사람이 되는 것입니다. 이것은 우리에게 또한 "영광의 소망"이 됩니다(골 1:27). 이것은 우리 각자의 삶과 서로와의 관계 속에서 성령께서 역사해 가시도록 하는 일이기도 합니다. 성령 하나님은 우리가 점점 더 예수님을 닮아가도록, 삶을 통해 예수님을 체현해 내도록, 예수님의 마음과 생각을 따르도록, 우리를 이끄시고 변화시켜 가십니다.

그리스도를 따르는 삶, 그리스도를 닮고 본받는 삶은 새로운 생명이 탄생할 수 있는 자리 마련을 위해 우리에게 죽음을 요구합니다. 나 자신의 뜻과 계획에 대해 죽는 것입니다. 내 안에서 쉼없이 틈을 보며 불쑥 올라오는 부정적인 감정들에 대해 죽는 것입니다. 내가 꿈꾸고 내가 바라는 인생, 그리고 다른 사람들이 나를 바라보는 시선과 나를 대하는 태도에 대한 나의 모든 환상에 대해 죽는 것입니다. 그 대신 하나님의 뜻과 계획에 대해 내가 살아나고 깨어나는 것입니다. 하나님이 우리에게 먼저 나타내신 그 사랑에 기반해 우리 앞에 있는 사람들에게 반응하며, 그들의 인생에 대한 하나님의 뜻과 계획을 위해 나의 자원과 시간과 에너지를 사용하는 것입니다.

예수님도 이러한 삶의 방향을 추구할 것을 제자들에게 명하신 적이 있습니다. 예수님은 "보이지 아니하시는 하나님의 형상"이십니다. 그러므로 우리의 사명선언문, "그리스도를 본받자"라는 표어는 곧 "하나님을 본받자"로 치환될 수 있습니다. 그것은 우리 안에 하나님의 형상을 회복한다는 의미이기도 하며, 우리의 모든 행동과 관계 속에서 하나님의 나타나심을 추구하는 것이기도 합니다. 복음서에서 예수님은 이렇게 말씀하고 계십니다.

> 그러나 너희 듣는 자에게 내가 이르노니 너희 원수를 사랑하며 너희를 미워하는 자를 선대하며 너희를 저주하는 자를 위하여 축복하며 너희를 모욕하는 자를 위하여 기도하라 너의 이 뺨을 치는 자에게 저 뺨도 돌려대며 네 겉옷을 빼앗는 자에게 속옷도 거절하지 말라 네게 구하는 자에게 주며 네 것을 가져가는 자에게 다시 달라 하지 말며 남에게 대접을 받고자 하는 대로 너희도 남을 대접하라 너희가 만일 너희를 사랑하는 자만을 사랑하면 칭찬 받을 것이 무엇이냐 죄인들도 사랑하는 자는 사랑하느니라 너희가 만일 선대하는 자만을 선대하면 칭찬 받을 것이 무엇이냐

죄인들도 이렇게 하느니라 너희가 받기를 바라고 사람들에게 꾸어 주면 칭찬 받을 것이 무엇이냐 죄인들도 그만큼 받고자 하여 죄인에게 꾸어 주느니라 오직 너희는 원수를 사랑하고 선대하며 아무 것도 바라지 말고 꾸어 주라 그리하면 너희 상이 클 것이요 또 지극히 높으신 이의 아들이 되리니 그는 은혜를 모르는 자와 악한 자에게도 인자하시니라 너희 아버지의 자비로우심 같이 너희도 자비로운 자가 되라(눅 6:27-36).

"그리스도를 본받는 삶"은 다름 아닌, 그리스도의 가르침을 따라 사는 삶입니다. 예수님이 가르치신 내용을 고스란히 실천한 사람이 있다면, 바로 예수님 자신입니다. 예수님이 자신의 원수(여기에는 우리도 포함됩니다. 우리가 여전히 주님의 원수였을 때를 생각해 보십시오!)를 사랑하신 것보다 더 자신의 원수를 사랑한 사람이 있습니까? 자신을 박해하고 모욕하는 사람들을 위해 예수님보다 더 간절하게 기도한 사람이 있습니까? "아버지 저들을 사하여 주옵소서 자기들이 하는 것을 알지 못함이니이다"(눅 23:34). 자신을 미워하고 악을 자행하는 사람들에게 예수님보다 더 사랑으로 대하고 선을 베푼 사람이 있습니까?

* * *

우리의 "옛 사람"은 편협한 삶을 추구합니다. 한편으로는 자기중심, 자기자랑의 욕구에 의해, 그리고 또 한편으로는 내가 마주하는 상대가 선한지 또는 악한지 여부에 따라 제약을 받는 삶입니다. 우리의 옛 자아가 행할 수 있는 선이란 결국 상대방이 행한(또는 행할) 어떤 선한 것에 의해 대부분 결정됩니다. 상대방의 특정한 말이나 행동은 오히려 우리의 분노, 적개심, 악의를 부추기기도 합니다. 이것은 마치 나의 예상되는 반응이 다른 사람의 손에 이미 쥐어져 있는 것과 같습니다. 그런 우리의 옛 자아는 절대로 하나님의 의의 기준에 도달할 수 없습니다. 그러나 하나님의 성품은 완전히 다릅니다. 우리는 예수님을 통해 그것을 볼 수 있습니다. 실로 "광대하고 무한하며 자유로우신" 그 속성을 우리는 알 수 있습니다. 상대방이 선한지 악한지 여부에 의해 하나님의 성품이 달라지지 않습니다. 하나님의 선하심과 의로우심은 너무나 완전하고 충만한 것이어서 심지어 "감사하지 않는 자들과 악한 자들에게"조차 관대함으로 자비를 베푸십니다. 하나님은 지금도 감사하지 않는 자들과 악한 자들에 대해 그들을 변화시키는 위대한 능력으로 대하십니다. 그리고 한때 우리가 바로 그러한 자들이었습니다.

그리스도를 아는 것은, 다시 말하자면, 계속해서 하나님의 온전하심과 충만하심을 향해 한걸음 가까이 다가가는 것입니다. 포도나무의 가지가 계속 나무에 붙어 있을 때 그 양분으로 채워지고 자라나 열매를 맺는 것처럼 우리는 하나님과 더 가까이 붙어 있어야 합니다. 그것이 곧 우리가 그리스도를 닮아가기 위해 필요한 권능이며, 하나님의 긍휼하심과 자비하심으로 주변 사람들에게 반응하게 하는 원동력인 것입니다. 예전의 나로서는 불가능했고, 상상할 수 없었던 방식으로, 나의 옛 자아에게는 전혀 달갑지 않은 모습이 새로운 나에게서 나오는 것입니다.

저는 이것이 진정한 "칭의"의 의미라고 생각합니다. 그것은 단지 재판장 되시는 그분의 아들과 우리가 어떤 연줄이 있다는 이유로, 우리가 "무죄"로 선포된다는 의미가 아닙니다. 칭의는 이제는 내가 아니라 하나님의 아들이 나의 성향과 말과 행위를 주관하시기 때문에 나 자신이 실제로, 의로운 사람, 선한 사람으로 변화된다는 사실까지 함의하는 것입니다. 저는 바울이 우리에게 "구원"에 대해 소개할 때도 그런 생각을 바탕으로 이야기했을 것이라 짐작합니다. 우리는 나 자신이 과거에 지었던 죄와 그 영향에서만 구원받은 것만이 아닙니다. 우리는, 그러한 죄의 근원인, '과거의 나 자신'에게서도 구원을 받은 사람입니다. 그리고 그 구원의 목적은 우리가 이전과는 다른 사람, 전보다 더 아름다운 존재, 하나님을 기쁘시게 하는, 예수 그리스도를 닮아가는 존재가 되도록, 우리를 새롭게 하시기 위함입니다. 예배 중에 찰스 웨슬리의 찬송시(하나님의 크신 사랑)를 기도하는 마음으로 부를 때 우리는 이 같은 고백을 하게 됩니다. 우리가 "주 안에서 온전히 회복되는" 가운데, "주의 새 창조를 다 이루소서! 우리를 순전하고 흠이 없게 하소서! 우리로 주의 크신 구원을 보게 하소서." 창조 때에 본래 우리가 지음 받았지만 우리의 타락으로 잃어버렸던 하나님의 형상이 "보이지 아니하는 하나님의 형상"(골 1:15)이신, 우리 속에 살아 역사하시는 예수 그리스도로 말미암아 우리 안에서 지금도 회복되고 있음을 믿습니다. 아멘.

* * *

구원자의 얼굴을 바라보고,
그분의 놀라운 길을 주목하여,
우리는 그분의 모습으로 변화되길 바라며
우리의 모든 날을 그분처럼 걷는다.

섬기기 위해 오신 그리스도, 남을 위해 생명을 드리셨고,
자신의 유익이 아닌 우리의 유익을 구하셨나니:
그분은 자신의 권리와 뜻을 내려놓으셨고,
자신의 희생으로 하나님의 사랑을 나타내셨도다.

우리가 예수님의 제자들이라면,
우리 또한 섬김을 받으려 하지 않고 섬기려 할 것이니,
하나님이 우리에게 행하셨듯이 모든 사람들에게,
우리의 뜻대로가 아닌, 우리가 보는 그들의 자격대로가 아닌,
하나님이 우리게 행하신대로 그들을 섬기리.
우리도 우리의 행진을 멈추도록 부르심을 받았고
길가에 쓰러진 자들을 돌보도록 부르심을 받았도다.
이것이 우리의 하나님이 귀히 여기시는 일이니:
세상적인 위대함이 아닌, 쏟아 부어지는 사랑.

하나님은 이 여정에서 우리를 홀로 버려두지 않으시리:
그분이 하나님의 성령을 아낌없이 보내시고,
우리에게 서로를 위한 선물로 주시니,
그리스도의 섬김의 사랑이 우리 마음을 강권하여.
그리스도를 비추는 자들이 되길 구하며,
서로에게 힘을 북돋아 이를 성취하리,
모두가 겸비하고 서로를 섬김으로,
모두가 그리스도의 장성한 분량에 이르러, 온전히 성숙하도록.[31]

29 그리스도를 섬기는 삶으로

히브리서 12:28-13:16

뜻밖의 선물을 받았던 때의 감흥을 우리는 종종 잊을 때가 있습니다. 그 선물이 얼마나 귀한 것이었는지조차 기억나지 않을 때가 많죠. 돌이켜보면 처음 선물을 받고서는 놀라움과 기쁨이 홍수처럼 밀려왔더랬습니다. 하지만 그 기쁨은 잠시뿐입니다. 어느새 선물은 우리의 벽장 안에, 어느 구석진 곳 낡은 상자 안에 들어가버리고 우리의 기쁨도 낡은 것이 되어버립니다. 그 선물은 확실히 우리를 매료시켰습니다. 처음엔 언제나 손을 뻗으면 닿을 수 있는 책상 또는 침대맡에 놓였다가, 가끔 고개를 돌려 찾아보는 서랍장 위로 옮겨지고 그러다 결국엔 벽장이나 낡은 상자 속으로 들어가 우리의 기억에서 잊힙니다. 지난 크리스마스 때 받은 선물이 무엇이었는지 기억이 가물가물합니다. 막상 이곳저곳 뒤적이고 나서야 먼지가 쌓인 채 덩그러니 놓여 있는 그것을 발견합니다.

히브리서의 저자는 초대 교회 그리스도인들에게 편지를 쓰고 있습니다. 그들 역시 (우리가 그렇듯) 어떤 특별한 선물의 가치를 알아볼 수 있는 안목을 점점 잃고 있었나 봅니다. 아니, 최소한 그런 상황에 빠질 위험에 놓인 것으로 보입니다. 제가 "위험"이라고 말한 이유가 있습니다. 어떤 선물은 너무 귀한 것이거나 또는 선물을 준 상대방이 아주 큰 정성을 들였거나 많은 시간과 물질을 투자한 것일 수도 있기 때문이다. 그런 선물은 벽장 구석이나 창고 보관함에 둬서는 안 됩니다. 동네 벼룩시장에 내다 팔아서는 더더욱 안되고요. 만일 그렇게 한다면 그야말로 끔찍한 실수가 되는 것이죠. 여기서 제가 실수라고 한 이유는, 눈에 확 띄는 커다랗거나 형형색색의 선물이라서가 아닙니다. 만일 그것을 보이지 않는 곳에 쑤셔박아둘 경우, 그 선물을 준 당사자가 어느날 불시에 찾아와서 자기가 준 선물이 잘 있는지 확인하기가 쉬울 테니까요. 그래서가 아닙니다. 실은 그것을 준 당사자가 너무나 큰 희생을 치러서 마련한 선물이기 때문입니다. 상당한 수고와 비용을 들여야만 준비할 수 있는 선물이기 때문입니다. 어쩌면 그 선물을 다른 이에게 주는 것 자체가 너무 아깝고 힘들었을 수도 있습니다. 그럼에도 불구하고 그가 우리에게 그것을 선물을 주었다면 분명 그 사람이 우리를 정말로 아낀다는 증거가 되겠지요. 우리를 소중히 여겨 호의를 베푼 것입니다. 그런 선물이라면 우리가 함부로 다룰 수 없겠죠. 그렇게 받은 선물을 창고 구석의 낡은 상자 안에 넣는다거나 동네 벼룩시장에 내놓는다면 어떻게 되겠습니까? 분명 그 사람과의 관계가 손상되고 말 것입니다. 매우 소중한 가치를 지닌 것이 분명한 선물이라 할지라도, 그것을 '받은 우리가 어떻게 다루느냐' 하는 것은, 나와 그 사람과의 관계가 어떤지를 보여주는 상징적인 사례가 됩니다.

히브리서의 저자가 언급하는 어떤 그리스도인들은 이렇듯 소중한 선물을 벽장 속에 넣어두거나 심지어는 쓰레기통에 버릴 위험에 처해 있었습니다. 이 선물을 잘 보이는 곳에 계속 진열해 놓기에는 그들이 너무 많은 대가를 치러야 했기 때문입니다. 물론 여기서 저는 (그들이 유일하신 참 하나님으로 믿게 된) 이스라엘의 하나님과의 화목이라는 선물을 말하고 있습니다. 그 화목은 예수님께서 자기 목숨을 희생하여 마련하신 진귀한 선물이었습니다. 실제로 히브리서의 상당한 분량이 예수님 안에서 그들이 받은 선물의 어마어마한 가치를 상기시키는 것에 할애되고 있습니다. 그래서 그들이 용기를 얻고, 희생을 감수하면서도 이웃들이 볼 수 있는 곳에서 그 선물을 계속 자랑할 수 있게 하려는 것이었습니다. 특히 성읍에서 예수님의 이름으로 모이는 자들과 공개적으로 계속 만나 교류하는 모습을 통해 그들은 이웃에게 자신들이 받은 선물을 드러내야 했습니다. 그들은 자신들의 죄를 용서 받고 하나님과 새롭게 출발한 사람들입니다. 그들은 어떤 어려움 속에서도 하나님의 아들이 계속해서 자신들 편에서 호의를 나타내실 것을 확신하는 사람들입니다. 그들은 이제 하나님의 집에서 한 가족이 되고, 하나님 아버지의 자녀가 된 사람들입니다. 그들은 전례 없이 하늘의 성소에 들어갈 담대함을 얻게 된 사람들입니다. 그들은 자신들의 대제사장 되시고 또한 희생제물 되시는 예수 그리스도로 말미암아, 모든 더러운 것에서 깨끗이 씻음을 받고 거룩하신 하나님의 임재 앞으로 담대히 나아가게 된 사람들입니다. 그들은 자신들을 영원히 환대하고 품어줄 본향, 곧 하나님 나라의 시민권을 약속 받은 사람들입니다. 얼마나 놀라운 선물입니까?

* * *

오늘 우리가 읽은 본문에서 가장 핵심이 되는 말씀입니다.

> 그러므로 우리가 흔들리지 않는 나라를 받았은즉 은혜를 받자 이로 말미암아 경건함과 두려움으로 하나님을 기쁘시게 섬길지니 우리 하나님은 소멸하는 불이심이라(히 12:28-29).

여러 역본 가운데 NRSV 역본은 이 첫 구절을 "우리가 감사를 드리자"로, NIV 역본은 "우리가 감사히 여기자"로 번역하고 있습니다. 그리고 CEB 역본은 "우리의 감사함을 계속 표현하자"라고 번역하는데, 이 번역이 헬라어 원문에 가장 가깝다고 할 수 있습니다. 우리가 이 선물을 다룰 때 그리고 선물을 주신 분을 대할 때, 그 소중한 가치를 잘 이해하고 있음을 드러내는 방식으로 그렇게 하자는 것입니다. 우리에게 이미 선물을 주시고 또한 장래에도 주실 것을 약속하심으로 우리와 맺으신 하나님과의 그 관계를 우리가 소중히 여긴다는 사실을 드러내는 방식으로 그렇게 하자는 것입니다.

고대 그리스인들과 로마인들은 선물 제공과 감사 표현 그리고 이러한 교환으로부터 시작되고 유지되는 관계(의 본질)을 매우 중요하게 여겼습니다. 감사 표현은 어느 정도 예측 가능한 특정한 형태를 취하며, 우리가 어렸을 때 삼촌, 이모 등에게 써야 했던 형식적인 감사 편지보다 훨씬 실질적이었습니다. 만일 그 시대에 제가 어떤 소중한 가치를 지닌 선물, 특히 나중에라도 그에 상응하는 보답을 할 수 없을 만큼 귀한 선물을 누군가에게서 받았다면, 저는 그 선물을 자랑할 뿐만 아니라, 그런 선물을 후히 베푼 이의 미덕을 널리 알리는 방식으로 감사를 표해야 했을 것입니다. 바울과 동시대 인물인 세네카는 선물 주고받기에 관한 자신의 지침에 이렇게 기록하고 있습니다. "제가 당신에게 결코 그 은혜를 갚을 수는 없을 것입니다. 그러나 무슨 일이 있어도 저는, 적어도, 제가 그것을 갚을 길이 없다는 사실을 모든 곳에서 선포하는 그 일만큼 중단하지 않을 것입니다."[32] 그는 "단지 선물을 준 사람의 귀에 들리게 만이 아니라, 모든 곳에서 우리의 감정을 쏟아 그 일을 증언할 때 우리에게 임하는 복"[33]에 대해서도 권면합니다. 사람들이 그 선물을 행여 볼까 봐 우려된다거나 심지어 그 선물 제공자와의 관계가 드러날 것이 우려스러운 경우라면 애초에 그런 선물을 결코 받아서는 안 됩니다.[34] 또한 만일 그에 상응하는 선물을 대가로 지불해야 하는 경우에도 주의해야 합니다. 만일 내가 그것에 대해 보답할 수 있는 처지가 아니라면 선물을 준 사람의 이익을 위해 자신을 바쳐야 할 수도 있기 때문입니다.

베푸신 은혜에 대해 진정으로 감사하는 마음은 우리로 하여금 선물을 주신 분에 대해 널리 알리고 기회가 될 때마다 그분을 섬기고픈 근원적 동기를 품게 합니다. 히브리서의 저자는 독자들에게 바로 그러한 관계를 이해시키려 하고 있습니다. 히브리서 12장 28절에서, 그는 하나님을 "기쁘시게" 해드리는 방식으로 하나님을 예배하는 것에 대해 말하고 있습니다. 즉, 하나님의 은혜의 선물과 약속에 대한 감사함이 있다면, 그 감사함을 동력으로 그들이 살아가는 모습과 방식을 만들어가라는 것입니다. 오늘 본문의 마지막 단락인 히브리서 13장 15-16절에서 저자는 실제로 하나님을 "기쁘시게" 해드리는 예배에 대해 다시 한 번 언급합니다. 하나님께서 베푸신 은총에 (선한 삶을 통해) 합당한 감사와 존경을 드리는 것이야말로 진정한 의미에서 희생 제사이며 종교 행위라는 것입니다.

"그러므로 우리는 예수로 말미암아 항상 찬송의 제사를 하나님께 드리자 이는 그 이름을 증언하는 입술의 열매니라 오직 선을 행함과 서로 나누어 주기를 잊지 말라 하나님은 이 같은 제사를 기뻐하시느니라"(히 13:15-16).

이것은 여기 모인 우리가 교회 공동체로서 함께 추구하고자 결정한 내용이기도 합니다. 즉, 우리 교회 사명선언문의 세 번째 표어가 "가서 그리스도를 섬기자"로 정해진 이유입니다. 그리스도를 아는 것 그리고 그리스도가 우리 삶에 가져다주신 측량할 수 없는 선물을 아는 것은, 반드시 우리 삶에서 증거와 섬김의 형태로 표현되는 감사함으로 이어져야 합니다. 그리스도를 본받는 삶 또한 반드시 우리 자신(즉 우리의 시간, 우리의 에너지, 우리의 자원, 우리의 몸, 그리고 이 모든 것을 통해 이룰 수 있는 모든 것)을 하나님의 처분에 맡겨 드리는 삶으로 이어져야 합니다. 마치 예수님이 하나님 아버지의 뜻을 위해, 그리고 우리를 둘러싼 세상 및 사람들을 향한 하나님의 구원의 열정을 위해 기꺼이 섬김으로 순종하셨던 것처럼 말입니다. 하나님의 관심사를 바르게 앎으로써, 그 은혜를 증언하고 하나님을 위해 섬기고자 하는 삶의 수위, 우리 자신을 그러한 삶에 헌신하고 투자하려는 열심의 정도는, 우리가 이미 받은 선물뿐만 아니라 장래에 받게 될 선물을 얼마나 가치 있게 여기는지를 반영하는 진정한 척도가 됩니다.

* * *

히브리서의 저자는 우리 안에 머무르는 감사의 마음이 섬기는 삶으로 나아가게 한다는 사실을 분명하게 이해하고 있습니다. 그는 우리에게 또 다시 이렇게 권합니다. "오직 선을 행함과 서로 나누어 주기를 잊지 말라 하나님은 이 같은 제사를 기뻐하시느니라"(히 13:16). 우리 교회의 사명선언문은 "가서" 그리스도를 섬기는 것을 특히 강조합니다. 우리는 이 예배당 건물을 벗어나 세상 속으로 들어가 섬겨야 합니다. 그러나 히브리서의 저자는 그리스도의 몸 안에 있는 우리에게, 먼저 각 지체가 서로를 섬김의 대상으로 바라보길 권면하고 있습니다.

> 형제 사랑하기를 계속하고 손님 대접하기를 잊지 말라 이로써 부지중에 천사들을 대접한 이들이 있었느니라 너희도 함께 갇힌 것같이 갇힌 자를 생각하고 너희도 몸을 가졌은즉 학대 받는 자를 생각하라(히 13:1-3).

이미 우리 공동체 안에 도움의 손길을 필요로 하는 많은 이들이 있습니다. 그리고 지구촌 곳곳에는 갖은 고난과 박해 속에서 우리의 도움을 기다리는 많은 그리스도인 형제자매들이 있습니다. 우리의 공동체 안에서 그리고 세계 전역에 흩어진 그리스도의 몸의 지체로서, 우리가 서로를 돌아보고 긍휼을 베푸는 일, 서로를 섬기기 위해 우리의 시간과 에너지, 물질과 자원을 투입하는 일은 다름 아닌, 하나님이 소중히 여기시는 사람들에 대한 투자입니다. 이는 하나님께서 친히 베푸신 은혜에 대한 우리의 감사함을 받으시는 것이기도 합니다. 우리는 이것을 피 흘림 없이 하나님께 올려드리는 신령한 감사의 제사로 부릅니다. 우리가 우리의 지체들을 섬길 때, 그것은 곧 기쁨의 우렁찬 소리로 하나님께 이렇게 목소리를 높여 외치는 것이나 진배없습니다. "오 하나님 아버지, 감사합니다. 저의 삶에 그동안 베풀어주신 그 모든 은혜에 정말로 감사합니다."

* * *

그러나 히브리서 기자는 하나님의 은혜에 대한 감사의 마음을 간증과 증언의 형태로도 표현해야 한다는 사실을 우리에게 또한 권하고 있습니다. "그러므로 우리는 예수로 말미암아 항상 찬송의 제사를 하나님께 드리자 이는 그 이름을 증언하는 입술의 열매니라"(히 13:15). 우리가 여기 이곳에서 하나님께 찬송가를 부르고 감사의 기도를 올리는 것도 명백히 "찬송의 제사"입니다. 그러나 히브리서의 저자는 우리에게 또 다른 "찬송의 제사"를 말합니다. 우리가 밖에서 하나님에 대해 이야기할 때, 우리가 우리의 믿음을 인정하고 시인할 때, 하나님이 행하신 선한 일에 대해 증언할 때, 하나님이 나와 내가 사랑하는 이들의 삶에 개입하신 일들을 이야기할 때, 바로 그것이 우리가 하나님께 "찬송의 제사"를 드리는 또다른 순간이라는 것입니다. 하나님의 선하심과 인자하심, 주권적인 일하심에 대해 우리의 입술로 증언하는 일은 결국 우리의 대화 상대에게 우리와 같은 경험으로 초대하는 것과 같습니다. 그래서 이 또한 우리 삶의 가장 위대한 가치를 구현하기 위해 우리의 이웃을 섬기는 봉사의 행위가 됩니다.

20세기 스리랑카 출신의 목회자로, 이후 실론감리교회의 감독회장이 된 복음 전도자 나일스 목사님은 전도란 "그저 어느 거지가 다른 거지에게 자신이 어디에서 빵을 얻었는지를 알려주는 것"이라고 했습니다. 우리 모두가 깊이 생각해야 할 통찰이 아닐 수 없습니다. 전도에 대한 나일스 목사님의 표현은 우리가 나 자신과 다른 사람들을 어떤 눈으로 보아야 하는지, 또한 다른 사람들을 대하는 우리의 태도를 어떤 눈으로 보아야 하는지를 잘 말해 주고 있습니다. 그러니까 그들이나 우리 모두가 거지입니다. 단지 어떤 거지는 빵을 매일 얻어먹을 수 있는 곳을 발견했을 뿐입니다. 그것은 또한 우리가 그리스도에 대해 어떤 가치를 매겨야 하는지에 대해서도 말해 주고 있습니다. 달리 말하면, 그리스도가 우리에게 이미 주신 것과 계속해서 주고 계시는 것, 그리고 다른 사람들을 위해서도 준비해 놓으신 것이 무엇인지 생각하게 합니다. 그것은 우리에게나 저들에게 똑같이 필요한 생명의 양식입니다.

크리스마스 연휴를 보내고 학교에 갔던 어린 시절을 저는 아직도 기억합니다. 저는 친구들에게 제가 선물로 받은 온갖 장난감들을 자랑하느라 무척 신이 났습니다. 친구들도 마찬가지였습니다. 각자의 크리스마스 선물로 받은 장난감들을 자랑하느라 흥분해 있었습니다. 방과 후 우리는 서로의 집에 놀러가 선물로 받은 새로운 장난감들을 가지고 신나게 놀았습니다. 증거한다는 것, 또는 복음을 전한다는 것은 결국 이런 모습과 다르지 않습니다. 소년들과 장난감 이야기보다는 거지들과 빵 이야기가 좀 더 좋은 비유라는 점만 빼고는 말입니다. 물론 굶어죽지 않고 계속 살아가게 해주는 빵 이야기조차 완전한 것은 아닙니다. 하나님을 증거하고 복음을 전하는 것은 완전히 차원이 다른 사안이기 때문입니다. 그것은 모든 인류가 참 생명의 떡을 어디에서 발견할 수 있는지에 대해 나누는 것입니다. 이 주제와 관련해 예수님은 이렇게 말씀하셨습니다. "나는 하늘에서 내려온 살아 있는 떡이니 사람이 이 떡을 먹으면 영생하리라 내가 줄 떡은 곧 세상의 생명을 위한 내 살이니라 하시니라"(요 6:51).

만일 우리가 정말로 이웃을 내 몸같이 사랑한다면, 우리가 지금까지 발견한 가장 유익한 관계를 함께 누리도록 초대하는 일에 왜 머뭇거리겠습니까? 예수 그리스도를 통해 얻은 하나님과의 놀라운 관계, 이 땅에서뿐만 아니라 이 땅을 떠난 이후의 삶에서조차 가장 큰 소망을 갖게 하는 그 놀라운 관계를 왜 감추겠습니까? 만일 우리가 이웃에게 빵 한 조각을 주려고 애는 쓰지만 정작 하늘에서 내려온 생명의 떡이신 분을 소개하지 않는다면, 결국 우리는 누구를 섬기는 것이며 무슨 유익을 위한다고 말할 수 있겠습니까?

* * *

사람들에게 증거하고 복음 전하는 일이 어떤 이유로 꺼려질 수는 있습니다. 가령 복음을 전하다가 누군가와 신학적 논쟁이 붙어 곤란한 상황에 놓일 수도 있고, 요즘 시대에 우리의 종교를 다른 누군가에게 강요하는 듯한 분위기 자체가 부담스럽기 때문입니다. 하지만 엄밀히 말하면 그건 틀린 생각입니다. 전도란 결국, 하나님이 내게 어떻게 찾아오셨는지, 하나님이 나의 삶을 어떻게 변화시키셨는지, 하나님이 나의 삶을 얼마나 더 선한 방향으로 인도셨는지, 내가 그동안 실제로 경험하고 느낀 바를 진솔하게 다른 사람에게 이야기해 주는 것입니다. 그 이상도 그 이하도 아닙니다. 단지 내가 발견한 그 생명의 양식에 대해 사람들에게 이야기하고, 그들에게도 이 좋은 기회가 열려 있음을 알려주는 것입니다.

여러분 모두 예수 그리스도를 더 풍성히 알아가고 그리스도께서 우리에게 주시는 유익들을 더 풍성하게 경험하길 바랍니다. 그러한 삶의 은혜 가운데 여러분의 마음이 감사함으로 화답하여 그 은혜를 증거하고 봉사하는 삶으로 자연스럽게 나아가게 되길 바랍니다. 너무 어렵게 생각할 필요는 없습니다. 단순하고 솔직하게, 우리가 예수님에 대해 알게 된 내용과 예수님이 우리 삶에 찾아오신 과정을 하나의 경험담으로서 다른 사람들과 나누면 되는 것입니다. 그 일을 통해 우리 모두가 예수 그리스도를 알고 닮아가며, 하나님의 뜻과 계획이 우리와 형제자매들의 삶에서 이루어지도록 간구하며 나눌 수 있기를 바랍니다. 그것은 예수 그리스도께서 승천하시기 전 우리에게 위임하신 위대한 사명을 우리가 이루는 길이기도 합니다. "하늘과 땅의 모든 권세를 내게 주셨으니 그러므로 너희는 가서 모든 민족을 제자로 삼아 아버지와 아들과 성령의 이름으로 세례를 베풀고 내가 너희에게 분부한 모든 것을 가르쳐 지키게 하라 볼지어다 내가 세상 끝날까지 너희와 항상 함께 있으리라"(마 28:18-20). 그리스도의 주 되심과 그분의 통치를 이 세상으로 하여금 알게 하고, 그것이 또한 사실임을 보여줄 수 있길 바랍니다. 그 증거는 이미 저와 여러분 안에, 함께하는 우리 공동체 안에 너무나 선명하고 실제적으로 나타나 있습니다. 하나님의 사랑을 이웃에게 전하고 그분의 초대장을 전해 주는 일로, 우리 자신을 그리스도께 내어드리고, 이 세상을 향한 그분의 선하신 뜻을 위해 우리를 내어드릴 때 우리가 전하고자 하는 그분은 이미 우리 안에서 밝게 빛나고 계십니다. 이제 우리 모두 함께 나아갑시다. 믿음을 잃지 않고, 구원의 선물을 주신 은혜에 대한 감사와 기쁨을 우리 삶에서 온전히 드러내면서, 주 예수 그리스도를 섬기는 저와 여러분 되시길 바랍니다. 아멘.

미주

1. Martin Luther, *The Large Catechism*, translated by Robert H. Fischer (Philadelphia: Fortress, 1959), 90.
2. This liturgical formula is used in services of baptismal renewal, such as the one found in *The United Methodist Hymnal* (Nashville: Abingdon Press, 1989), 35-37. 이 전례식은 세례 갱신 예배에서 사용되며, 연합감리교회 찬송가에서 볼 수 있다.
3. 찬송가 "What a Friend We Have in Jesus," written by Joseph M. Scriven.
4. *The Book of Common Prayer and Administration of the Sacraments and Other Rites and Ceremonies of the Church together with The Psalter or Psalms of David According to the use of the Episcopal Church* (New York: The Church Hymnal Cor- poration, 1979), 355.
5. Charles Wesley, "And Can It Be That I Should Gain?"(죄짐 맡은 우리 구주)
6. "Sudanese church pastor murdered with family for preaching the Gospel," Barnabas Fund, accessed July 13, 2018, barnabasfund.org/en/news/sudanese-church-pastor-murdered-with-family-for-preaching-the-gospel.
7. *The Book of Common Prayer and Administration of the Sacraments and Other Rites and Ceremonies of the Church together with The Psalter or Psalms of David According to the use of the Episcopal Church* (New York: The Church Hymnal Cor-poration, 1979), 220.
8. John Wesley, "The Nature of Enthusiasm," in *The Works of John Wesley*, vol. 5, 3rd ed. (London: Wesleyan Methodist Book Room, 1872), 470.
9. 내가 기억하는 부분은 문자 그대로 "주의 탁월하심을 기뻐함"이라고 되어 있지만 그녀가 나를 위해 기도하고 있다는 것을 알았다
10. Letter to Timothy Pickering, February 27, 1821.
11. *Second Theological Oration*, adapted.
12. 속격의 경우는 속격격 명사와 그것을 지배하는 명사 사이의 광범위한 잠재

적 관계를 전달할 수 있다.
13. *Oration against the Arians* 2.24, 33 (my translation).
14. *The Imitation of Christ*, book 4, chapter 4.
15. *The Book of Common Prayer*, p. 857의 교리문답과 같다. 이 정의는 궁극적으로 성례전에 대한 아우구스티누스의 견해서 비롯된 것으로 보인다. T. F. Torrance, "The One Baptism Common to Christ and His Church," in *Theology in Reconciliation: Essays towards Evangelical and Catholic Unity in East and West* (Great Britain: Geoffrey Chapman, 1975), 95.를 보라.
16. William Beveridge, *The Great Necessity and Advantage of Public Prayer and Frequent Communion* (Chichester: Wm. Mason, 1840), 269-70.
17. *The Book of Common Prayer and Administration of the Sacraments and Other Rites and Ceremonies of the Church together with The Psalter or Psalms of David According to the use of the Episcopal Church* (New York: The Church Hymnal Cor-poration, 1979), 363.
18. 이것은 내가 Epictetus의 *Enchiridion* 4를 의역한 것이다.
19. *Similitude* 1, my paraphrase.
20. *The United Methodist Hymnal* (Nashville: Abingdon Press, 1989), 38.
21. I'm admittedly taking liberties with this rendering.
22. *On Firmness* 12.1 (my translation).
23. Friedrich Nietzsche, *Beyond Good and Evil* 5.188에 나오는 문구이며 유진 피터슨의 같은 제호의 책에도 사용되었다.
24. *De officiis* 2.63 (my translation).
25. *De beneficiis* 3.1.3, 3.2.1 (my translation).
26. Martin Luther의 "A Mighty Fortress Is Our God,"(내 주는 강한 성이요)의 1절 가사다. trans. Frederick H. Hedge (1853).
27. Open Doors: https://www.opendoorsusa.org; Voice of the Martyrs: https://www.persecution.com; Barnabas Fund (a.k.a. Barnabas Aid): https:// barnabasfund.org.
28. Tacitus, *Agricola* 30.
29. 가령, 1세기 후기 또는 2세기 초에 저술된 기독교 신앙, 전례 및 윤리에 관한 소책자인 The Lord's Prayer in the *Didache*(especially *Didache* 8.2)에서 그 예를 찾을 수 있다.
30. 이것과 이어지는 두 설교는 다음 교회의 사명선언문에 기초한다. Port Charlotte United Methodist Church: *Know* Christ; *Grow* more like Christ; *Go* to serve Christ.
31. 이 원본 시는 설교를 보완하기 위해 작곡된 합창곡의 텍스트를 제공했다.
32. *On Benefits* 2.24.2.
33. *On Benefits* 2.22.1.
34. *On Benefits* 2.23.1.

부록: 개정 공동성서정과에 따른 본문

출 12:1-4 (5-10), 11-14 (제18장)
  가해: 성령강림절 후
출 12:1-14 (제18장)
  가해, 나해, 다해: 세족 목요일
시 139:1-6, 13-18 (제8장)
  나해: 주현절 후 둘째 주일
  나해: 성령강림절 후
  다해: 성령강림절 후
시 139:1-12, 23-24 (제8장)
  가해: 성령강림절 후
사 11:1-10 (제2장)
  가해: 대림절 둘째 주일
사 64:1-9 (제1장)
  나해: 대림절 첫째 주일
겔 36:24-28 (제14장)
  가해, 나해, 다해: 부활절 성야
마 3:1-12 (제5장)
  가해: 대림절 둘째 주일
마 3:13-17 (제5장)
  가해: 주현절 II
마 4:1-11 (제7장)
  가해: 사순절 첫째 주일
막 9:2-9 (제6장)
  나해: 산상변모주일
  나해: 사순절 둘째 주일

막 10:17-31 (제25장)
  나해: 성령강림절 후
막 13:24-37 (제1장)
  나해: 대림절 첫째 주일
눅 1:26-38 (제3장)
  나해: 대림절 넷째 주일
  가해, 나해, 다해: 수태고지일
눅 1:68-79 (제2장)
  다해: 대림절 둘째 주일
  다해: 성령강림절 후—왕이신 그리스도
    주일
눅 2:1-14 (15-20) (제4장)
  가해, 나해, 다해: 성탄절
눅 6:27-38 (제28장)
  다해: 주현절 후 일곱째 주일
눅 6:39-49 (제20장)
  다해: 주현절 후 여덟째 주일
  다해: 성령강림절 후
눅 12:13-21 (제22장)
  다해: 성령강림절 후
눅 24:1-12 (제11장)
  다해: 부활절 축일
  다해: 부활절 성야
눅 24:44-53 (제15장)
  가해, 나해, 다해: 주님의 승천일

요 6:51-58 (제18장)
나해: 성령강림절 후
요 13:1-17, 31b-35 (제10장)
가해, 나해, 다해: 세족 목요일
요 14:8-17 (25-27) (제17장)
다해: 성령강림절
요 14:15-21 (제17장)
가해: 부활절 여섯째 주일
요 15:26-27; 16:4b-15 (제13장)
나해: 성령강림절
요 17:1-11 (제27장)
가해: 부활절 일곱째 주일
행 1:1-11 (제12장)
가해, 나해, 다해: 주님의 승천
행 2:1-21 (제16장)
가해, 나해, 다해: 성령강림절
롬 6:1b-11 (제5장)
가해: 성령강림절 후
롬 6:3-11 (제5장)
가해, 나해, 다해: 부활절 성야
롬 8:1-11 (제14장)
가해: 성령강림절 후
롬 8:6-11 (제14장)
가해: 사순절 다섯째 주일
롬 8:12-17 (제14장)
나해: 삼위일체주일
롬 8:26-39 (제28장)
가해: 성령강림절 후
고전 12:1-11 (제15장)
다해: 주현절 후 둘째 주일
고전 12:3b-13 (제15장)
가해: 성령강림절
고전 15:19-26 (제11장)
다해: 부활절 축일 (주님의 부활)
고전 15:51-58 (제11장)
다해: 주현절 후 여덟째 주일
다해: 성령강림절 후
고후 9:6-15 (제22장)

가해: 성령강림절 후—추수감사절
갈 5:1, 13-25 (제21장)
다해: 성령강림절 후
엡 3:14-21 (제13장)
나해: 성령강림절 후
엡 4:1-16 (제23장)
나해: 성령강림절 후
엡 5:15-20 (제16장)
나해: 성령강림절 후
엡 2:1-13 (제9장)
가해: 성령강림절 후
엡 2:5-11 (제9장)
가해, 나해, 다해: 예수의 성명절
가해, 나해, 다해: 주님의 수난예식 (종려주일)
빌 3:4b-14 (제27장)
다해: 사순절 다섯째 주일
가해: 성령강림절 후
골 1:9-20 (제20장)
다해: 성령강림절 후—왕이신 그리스도 주일
골 1:11-20 (제17장)
다해: 성령강림절 후—왕이신 그리스도 주일
딛 2:11-14 (제4장)
가해, 나해, 다해: 성탄절
히 4:12-16 (제7장)
나해: 성령강림절 후
히 9:11-14 (제12장)
나해: 성령강림절 후
히 9:24-28 (제12장)
나해: 성령강림절 후
히 11:29-12:2 (제19장)
다해: 성령강림절 후
히 12:1-3 (제19장)
가해, 나해, 다해: 성화수요일
히 12:18-29 (제29장)
다해: 성령강림절 후

히 13:1-8, 15-16 (제29장)
  다해: 성령강림절 후
벧후 1:16-21 (제6장)
  가해: 산상변모주일
요일 1:1-2:2 (제8장)
  나해: 부활절 둘째 주일
계 7:9-17 (제25장)
  다해: 부활절 넷째 주일
  가해: 만성절

성서정과는 교회력에 맞추어 읽어나가는 일종의 성경읽기표를 말한다. 역사적으로 325년 니케아 공의회 이전에 이미 특정 교회력을 위해 지정된 성경 본문들이 있었다. 이 책은 세계 개신교 교회가 연합으로 사용하는 3년 과정의 공동성서정과 개정판(RCL)를 따른다. 해(年)를 가, 나, 다로 나누고 3년 주기로 성경 말씀을 배치하여 성경을 1독 할 수 있는 구조지만 교회력에 따라 중복되는 경우도 많다.

성경색인

구약
창세기
3:5 120

출애굽기
12:1-11 224-234
12:24-28 224-234

레위기
19:18 136

신명기
6:4 214
6:13 94
6:16 93
8:3 93
34:5-6 81

사무엘상
2:10

시편
91:11-12 99
110:1 159, 160
119:11 94

132:17 31
139 104-115, 105

이사야
11:1-5, 10-12 28-39
43:10 215
44:6 215
45:23 127
52:5 330
64:1-9 16-27

예레미야
31:31-34 226

에스겔
36:24-28 172-184, 174

요엘
2:28-29 203

말라기
4:5-6 81

신약

마태복음
1:21 58
3:1-18 64-75
4:1-11 90-103
4:17 69
5:16 331
5:44 109
6:5-15 326-339
6:31-33 97-98
7:9-11 328
7:21 332
10:24 134
12:46-50 49
13:55 43
16:25 147
18:21-35 335
25:21 310
25:23 310
26:41 337
28:18-20 375
28:19-20 260

마가복음
1:11 82
4:1-20 299-312, 309

6:3 43
8:31-33 36
8:33 78
8:34-35 79
8:35 127
8:38 79
9:1 87
9:2-9 76-89
10:28-31 313-325, 320
10:45 84
12:29-31 136
12:35-36 159
13:24-37 16-27
13:24-27 21
13:32-37 23
13:37 17, 20
14:25 233

누가복음
1:25 42
1:26-38 40-53
1:32-33 29
1:68-79 28-39, 31
2:1-7 54-63
2:32 45
2:34-35 45
2:48-49 46
6:27-36 353-364, 361
6:46 39
6:46-49 247-260
9:31 82
11:13 171
12:13-21 274-285
12:32-34 274-285, 275
12:32 183
15:21-24 329
22:19 227
22:25-27 130

23:34 361
24:1-12 140-150
24:21 37
24:25-27 32
24:44-49 185-196
24:49 163, 187
24:50-53 152

요한복음
1:1 217
1:14 217
2:11 48
3:16 138
5 67
6:48-58 22-234
6:51 230
6:54-56 230
8:41 44
10:30 217
13:1-17 129-139
13:13-14 133
13:31-35 129-139
14:8-21 209-223
14:8-10 216
14:16 165
14:16-18 222
14:26 165
15:26 165
16:7-15 162-171
16:7-11 155
17:1-8 340-352
17:3 349
17:25-26 340-352
19:25-27 50
20:28 215
20:29 164

사도행전

1:1-12 151-161
1:6 37
1:8 206
1:13-15 52
2:1-21 197-208
2:38-39 197-208, 203
2:40-41 187
2:41 163
2:47 163
11:27-30 193
17:6 139
19 70
21:10-12 193

로마서
1:18-32 57
2:17-29 57
2:23-24 330
3:5 71
3:8 71
5:1-11 58
6:1-14 64-75
6:1-4 71, 177
6:6 72, 177
6:12-13 73, 177
6:14 178
6:15 177
7:19-20 179
7:24-25 180
8:1-17 172-184
8:14-16 182, 204
8:28-29 353-364, 354

고린도전서
10:17 232
11:23-26 224-234
11:24-25 116
12:1-14 185-196, 188

12:7-11 205
13:1 193
13:12 213
14:1 195
14:3-4 192
14:23-25 140
14:24-25 170
15:19-26 140
15:30-32 147
15:51-58 140

고린도후서
3:10 343
3:18 357-358
4:7 236
5:15 26, 181
9:6-15 274-285
11:24-28 146

갈라디아서
2:19-21 61
2:19-20 236, 358
2:20 231
2:20-21 257
3:13-14 176, 268
4:6-7 269
4:19 358
5:5 269
5:16-25 263-273, 265
5:16 182, 270
6:8 266
6:15 358

에베소서
1:13 184
2:11-22 37
3:14-21 162-171
4:1-16 286-298
5:1 329
5:15-20 197-208, 198

5:17 201
5:18 184

빌립보서
2:3-4 123, 346
2:5-11 116-128
2:9-11 126, 215
2:10-11 154
3:2-11 340-352, 342
3:10-11 356
4:2-3 347

골로새서
1:9-20 247-260
1:11-20 209-223
1:15 218
1:15-17, 19 219
1:27 359
2:9-11 126, 215
3:8-15 359
3:12-17 74

데살로니가전서
5:19-21 193

디모데전서
4:14 193

디도서
2:11-14 54-63

히브리서
2:10 161
4:12-16 90-103, 100
6:19-20 161
9:11-14 151-161
9:24-28 151-161
10:11-12, 14 159
11:26 44

12:1-3 235-246, 239
12:2 44
12:28-29 368
12:28-13:16 365-376
13:1-3 319, 371
13:12-14 243
13:12 158
13:13 44

야고보서
1:21-22 95
5:14-18 194

베드로전서
2:12 331

베드로후서
1:3-11 299-312
1:12-19 76-89
3:4 86
3:8-9 88
3:11-12 88

요한일서
1:5-2:2 104-115
2:7-8 136
3:11 138
3:16-18 138
4:1-3 193
4:8 308
4:16 308

요한계시록
1:18 145
7:9-17 313-325
14:7 330
15:4 330
20:13 150